김상복 목사 출애굽기 강해

네 지팡이를 들라

김상복 목사 지음

" 인생의 위기를
하나님이 주시는
절호의 기회로 삼아
승리하는 삶을 사시기를
기원하며 _____ 님께
이 책을 드립니다.
"

차 례

머리말 ·································· 6

제 1 장 서론(출 1:1) ································ 9
제 2 장 물에서 건져낸 아이(출 2:1-14) ················ 27
제 3 장 신발을 벗으라(출 2:15-3:5) ···················· 43
제 4 장 저는 못합니다(출 3:6-4:17) ···················· 57
제 5 장 나는 여호와로라(출 4:18-6:30) ················ 85
제 6 장 열 가지 재앙(출 7:1-11:10) ···················· 103
제 7 장 유월절 어린 양의 피(출 12:1-51) ·············· 135
제 8 장 시련에는 뜻이 있다(출 13:1-16:35) ············ 153
제 9 장 하나님의 사람들을 세우라(출 17:1-18:27) ······ 183
제 10 장 십계명은 사랑의 율법(출 19:1-20:26) ·········· 207
제 11 장 백성 앞에 세울 율례(출 21:1-11) ·············· 233
제 12 장 인간을 존중하라(출 21:12-22:31) ·············· 249
제 13 장 가난한 자를 보호하라(출 23:1-33) ············ 275
제 14 장 우리와 세우신 언약의 피(출 24:1-30:33) ······ 295
제 15 장 충만한 삶을 살라(출 31:1-18) ················ 319
제 16 장 금송아지를 불사르라(출 32:1-20) ·············· 333
제 17 장 참된 지도자의 모습(출 32:21-36) ·············· 353
제 18 장 주의 영광을 내게 보이소서(출 33:1-23) ········ 373
제 19 장 하나님의 영광을 드러내는 얼굴(출 34:1-36) ···· 395
제 20 장 하나님께서 명하신 대로 되니라(출 35:1-40:38) ··· 425

머리말

"모세야, 네 손에 들고 있는 것이 무엇이냐?" "네, 지팡이입니다." "그 지팡이를 땅에 던지라." 모세는 하나님께서 하라시는 대로 시내광야에서 40년 동안 양을 치면서 사용하던 지팡이를 땅에 던졌습니다. 그런데 이게 웬일입니까? 모세의 지팡이는 갑자기 살아 꿈틀거리는 뱀으로 변했습니다. 모세는 놀라서 뒤로 물러서서 도망쳤습니다. 뱀을 피하는 모세에게 하나님께서는 다시 말씀하십니다. "그 뱀을 다시 네 손에 잡으라." 모세는 두려웠지만 하나님의 명령이라 다가가서 뱀을 손으로 잡았습니다. 그러자 그 뱀은 다시 전의 지팡이로 변했습니다. 그러나 그것은 지금까지 모세가 가지고 다니던 지팡이이면서도 같은 지팡이가 아니었습니다. 목동의 지팡이는 '하나님의 지팡이'가 되었습니다.

홍해 앞에서 모세가 그 지팡이를 들자 바다가 쩍 갈라졌습니다. 이스라엘은 갈라진 바다의 마른 땅으로 통과했습니다. 그 지팡이로 반석을 치니 메마른 광야에서도 물이 쏟아져 나왔습니다.

우리는 마르고 때묻은 모세의 지팡이와도 같습니다. 그러나 하나님께 드려질 때 하나님의 지팡이가 됩니다. 모세의 지팡이는 하나님의 임재와 능력을 상징하는 지팡이입니다. 모세처럼 하나님을 만나고 경험하는 순간부터 우리의 인생은 하나님의 지팡이로 변할 수 있고 하나님의 손에 쓰여질 수 있습니다. 80세의 목동은 이스라엘의 구원자가 되었습니다. 오랫동안 억압받던 자기 백성을 애굽에서 구하여 광야의 40년 동안 하나님 한 분만 의지하여 온갖 고난을 뚫고 이스라엘을 약속의 땅 문 앞에까지 인도하는 이스라엘의 구원자로서 엄청난 일을 했습니다. 후계자까지 훈련하여 자기 백성을 넘겨주고 인생을 마친 위대한 지도자가 되었습니다.

물론 모세는 완전한 인간은 아니었습니다. 실수도 있고 약한 데도 있었습니다. 자신의 능력을 의지해서 문제를 해결하려 했을 때 살인을 하기도 했고, 분이 났을 때 하나님의 계명이 새겨져 있는 두 돌판을 던져 깨어버리기도 했으며, 반석을 지팡이로 마구 쳐 하나님을 불순종함으로써 하나님의 영광을 가려 결국 가나안 땅에 들어가 보지 못하는 슬픔을 경험하기도 했습니다. 그러나 목이 곧고 패역한 백성이었지만 모세는 그들을 사랑했고 그들의 무거운 짐을 짊어지고 하나님 앞에서 충성한 사람입니다. 이 분은 약점 때문에 우리에게 오히려 더 큰 공감을 일으키는 분이었습니다. 모세의 이야기에서 쏟아져 나오는 풍부한 영적 교훈은 우리의 삶을 변화시켜 주기에 충분합니다. 이 책이 우리의 삶에 유익한 책이 되기를 바랍니다.

1995년 10월
맑은 가을 날에
김상복 목사

제1장

서론

"야곱과 함께 각기 권속을 데리고 애굽에 이른 이스라엘 아들들의 이름은 이러하니"(출 1:1).

서론

출애굽기의 명칭

출애굽기는 창세기에 이어 모세오경 중에 둘째 권입니다. '출애굽기'라는 명칭은 구약성경의 헬라어 역본인 칠십인역의 '엑소더스'(탈출)에서 따온 이름입니다. 칠십인역의 명칭에서 라틴어 역본인 벌게잇역본의 '엑소더스'가 나왔는데 대부분의 영어성경이 이어받았습니다.

한글 개역성경의 '출애굽기'라는 이름은 영어성경의 'Exodus'를 번역한 이름입니다. 'Exodus'는 '탈출', '출발', '밖으로 나가다' 등의 의미인데, 한글 개역성경 '애굽에서 탈출한 기록'이란 의미로 '출애굽기'로 번역을 한 것입니다.

여러분은 나치 독일의 유대인 학살을 피해 지금의 이스라엘 땅으로 탈출하는 유대인들의 대탈출을 그린 영화 '엑소더스'를 잘 알고 계실 것입니다. 이 영화의 주제가는 '명화 극장'의 타이틀음악으로 사용되었을 만큼 유명합니다. 이 영화는 이스라엘 민족이 애굽에서의 박해를 피해 탈출한 것과 2차대전 때 유대 민족이 나치독일의 박해를 피해 탈출한 것을 거의 같은 상황이라고 해석하여 '엑소더스'라는 제목을 붙였습니다.

그러나 출애굽기의 본래 명칭은 '엑소더스'가 아니라 '웨엘레 쉐모트'인데 이것은 "그 이름은 이러하다"(출 1:1), 또는 "이것들이 그 이름이다"라는 뜻입니다. 이것은 출애굽기의 본문 첫 구절이 '웨엘레 쉐모트'로 시작하기 때문에 붙여진 이름입니다.

이것을 줄여서 '쉐모트'(이름들)로 부르기도 했습니다. 출애굽기와 마찬가지로 히브리어 성경은 창세기의 제목을 본문의 첫 글자 '베레쉬트'(태초에)를 따서 '베레쉬트'라고 붙였습니다.

그런데 출애굽기의 원래 이름이었던 '쉐모트'를 칠십인역에서는 이스라엘 민족의 애굽 탈출과 하나님의 구원에 초점을 맞추어 '엑소더스'로 제목을 바꾸었고, 그 이후의 성경번역은 이 칠십인역에 기준하여 성경의 제목을 붙인 것입니다.

출애굽기의 저자

출애굽기를 비롯한 모세오경의 저자는 모세입니다. 이것은 여호수아가 출애굽기 20장 25절을 인용하면서 "모세의 율법책에 기록된 대로(출 8:31)"라고 출애굽기를 언급함에서 명백하게 알 수 있습니다. 유대의 구전전승들과 신약성경도 출애굽기는 모세가 기록한 것이라고 전하고 있습니다(막 7:10, 눅 2:22, 요 5:46, 롬 10:5 등).

출애굽기의 모세 저작설에 대하여 신학자들의 의견은 다양합니다. 간혹 복음주의 신학자들 가운데에서도 일부는 모세가 출애굽기를 저작했을 가능성은 없다고 주장하기도 합니다.

그러나 자유주의 신학자들은 아예 모세의 저작설을 전면 부인합니다. 대표적인 자유주의 신학자인 벨하우젠(Julius Wellhausen) 같은 이는 모세오경이 모세 한 사람에 의해 기록된 것이 아니라 오랜 기간에 걸쳐 최소한 네 사람 이상의 편집자에 의해 재편집된 것이라고 주장합니다.

이것이 소위 문서설, 즉 JEDP문서설의 주장입니다. 우리는 이미 창세기 강해 첫째권인 「잃어버린 왕좌」에서 이 JEDP문서설에 대해서 살펴보았습니다. 만약 창세기 강해서를 아직 읽어보지 않으신 분이라면 「잃어버린 왕좌」를 먼저 읽어보실 것을 권합니다(본문 17-19쪽).

또 어떤 신학자들은 출애굽기의 양식을 연구함으로써 다른 본문들과 비교하고, 출애굽기 속에 있는 작은 문학 단위를 찾아 출애굽기가 기록된 연대를 추정하려고 시도합니다.

소위 양식비평이라는 방법입니다. 또 이 양식비평과 함께 전승파 학자들은 출애굽기의 구두전승을 통해 출애굽기의 저자 및 기록연대를 추정하려고 시도합니다.

문서비평, 양식비평, 전승비평 이 세 학파의 접근 방법은 다르지만 이들은 한 가지 기본 전제에 공통점을 가지고 있습니다. 그것은 출애굽기를 비롯한 모세오경은 모세가 쓰지 않았으며 모세오경의 편집연대는 모세보다 훨씬 후대라는 것입니다.

그들이 이렇게 주장하는 증거는 모세오경 속에 모세 자신의 죽음이 기록되어 있으며, 모세오경에 나타난 하나님의 이름이 각각 다르다는 데서 비롯되었습니다.

  그러나 대부분의 복음주의 신학자들은 모세가 출애굽기를 비롯한 모세오경의 저작자임을 믿습니다. 왜냐하면 구약성경과 신약성경, 그리고 무엇보다도 예수님 자신이 모세오경 저자를 모세로 인정하기 때문입니다. 복음주의 신학자들은 모세가 시내산 근처에서 머무는 동안, 또는 그 직후에 출애굽기를 기록했다고 믿고 있습니다.
  모세는 출애굽기를 기록할 만한 충분한 영적·학문적 자격을 가진 사람이었습니다. 만약 저작자의 자격 여부를 따진다면 모세보다 더 적합한 저자는 찾을 수 없습니다.

  무엇보다도 모세는 애굽의 왕자로서 당시 최고의 학문을 배운 엘리트였습니다. 사도행전 7장 22절은 "모세가 애굽 사람의 학술을 다 배워" 출애굽기를 기록할 충분한 학식이 있었음을 증명합니다.
  또 모세는 자신을 낳아준 친부모를 유모로 두고 친부모의 슬하에서 여호와 하나님을 믿는 신앙과 유대의 구전전승에 대해 배웠음이 확실합니다(출 2:8-10). 그래서 모세는 애굽 사람이 히브리 사람을 박해할 때 "자기 형제를 치는지라" 애굽 사람을 쳐죽였던 것입니다(출 2:11,12).

  모세의 저작을 가장 확실하게 뒷받침해주는 증거는 출애굽기 속에 모세가 출애굽기를 기록했다는 사실을 하나님께서 증명하시는 장면이 있습니다. 여호수아가 아말렉 족속과 싸워 승리하고 난 뒤 하나님은 모세에게 "이것을 책에 기록하여"(출 17:14) 남기라고 말씀하셨습니다. 그 기록이 바로 출애굽기입니다. 그리고 계속해서 출애굽기 24장 4절, 24장 7절, 34장 27절에서 모세가 출애굽기를 기록했다는 것을 증명하고 있습니다.

이외에도 숱한 성경의 기록들이 모세의 저작설을 뒷받침해줍니다.

신명기 31장 9절은 "모세가 이 율법을 써서 제사장들에게 주었다"고 기록하고 있으며, 다윗은 열왕기상 2장 3절 말씀에서 "계명과 율례와 모세의 율법에 기록된 대로 지키라"고 말하고 있습니다.
또 에스라는 느헤미야 8장 1절에서 "모세의 율법책"을 읽었으며, 느헤미야 13장 1절에서 모세오경을 "모세의 책"이라고 불렀습니다. 예수님도 마가복음 7장 10절에서 "모세는 네 부모를 공경하라 하고 또 아비나 어미를 훼방하는 자는 반드시 죽으리라 하였거늘"이란 말씀을 통해 출애굽기 20장 12절과 21장 17절을 인용하심으로써 모세오경이 모세의 저작임을 분명히 밝히십니다.
그런데도 출애굽기를 비롯한 모세오경이 모세의 저자가 아니라고 주장하는 사람이 있다면 그는 모세만 부정하는 것이 아니라 다윗과 에스라와 심지어 예수님까지도 부정하는 사람인 것입니다.

신앙에는 복잡한 신학이나 지식이 아니라 단순한 믿음이 더욱 귀중합니다. 해박한 신학자나 지식인들이 알지 못하는 것을 할머니들이나 어린 아이들은 알고 믿습니다.
기독교 신앙에는 복잡한 지식이 필요하지 않습니다. **예수님을 믿**

는 것은 지식으로 믿는 것이 아니라 믿음으로 믿는 것입니다. **기독교는 머리가 아니라 가슴으로 믿는 종교입니다.** 머리 속에 든 것이 많을수록 계산만 빨라지고 따지기 좋아하고 이기적이 되기 쉽지만, 가슴 속에 든 것이 많은 사람은 사랑이 풍성하여지고 겸손해지기 때문입니다.

출애굽기의 구성

출애굽기는 전체가 40장으로 구성되어 있고 성경의 다른 부분들에 비해 길이가 길고 뒷부분은 다소 지루하기도 합니다. 그러나 출애굽기는 성경을 보는 사람이라면 반드시 읽어야 할 부분이어야 할 뿐 아니라, 반복해서 읽어 두어야 하는 부분이기도 합니다.

구약에서 가장 중요한 사건을 들라고 한다면, 창세기에서 하나님이 아브라함을 믿음의 조상으로 부르신 것과, 출애굽기에 나타난 유대 민족의 출애굽을 들 수 있을 것입니다.

그래서 목회자들은 출애굽에 대한 설교를 자주 하게 되고, 또 목회자들은 개인의 출애굽 경험에 대해서 반복하여 설교합니다.

어떤 성도들은 그 이야기를 들으면서 '우리 목사님은 같은 이야기를 반복하시므로 설교에 성의가 없다'고 생각할 수 있겠습니다만, 아브라함의 이야기나 출애굽의 이야기는 절대로 그런 것이 아닙니다.

이것은 기독교 신앙에 있어서 가장 중요한 부분의 하나이기 때문에 몇 번씩 반복하는 것입니다. **출애굽은 기독교 신앙의 기본이요**

중심이 되는 이야기이기 때문에 거듭 반복할지라도 무리 없는 내용입니다.

기독교 신앙의 역사는 하나님께서 아브라함을 부르신 순간 씨앗이 뿌려졌습니다. 그리고 아브라함의 후손들이 출애굽을 하는 그 순간 역시 신앙의 뿌리를 내린 것입니다.

그래서 하나님이 택한 백성인 이스라엘의 역사를 기록할 때에는 언제나 출애굽을 그 출발 선상에 놓고 시작합니다. 성경 주석학자들 뿐만 아니라 역사 학자들도 마찬가지입니다. 그만큼 이 두 사건은 성경을 계속해서 이끌어 갈 때 뺄 수 없을 만큼 아주 중요합니다.

그리스도인들에게는 다른 사람들에게 이야기를 할 때 자신의 신앙간증을 빼면 다른 이야기를 할 수 없는 이야기가 있습니다. 처음 하나님을 만났을 때의 이야기라든가, 회심을 했을 때의 감동, 그리고 하나님께 평생이 자신이 해야 할 소명을 받았을 때의 이야기 등이 바로 그런 이야기입니다.

그런 이야기는 수만 번을 해도 지루하지 않고 그 때의 감동이 사라지지 않습니다. 그것이 자신을 지탱시켜 주는 신앙의 기둥이 되기 때문입니다.

그래서 누구를 만날 때마다 간증을 반복하게 되고 이미 들은 사람들에게도 다른 이야기와 연관을 지어 다시 이야기할 수밖에 없습니다. 바로 구약에서는 아브라함의 이야기와 출애굽의 이야기가 그런 대표적인 이야기인 것입니다.

구약에서 그렇게 모든 것을 풀어주는 열쇠가 되는 것이 바로 출애굽 사건입니다.

사실 기독교의 진리라고 하는 것은 그렇게 복잡한 것이 아니라, 몇 가지로 요약할 수 있는 것입니다. 진리는 언제나 단순합니다.
그래서 설교라는 것도 매번 어떤 특별한 이야기를 해서 성도들을 신기하고 즐겁게 만드는 것이 아닙니다. 원래 있었던 하나님의 진리를 쉽게 풀어서 깨닫고 실천할 수 있도록 만들어 주는 것이 바로 설교입니다.

신기하고 특별한 이야기만을 하거나 들으려고 하는 바로 그런 사람들이 다른 이상한 이단이나 신비주의로 빠지기 쉬운 성향을 가진 사람들 입니다. 어떻게 평범한 진리를 가지고 늘 새롭고 충격적인 이야기만 할 수 있겠습니까?
기독교가 그렇게 특이한 것을 가르치는 신앙이었다면 아마 이렇게 많은 사람들이 신앙 생활을 할 수도 없었을 것입니다. **진리는 평범한 곳에 있습니다.** "해 아래 새것이 없나니"라는 전도서의 말씀이 바로 그런 뜻입니다.

세계적으로 정평이 나 있는 유명한 목사님들의 설교를 들어보면 아주 쉽고 평범합니다. 그래서 그 목사님이 왜 그렇게 유명한 것인지를 알 수가 없을 때가 있습니다.
그러나 바로 그 점 때문에 유명한 목사님이 되신 것입니다. 아주 평범한 이야기를 절대적인 가치가 있는 진리로 가르치는 능력이 있는 목사님이기 때문에 그 분이 유명하게 된 것입니다. 그 분이 하는 이야기는 우리가 전혀 모르는 이야기가 아닙니다. 다 아는 이야기를 새롭게 들리도록 하는 것이 바로 그 분의 능력입니다

출애굽기는 크게 두 부분으로 나눌 수 있습니다. 1장부터 18장까지는 애굽에서의 구출, 즉 이스라엘 민족이 애굽에서 탈출하는 사건이 나타나 있고, 19장부터 40장까지는 예배에 대한 하나님의 계시가 나타납니다.

그리고 출애굽기를 지리적 특징상 세 곳으로 나눌 수 있습니다. 1장부터 12장 사이는 애굽, 12장부터 18장 사이는 애굽에서부터 출발해서 시내산까지 이르는 광야, 19장부터 40장 사이는 시내산이 사건들이 일어나는 장소로 되어 있습니다.

1장부터 12장 사이는 애굽에서 발생한 일로서 크게 세 가지 사건이 나타납니다. 1장에서 7장까지는 출애굽의 지도자로 모세를 부르시기까지의 사건이 나오고, 7장부터 11장 사이에는 애굽 민족에게 내리신 열 가지 재앙이, 12장에서는 초대 유월절 이야기가 나타납니다. 그리고 12장부터 14장 사이에 홍해를 건너는 장면이 시작되면서 광야 시대의 출발이 되고, 15장부터 18장 사이는 광야를 가로질러 시내산에 도착하는 이야기가 이어집니다.

그리고 19장에서 40장 사이에는 구약에서 기억되어야만 할 큰 사건 네 가지가 나옵니다.

첫째, 모세가 시내산에서 율법을 받는 사건이 19장부터 24장 사이에 나타나고

둘째, 성경 가운데 그냥 읽으면 제일 재미없는 이야기인 장막의 모형이 25장부터 31장 사이에 기록되어 있습니다.
셋째, 32장에는 우상에 관한 이야기가 나오고
넷째, 35장에서 40장까지는 장막 건축에 관한 이야기가 기록되어 있습니다. 참으로 지루하기 짝이 없는 부분입니다.

제가 교인들이 성경 읽는 것을 보니까 처음에는 성경 읽고 싶은 마음에 기운을 내서 읽다가, 창세기 5장쯤 가면 계속 죽는 얘기가 나와서 한 번 고비를 만납니다. 그래도 창세기는 비교적 재미있습니다.
출애굽기도 처음에는 참 재미있는 편입니다. 모세의 이야기는 처음부터 긴장감이 있습니다. 그런데 한참 가다가 25장쯤 가면 그만 구약을 덮어 버리게 됩니다. 25장부터 31장 사이에 장막의 모형 이야기로 얼마나 자세하게 말하는지 지루하고 지겹게 느껴집니다. 사실 그 의미를 하나하나 알면 상당히 재미가 있지만 모르고 그저 읽을 때는 흥미를 잃게 되고, 마침내 성경을 덮습니다.
따라서 성경을 읽기 전에는 어떤 부분이 가장 힘들고 지루한지, 그런 부분을 어떻게 읽는 것이 좋은지 미리 파악해야 합니다. 그래서 출애굽기 25장부터 31장과 35장에서 40장까지는 인내와 노력이 필요하다는 것을 알고 읽는 것이 좋습니다.

흔히 성경을 읽으려고 하는 사람들은 구약이든 신약이든 처음부터 읽으려고 시도합니다. 그래서 구약은 창세기부터 읽고 신약은 마태복음부터 읽는 사람이 많습니다.

그런데 마태복음은 처음부터 누가 누구를 낳았다는 말이 길게 이어져서 별로 흥미를 느끼지 못하게 만듭니다. 따라서 처음에 읽는 성경책이 꼭 맨 앞에 있는 마태복음이어야 할 필요는 없습니다.

그럼 어떤 책부터 권하는 것이 좋을 것이라고 생각하십니까?

저는 요한복음을 먼저 읽으라고 말해 주고 싶습니다. 다른 책도 그렇지만 요한복음은 특히 예수님이 그리스도시요, 하나님의 아들인 것을 믿게 하고, 그 믿음으로 말미암아 영생을 얻게 함에 그 목적이 있는 책입니다. 이렇게 믿음을 일으키는 요한복음은 처음 믿는 교인들에게 읽히기엔 알맞은 책입니다.

그리고 그 다음은 다른 복음서를 계속해서 읽는 것보다는 신약 뒤쪽의 같은 저자가 지은 요한 1, 2, 3서를 읽는 것이 좋습니다. 요한복음이 예수님의 행적을 기록한 것이라면 요한 1, 2, 3서는 예수님을 믿는 사람들의 생활을 기록한 책이라서 자연스럽게 연결됩니다. 왜냐하면 서로 보완할 수 있는 관계에 있기 때문입니다.

그 다음, 어렵고 지루한 레위기나 로마서보다는, 쉽고 재미있게 읽힐 수 있는 것을 차례로 읽게 하는 것이 좋습니다.

출애굽기의 연대

출애굽기 구성을 살펴본 후 이제부터 출애굽의 연대와 내용을 본격적으로 합시다.

출애굽의 연대에 대해서는 대체로 두 가지 견해가 있습니다.

첫째 견해는 출애굽의 연대가 주전 13세기라는 설입니다. 이 때는 주전 약 1290년 경으로 라암세스 2세가 통치하던 시대였습니다.

둘째 견해는 주전 15세기 즉 주전 1445년을 전후한 시대로서 아멘호텝 2세가 통치하던 시대라는 견해입니다.

먼저, 주전 1290년 경이라는 견해는 출애굽기 1장 11절에 나타난 '라암셋'이라는 지명이 나타나는 것으로 보아서 이 시기는 제19왕조 세티 1세의 아들인 라암세스 2세의 통치 기간이라고 보는 것입니다.

즉 애굽의 노예가 된 이스라엘 백성들이 "국고성 비돔과 라암셋"을 짓도록 강요받았는데, 고고학적인 증거들은 이 성읍들이 라암세스 2세의 이름을 본따 그의 통치 기간 중에 세워진 성읍들이라는 것입니다.

그러나 라암셋 성은 라암세스 2세의 이름을 본따서 지은 성이라고 볼 수 없습니다. 왜냐하면 라암셋은 힉소스왕조 시대(주전 1730-1570년) 동안에 흔히 사용되던 이름이었기 때문입니다. 라암셋은 힉소스이 태양신 '라에게서 난 자'라는 뜻입니다. 더욱이 라암세스 2세의 이름은 그 철자가 'Rameses'(Ra-mes-su)인데 비해 라암셋 성의 이름은 'Raamses'(라암셋)으로 서로 철자가 다릅니다.

저는 영왕기상 6장 1절의 기록에 따라서 **출애굽은 주후 1445년경 아멘호텝 2세의 치하에 이루어졌다**고 보는 견해가 옳다고 생각합니다.

열왕기상 6장 1절에 따르면, 출애굽의 시기와 솔로몬의 성전 건축 시작 사이는 480년의 시간 차이가 있습니다. 솔로몬의 성전 건축은 그의 재임 4년째인 주전 966년에 시작했으므로 출애굽의 연대는 1445년이 되는 것입니다.

또한 사사 입다(주전 1100년경) 대에는 이스라엘 민족이 가나안 땅에 거한 지 300년이 되는 때였습니다(삿 11:26). 그러므로 이 300년에 이스라엘 민족이 광야에서 방랑한 40년과 헤스본을 정복하는데 필요한 시간을 합하면 출애굽의 연대는 주전 15세기라는 것을 알 수 있습니다.

출애굽이 주전 1445년경에 이루어졌다는 것은 여러 가지 고고학적 증거들에 의해서도 뒷받침 됩니다.

예를 들면, 모세가 대면했던 아멘호텝 2세의 계승자는 투르트모 4세인데 그는 장남이 아니었습니다. 이것은 애굽의 모든 장자는 첫 번째 유월절날 하나님께서 죽이신 출애굽기의 기록과 일치합니다.

또 아멘호텝 2세의 통치 기간 중에 그는 이스라엘 민족으로 하여금 벽돌을 굽도록 강요했으며, 그의 이전 통치자들인 애굽 18왕조의 바로들도 팔레스타인 지역 정복에 아주 적극적이어서 애굽 북쪽에서 건축 공사를 벌였습니다. 그러므로 이 시기에 팔레스타인과 애굽간의 이동을 쉽게 하기 위해 수비대와 국고성을 쌓았다는 것은 충분한 타당성을 갖습니다. 바로 이 시기가 이스라엘 백성들이 애굽의 바로 왕들에게 압제를 받았던 시기입니다.

이상과 같은 성경의 기록과 고고학적 증거들을 토대로 우리는 출애굽의 연대가 주전 1445년이란 것을 알 수 있습니다. 그러면 출애굽의 연대를 주전 1445년으로 계산하고 이삭이 그 가족들을 이끌고 내려간 때를 살펴보도록 합시다.

야곱이 자기 가족들 70여 명을 이끌고 애굽으로 내려간 것은 주전 19세기인 주전 1875년이었습니다. 그 이후로 이스라엘 자손들은 출애굽 때까지 애굽에서 430년 동안 살았습니다. 먼저 주전 1875년에 애굽에 들어갔던 요셉은 애굽 제12왕조의 총리로 있다가 70여 년이 지난 주전 1804년에 죽었습니다.
　그리고 그 후인 주전 1730년에 힉소스 왕조(애굽 제 15-16왕조)가 시작되었다가 1570년에 힉소스 왕조가 막을 내리고 새 애굽 왕조가 시작되었습니다. 그리고 이스라엘 민족이 애굽에서 나온 것은 야곱이 그 가족들을 데리고 애굽으로 이주한 때로부터 430년이 지난 주전 1445년입니다.

　주전 1445년에 홍해를 건너서 애굽을 나왔고, 시내산까지 오는 데는 석 달이 걸렸습니다(출 19:1-2). 그리고 모세는 시내산에서 열 달 동안 머물면서 율법을 받고, 장막의 모형에 대해 지시를 받습니다. 그리고 모세는 하나님이 지시하신 대로 장막을 짓는 데에 일 년이 걸려서 주전 1444년에야 시내산을 떠나게 됩니다.
　하나님께서 명령하신 바로 그대로 하느라고 장막을 짓는 데에 일 년이나 걸렸던 것이고, 그것을 짓는 방법을 설명하는 것도 상세하게 반복되어서 기록되어 있습니다.

　그러므로 출애굽기는 모세가 시내 광야에서 진을 친 동안이나 그 직후에 기록했다고 추정할 수 있습니다. 참고로 살펴보면, 출애굽기에 기록된 여러 가지 사건들은 모세의 출생연도인 주전 1525년에서 시내산 근처에 머물렀던 주전 1445년 사이의 일들입니다.

출애굽기의 핵심

지금까지 여러분과 저는 출애굽기의 명칭과 저자, 구성, 연대 등에 대하여 살펴보았습니다. 이제 출애굽기의 내용을 본격적으로 살펴보기에 앞서서 출애굽기의 내용을 한눈에 알아볼 수 있는 출애굽기의 핵심귀절을 먼저 살펴봅시다.

출애굽기의 핵심귀절은 두 군데에 있습니다. 첫번째는 6장 6절입니다.

> "그러므로 이스라엘 자손에게 말하기를 나는 여호와라 내가 애굽의 사람의 무거운 짐 밑에서 너희를 빼어내며 그 고역에서 너희를 건지면 편 팔과 큰 재앙으로 너희를 구속하여."

여기에서 중심이 되는 말은 '구속했다'는 말입니다. 하나님은 하나님이 이스라엘 백성을 애굽의 압제와 노역에서 구원하여 자유로운 하나님의 백성을 삼으셨다는 것을 선포하는 것입니다. **하나님에 의한 이스라엘 백성의 구속은 출애굽기의 기록 목적이요, 출애굽기의 핵심 주제입니다.**

그 다음으로 중요한 귀절은 19장 5절과 6절입니다.

> "세계가 다 내게 속하였나니 너희가 내 말을 잘 듣고 내 언약을 지키면 너희는 열국 중에서 내 소유가 되겠고 너희가 내게 대하여 제사장 나라가 되며 거룩한 백성이 되리라 너

는 이 말을 이스라엘 자손에게 고할지니라."

이 말씀에는 두 가지의 중요한 사실이 기록되어 있습니다.
먼저, **이 세상의 모든 것이 하나님께 속해 있다**는 것입니다. 또한 **하나님의 말씀을 듣고 하나님의 언약을 지켜 순종하는 자에게 하나님의 자손이 되는 특권을 주시겠다**는 약속의 말씀이 기록되어 있습니다.
이 말씀이야말로 구약과 신약을 통틀어 성경 66권의 주제요, 기독교 복음의 핵심이 되는 말씀입니다.

예언의 성취

성경은 하나님의 예언과 약속의 말씀이 계시되고 그것이 성취되는 역사의 기록입니다. 이것은 창세기와 출애굽기에 있어서도 예외가 아닙니다. 출애굽기에는 창세기에서 이야기했던 세 가지 예언이 성취되어 나타납니다.

첫번째는 창세기 12장 2절에 "내가 너로 큰 민족을 이루겠다"는 예언이 출애굽기 1장 7절에서 성취된 모습으로 나타납니다.

> "이스라엘 자손은 생육이 심히 중다하고 번식하고 창성하고 심히 강대하여 온 땅에 가득하게 되었더라."

두번째는 창세기 15장 13절의 "네 자손이 이방에서 객이 되어 그들을 섬기겠고 그들은 사백 년 동안 네 자손을 괴롭게 하리라"는 예언이 출애굽기 12장 40절에 나타납니다.

"이스라엘 자손이 애굽에 거주한 지 사백 삼십 년이라."

마지막으로 세번째는 창세기 15장 14절에 "그 섬기는 나라를 내가 징치할지며 그 후에 네 자손이 큰 재물을 이끌고 나오리라"는 말씀이 출애굽기 12장 51절에서 성취되어 나타납니다.

"그 같은 날에 여호와께서 이스라엘 자손을 그 군대대로 애굽 땅에서 인도하여 내셨더라."

하나님께서 창세기에서 말씀하신 것은 하나도 헛되이 땅에 떨어짐없이 모두가 말씀대로 성취됩니다. **성경은 하나님이 하신 말씀의 성취를 보여 주는 대장정입니다.**
출애굽기는 그 성취의 처음이 유대 민족을 통해 나타나는 것을 우리에게 명확하게 보여줍니다.
이런 기대감을 가지고, 이제 출애굽기를 살펴보도록 하겠습니다.

제2장

물에서 건져낸 아이

"레위 족속 중 한 사람이 가서 레위 여자에게 장가 들었더니 그 여자가 잉태하여 아들을 낳아 그 준수함을 보고 그를 석 달을 숨겼더니 더 숨길 수 없이 되매 그를 위하여 갈 상자를 가져다가 역청과 나무 진을 칠하고 아이를 거기 담아 하숫가 갈대 사이에 두고 그 누이가 어떻게 되는 것을 알려고 멀리 섰더니 바로의 딸이 목욕하러 하수로 내려오고 시녀들은 하숫가에 거닐 때에 그가 갈대 사이의 상자를 보고 시녀를 보내어 가져다가 열고 그 아이를 보니 아이가 우는지라 그가 불쌍히 여겨 가로되 이는 히브리 사람의 아이로다 그 누이가 바로의 딸에게 이르되 내가 가서 히브리 여인 중에서 유모를 불러다가 당신을 위하여 이 아이를 젖 먹이게 하리이까 바로의 딸이 그에게 이르되 가라 그 소녀가 가서 아이의 어미를 불러오니 바로의 딸이 그에게 이르되 이 아이를 데려다가 나를 위하여 젖을 먹이라 내가 그 삯을 주리라 여인이 아이를 데려다가 젖을 먹이더니 그 아이가 자라매 바로의 딸에게 데려가니 그의 아들이 되니라 그가 그 이름을 모세라 하여 가로되 이는 내가 그를 물에서 건져 내었음이라 하였더라…"(출 2:1-14).

물에서 건져낸 아이

출애굽기에서 가장 중요한 인물은 역시 출애굽의 지도자였던 모세입니다. 모세의 생애는 출생부터가 하나님의 은혜였습니다. 모세의 생존은 물론이고 교육과 그 이후의 삶도 철저한 하나님의 은혜와 지도를 받은 것이었습니다. 따라서 출애굽기의 처음은 모세의 출생으로부터 시작됩니다.

'모세'라는 이름은 이집트어 'mes'에서 비롯된 히브리어 '모쉐'에서 온 이름입니다. 이 이름은 '건져내다' '태어나다'라는 뜻이 있습니다. 이것은 모세가 물에서 건져낸 아이이기 때문에 붙여진 이름이지만, 이름의 의미 속에는 이스라엘 백성을 애굽의 노예 상태에서 건져내시려는 하나님의 놀라운 구원 섭리가 숨어 있습니다.

압제받는 이스라엘 백성

모세가 출생한 시기는 이스라엘 백성이 바로로부터 온갖 압제를 받던 시기였습니다. 요셉이 총리를 하고 있을 때와 요셉이 죽고 난 후 얼마 동안 애굽을 통치하게 된 힉소스 족은 본래 애굽인들이 아니고 북쪽 해변가에서 내려온 이방 민족이었습니다.

그들이 애굽을 정복하고 나서 세운 왕조는 이방인인 요셉을 총리로 세우고 유대 사람들을 잘 대접했지만, BC 1570년경에 나타난 애굽 왕조는 요셉을 전혀 알지 못하는 새로운 바로가 통치하는 왕조였습니다. 그래서 자기들과 다른 종족인 유대인들을 종으로 부리고 핍박했습니다.

> "요셉을 알지 못하는 새 왕이 일어나서 애굽을 다스리더니 그가 그 신민에게 이르되 이 백성 이스라엘 자손이 우리보다 많고 강하도다 자, 우리가 그들에게 대하여 지혜롭게 하자 두렵건대 그들이 더 많게 되면 전쟁이 일어날 때에 우리 대적과 합하여 우리와 싸우고 이 땅에서 갈까 하노라 감독들을 그 위에 세우고 그들에게 무거운 짐을 지워 괴롭게 하여 그들로 바로를 위하여 국고성 비돔과 라암셋을 건축하게 하니라"(출 1:8-11).

바로 그런 상황에서 모세가 태어났고, 그 당시에는 유대인들이 점점 강성하여졌기 때문에 남자 아이를 낳으면 그 자리에서 죽이도록 왕이 명하였습니다. 그런 상황에서도 모세가 살아남을 수 있었던 것은 히브리 산파들의 지혜로움과 하나님께서 주신 생명을 살리고자 하는 부모의 사랑 때문이었습니다.

> "레위 족속 중 한 사람이 가서 레위 여자에게 장가 들었더니 그 여자가 잉태하여 아들을 낳아 그 준수함을 보고 그를

석 달을 숨겼더니 더 숨길 수 없이 되매 그를 위하여 갈 상자를 가져다가 역청과 나무 진을 칠하고 아이를 거기 담아 하숫가 갈대 사이에 두고 그 누이가 어떻게 되는 것을 알려고 멀리 섰더니 바로의 딸이 목욕하러 하수로 내려오고 시녀들은 하숫가에 거닐 때에 그가 갈대 사이의 상자를 보고 시녀를 보내어 가져다가 열고 그 아이를 보니 아이가 우는지라 그가 불쌍히 여겨 가로되 이는 히브리 사람의 아이로다 그 누이가 바로의 딸에게 이르되 내가 가서 히브리 여인 중에서 유모를 불러다가 당신을 위하여 이 아이를 젖 먹이게 하리이까 바로의 딸이 그에게 이르되 가라 그 소녀가 가서 아이의 어미를 불러오니 바로의 딸이 그에게 이르되 이 아이를 데려다가 나를 위하여 젖을 먹이라 내가 그 삯을 주리라 여인이 아이를 데려다가 젖을 먹이더니 그 아이가 자라매 바로의 딸에게 데려가니 그의 아들이 되니라 그가 그 이름을 모세라 하여 가로되 이는 내가 그를 물에서 건져 내었음이라 하였더라"(출 2:1-10).

부모의 마음은 다 같습니다. 자기 자식을 사랑하는 마음이 사람에 따라 있고 없고 하지는 않습니다. 다만 그 사랑하는 방법이 사람에 따라 차이가 있을 뿐입니다.

예수님의 시대에 제자들의 어머니들도 다 다른 방식으로 자식을 사랑했습니다. 아주 적극적인 방법으로 자식을 사랑한 사람이 바로 요한과 야고보 형제의 어머니였습니다. 그 어머니는 예수님이 영광의 자리에 앉게 되면 아들들을 좌우에 앉게 해 달라고 아주 적극적인 청탁을 했습니다.

주변에서 볼 수 있는 자식 교육에 적극적인 어머니들 역시 요한과 야고보의 어머니 같은 사람입니다. 이들은 가끔 물의를 일으키기는 하지만 자식을 위해 헌신적인 사랑을 바치는 사람입니다. 자식을 위해서라면 자신의 목숨을 아끼지 않을 사람입니다.

요한과 야고보 두 아들이 한 분 예수 선생님을 따라다니고 있는 것을 안 어머니는 그 자식들이 다른 어떤 제자들보다 더 훌륭한 자리에 있기를 원했습니다. 부모로서는 당연한 욕심이었겠지만 그것을 이렇게 적극적으로 말한 사람은 한 사람뿐이었습니다.

물론 예수님께서 여기에 그 어머니가 원하는 대답을 듣지는 못했지만 요한은 그 후로 예수님과 아주 각별한 관계를 가지게 되었습니다. 예수님이 십자가에 달리고 난 후, 요한은 예수님의 어머니 마리아를 자기 집으로 모시고 갔습니다.

아마 요한과 야고보는 그 당시에 아주 잘 사는 집에서 태어났던 것 같습니다. 그래서 자신의 다락방을 내어 주기도 하고, 가야바의 집 뜰에도 마음대로 드나들 수 있었습니다. 베드로는 감히 그의 집 뜰을 밟는 것도 어려운 사람이었습니다. 그래서 두 형제는 예수님의 어머니를 모실 수 있는 경제적 여유가 있었는지도 모릅니다.

요한과 야고보의 어머니는 자식의 일에 아주 열성적인 사람이었고 모세의 어머니도 그렇게 모세를 목숨을 지키기 위해서 자신의 목숨을 건 모험을 했습니다. 다른 사람들은 자신이 죽을까봐 겁이 나서 자식들을 죽인 어머니가 있는가 하면, 모세의 어머니처럼 목숨을 걸고 석달을 숨겨 기르고, 그 다음에는 하나님의 은혜를 구하면서 강물에 아들을 띄워 보내는 결단력을 보인 것입니다. 적극적이고 헌신적인 부모에게서 훌륭한 지도력을 가진 자식이 나오게 되어 있습니다.

 모세가 하나님의 일을 하게 된 데에는 부모의 헌신 외에도 그가 하나님의 제사를 관장하는 레위 지파 사람이었다는 점이 작용했을 것입니다. 모세는 지금 생각하면 목회자의 집안 사람이었습니다.
 같은 교회 일을 하더라도 목회자가 하는 것과 일반 평신도가 생각하는 것은 차이가 있습니다. 다른 사람들은 가끔 시간을 내서 교회 일을 하는 것이지만 목회자들은 언제나 교회와 하나님의 일을 생각하고 있기 때문에 다를 수밖에 없습니다.
 목회자적인 가슴을 가지고 하나님의 일을 하는 것과 그렇지 않고 일하는 것은 차이가 있습니다. 나중에 목회를 하겠다는 생각을 갖고 교회 일을 하는 사람하고 산업 기술자가 되겠다고 생각하면서 교회 일을 하는 사람이 같은 가슴을 가지고 일을 한다고 할 수는 없는 것이고, 그 가슴의 차이는 곧 결과의 차이로 나타나는 것입니다.

 하나님께 헌신한 사람은 하나님이 하라고 하시는 일에 변명이나 이유를 달지 않습니다. 하나님께서 하라고 하시는 일은 무엇이든지 하는 사람이 바로 목회자입니다. "왜 내가 이런 일을 해야 하느냐?"고 따지고 들거나 "이런 일은 나에게 맞지 않으니 하지 않겠다"고 거절하지 않습니다.

하나님의 일을 하는 데 있어서 열정적인 가슴을 가진 목회자를 따라갈 사람은 아마도 없을 것입니다. 그리고 평생 하나님의 일에 헌신한 목회자들의 자녀들은 다 사회의 지도자로 성장하는 아주 좋은 선례를 남겼습니다.

모세도 마찬가지의 예를 만들어준 사람이었습니다.

애굽의 왕자로 보낸 40년

레위 지파 출신 모세는 갈대로 만든 배에 태워 강물에 띄워졌다가 바로의 딸인 공주에게 구조되어 왕궁에서 자라면서 지도자로서 교육을 받았습니다. 그를 유대 민족의 출애굽의 지도자로 삼으려고 하신 하나님의 섭리가 작용한 것입니다.

그래서 모세는 학술과 무술을 겸비하는 한편, 유모로 들어온 어머니로부터는 유대의 신앙과 정신을 물려받았기 때문에 온전한 유대 사람으로 자랄 수 있었습니다.

모세의 부모는 헌신된 사람들이었습니다. 모세의 아버지 아므람과 어머니 요게벳 두 사람은 레위 지파 출신이었습니다(출 2:1, 6:20). 그들은 모세가 출생하자 믿음으로 모세를 석달 동안 숨겨 길렀습니다.

이러한 모세의 부모의 믿음을 히브리서 11장 22절은 이렇게 기록하고 있습니다.

"믿음으로 모세가 났을 때에 그 부모가 아름다운 아이임을 보고 석 달 동안 숨겨 임금의 명령을 무서워 아니하였으며."

그의 부모는 하나님을 믿고 의뢰하였으므로 히브리 민족 중에 사내 아이가 태어나면 모두 죽이라는 바로 왕의 명령(출 1:16)을 무서워하지 않았던 것입니다.

모세는 이런 믿음을 가진 부모와 그 누이 미리암의 지혜에 힘입었을 뿐만 아니라 무엇보다도 하나님의 놀라운 섭리와 인도하심에 의하여 바로의 딸인 하셉수트의 양자로 입양되었습니다. 그래서 애굽의 왕자의 신분이 되었음에도 불구하고 모세는 친어머니 요게벳에 의해 유대의 신앙과 정신으로 양육받았습니다.

또 모세는 애굽의 왕자로 있는 40년 동안 당시 애굽 문명이 줄 수 있었던 최고의 교육을 받았습니다. 당시 애굽은 고대문명의 발상지로서 이미 음영문자라는 자체적인 문자를 가지고 있었고, 수학과 천문학, 화학 등이 대단히 발전한 곳이었습니다.

그래서 사도행전 7장 22절에서 사도행전의 기자는 "모세가 애굽 사람의 학술을 다 배워 그 말과 행사가 능하더라"고 기록하고 있습니다. 모세는 말과 그 행위만 능할 뿐 아니라 학술과 무술에도 뛰어난 재능을 겸비한 인물이었습니다.

무엇을 배우든지 젊었을 때 열정적으로 배워두어야 합니다. 그래야 그것이 평생의 밑거름이 되는 것입니다. 슈바이처 박사는 "30살까지는 자기 자신을 위해서 배우는 일에, 그리고 그 다음 30년은 자신이 30년 동안 배운 것을 남을 위해 사용하는 일에 보냈다"고 말했습니다. **젊어서 배우는 것이 그 다음의 시간들을 어떻게 살 것인가를 결정하는 아주 중요한 열쇠입니다.**

젊었을 때 고생하고 배워둔 것은 허황한 것이 없습니다. 배운 것은 어떤 것이든지 시간이 지나면 다 쓸모가 있기 마련입니다.

다윗은 양치기를 하면서 배워둔 돌팔매로 골리앗을 때려 눕히지 않았습니까? 배울 수 있을 때 배워야 효과적으로 배워 사용할 수 있습니다. 때로는 어렸을 때 취미로 배운 것들이 나중에 성인이 되어서 자신의 인생을 결정하는 직업 선택의 계기가 되기도 합니다.

제가 대학을 다닐 때에 사귄 친구들은 두 부류가 있었습니다. 한쪽은 시간 관리를 아주 잘 하는 사람들이었습니다. 그래서 작은 틈이라도 생기면 책을 읽고 유용하게 보내려고 애썼습니다. 다른 한쪽은 언제나 노는 일에 정신을 쏟고 재미있는 일만 찾아다니는 친구들이었습니다.

30년이 지나서 다시 만나보니 그 때 시간 관리를 잘 했던 친구들은 신문이나 잡지의 기사를 장식하고 있는데, 그렇게 놀기 좋아했던 친구들은 어디 있는지 찾을 수 없었습니다. 같은 대학을 나왔는데 그들이 가는 길은 많은 차이가 있었습니다.

젊은 날에 투자하면 아무리 나이가 들지라도 사회에 필요한 사람이 됩니다. 그러나 젊은 날을 허비하면 나이가 들수록 아무것도 할 수 없는 사람일 뿐만 아니라 사회에서 밀려나게 되어 있습니다.

특히 교회에서 신앙으로 자라는 아이들은 허송세월하고 시간 낭비하는 아이들로 살아서는 안 됩니다. 어려서부터 부모와 교사들의 지도를 받아서 시간 관리를 잘 하고 하나님이 주신 삶의 목표와 올바른 신앙으로 살 수 있도록 교육해야 합니다.

그리고 그 다음은 모두 하나님의 뜻과 계획에 맡기면 됩니다. 그 아이들이 바로 하나님의 일을 위해서 쓰임받는 사람이 될 것이고 그 아이들이 자라서 나라를 이루는 길에 동참하게 되는 것이기 때문입니다.

모세는 학문적인 교육뿐만 아니라 그 당시 애굽의 궁에서 배울 수 있는 무술까지 겸비한 사람이었습니다. 지도자가 되기 위해서는 지도력도 있고 머리도 좋아야 하지만 그것을 뒷받침할 만한 체력도 있어야 하고, 유사시에는 자신을 적으로부터 보호할 수 있을 정도의 방어력도 있어야 합니다.

특히 그 때는 다른 민족들과의 전쟁이 빈번한 시대였기 때문에 튼튼한 체력과 무예를 갖추는 것이 필수적이었습니다.

모세는 자신이 이 땅에서 살아가는 데에 아무런 불편이 없을 만큼 충분히 다 배운 사람이었습니다. 그래서 광야에서 여러 사람들을 인도해야 하는 어려운 상황에서도 지치거나 굴하지 않고 지도력을 발휘하여 자신의 역할을 해낼 수 있었습니다.

다윗도 그랬습니다. 그를 따라서 광야로 나온 사람은 많이 배웠거나 온순한 사람들이 아니었습니다. 사회에서 죄를 지었거나 살기가 아주 힘들어 차라리 광야로 나가는 것이 낫겠다고 판단한 사람들이 대부분이었습니다. 만약 다윗이 이들을 이끌고 통솔할 지도력과 체력이 없었더라면 결코 왕이 될 수 없었을 것입니다.

그러나 그에게는 거칠고 험한 사람들을 다룰 수 있는 힘이 있었습니다. 그것은 그저 머리가 좋다는 것만으로는 할 수 없는 일입니다. 영적인 것, 정신적인 것, 그리고 육체적인 것이 함께 합해져야 할 수 있는 일입니다.

모세가 배운 것은 세상에 속한 단순한 하나의 학문이나 무술만이 아니었습니다. 그 당시의 애굽 왕궁은 애굽의 속국으로 있으면서 애굽에 조공을 바치던 시리아나 팔레스타인의 여러 국가의 왕위 계승자들에게 애굽의 여러 가지 훌륭한 교육을 가르치고 있었습니다.

그 당시의 애굽은 수학, 천문학, 화학 등이 매우 발달해 있었기 때문에 모세는 다른 나라의 왕자들과 함께 그 당시의 모든 학문을 배웠던 엘리트였습니다.

한 가지 학문밖에 모르는 사람은 사람을 폭넓게 이해하는 능력이 부족합니다. **모든 교육은 지식을 가르치는 데서 그치는 것이 아니라 사람을 이해하고 이롭게 하는 데에 그 목적을 두어야 합니다.** 그렇기 때문에 학문에도 인성 교육이 필요하고 다양한 학문을 해야 할 필요가 있습니다.

과학에도 인성이 있습니다. 그리고 모든 학문에는 나름대로의 철학이 있습니다. 모든 학문은 인간 세계를 이해하는 방법을 훈련을 시키는 데 그 목적이 있습니다.

특별히 지도자가 되고자 하는 사람들은 한 가지 학문만으로 그 임무를 수행하기 어렵습니다. 왜냐하면 다양한 사람들과 여러 상황들로 구성되어 있는 단체를 지도해 나가야 하기 때문입니다.

미국 유명한 목회자들은 성경에 관련된 책만 읽는 사람들이 아닙니다. 어느 목사님은 미국에서 나오는 잡지 28개를 매달 읽는다고 말하는 분도 있습니다.

자기 분야에 관한 지식으로는 다양한 성격과 환경 속에 있는 사람들을 이해하기 어렵습니다. 그런 사람들의 설교는 성경 주석만 읽은 사람들의 설교와 다릅니다. 그는 여러 다양한 사람들의 이야기를 알고 있고 이해하고 있으므로 누구에게나 설득력이 있고 폭이 넓으며 다양한 각도의 전망을 가진 사람임이 판명됩니다.

그러나 아직 모세는 신앙의 깊이와 경륜이 모자라는 사람이었습니다. 하나님이 광야에서 그를 40년 동안 다듬으실 때까지 그는 여전히 불완전한 인간적인 면모를 그대로 가지고 있었습니다.

애굽 사람이 그의 동포인 이스라엘 사람을 학대하는 것을 보자 열정적인 동료애 때문에 그만 애굽 사람을 살해했습니다.

> "모세가 장성한 후에 한번은 자기 형제들에게 나가서 그 고역함을 보더니 어떤 애굽 사람이 어떤 히브리 사람 곧 자기 형제 치는 것을 본지라 좌우로 살펴 사람이 없음을 보고 그 애굽사람을 쳐죽여 모래에 감추니라"(출 2:11,12).

그렇게 인간적으로 다 갖춘 모세였지만 하나님을 직접 만나기 전까지는 육에 속한 사람이었습니다. 자기 자신이 감정을 잘 통제하지 못 했습니다. 그리고 이러한 성품은 끝날까지 그를 괴롭히는 걸림돌이 됩니다.

자제하는 것도 하나님이 주신 아주 귀한 은사입니다. 그러나 모세는 그 은사가 부족했습니다. 모든 것은 자신의 방식대로 자기 능력껏 해결하려 했기 때문에 애굽 사람을 죽이는 극단적인 행동까지 서슴지 않게 되었던 것입니다.

그리고 그 다음부터의 삶은 하나님 앞에서 진짜 교육을 받게 되는 광야 40년 세월로 들어서게 됩니다.

영적인 사람, 육적인 사람

여기서 육적인 사람과 영적인 사람의 차이점을 확실히 알 수 있게 됩니다. 육적인 사람은 무엇보다 자기 자신을 사랑하고 자신을 신뢰하는 사람입니다. 그래서 자신의 뜻과 야심이 가장 중요한 삶의 목표가 됩니다. 어떻게 해서든지 자신이 생각하는 인간적인 방법으로 일을 해 나가려고 하고 사람을 지배하려고 하며 자신을 위해서 움직입니다.

그런 사람들은 자신이 모든 일을 할 수 있다고 믿기 때문에 자신만을 의지하고 하나님께 도움을 청하지 않습니다. 이런 사람들은 대개 세상의 이치에 밝습니다.

거기에 비해서, **영에 속한 사람은 누구보다도 하나님을 신뢰합니**

다. 그래서 하나님을 알고 뜻을 따르려고 노력하면서 자신을 부인하려 합니다. 어떤 일을 하든지 하나님의 방법을 찾아서 하려고 애쓰며 하나님께 즐겨 순종하기를 좋아합니다.

영에 속한 사람은 자신의 생각보다 하나님과 사람에 대한 사랑에 의해 움직입니다. 무엇보다도 자신보다 하나님이 하실 수 있다고 믿으며 하나님을 전적으로 의지하려고 하는 것이 영적인 사람의 가장 큰 특징이라고 할 수 있을 것입니다.

육적인 사람은 사람들을 잘 알지만 반면 영적인 사람은 하나님을 잘 압니다.

그런데 모세는 하나님을 만나기 전 사회적으로 귀족적인 신분과 학문적 지식이 높은 있는 사람이기는 했지만 육에 속한 사람 그대로였습니다. 그래서 주위에 사람이 있는지 없는지를 먼저 보고 살인 했던 것입니다.

이것은 사람의 눈만 피할 생각을 했을 뿐 더 두렵고 무서운 하나님의 눈은 생각을 하지 못하는 사람이었다는 것을 잘 증명한 사건입니다.

인본주의적인 적극적 사고방식과 신본주의적인 적극적 사고방식은 분명히 다른 것입니다. 인간인 '내가 할 수 있다'는 신념을 가지고 하는 사람은 인본주의자입니다. 물론 이런 사람들도 아주 훌륭한 일을 할 수 있는 능력이 있습니다. 그러나 그들이 하는 일은 한계가 있습니다. 자신에게 유익한 것이 아니면 하기가 어렵고, 동기를 유발시키기가 어렵습니다.

그러나 '하나님이 하게 하시면 할 수 있다'고 믿는 신본주의적 적극적 태도는 자신의 유익이나 능력을 넘어서 어떤 일이라도 하나님의 힘으로 할 수 있게 됩니다. 그것에서 본질적인 차이가 있는 것입니다. **추구하고 있는 것이 자신의 영광이 아니라 하나님의 영광**이라는 면에서 큰 차이가 있습니다.

영적인 사람과 육적인 사람이 하는 일의 차이는 그 결과에 나타납니다. 육적인 사람은 인간의 능력만큼만 할 수 있습니다. 그러나 영적인 사람은 자신이 할 수 있는 능력을 훨씬 능가하여 60배, 100배의 열매를 얻을 수 있습니다. 도저히 그 사람의 힘으로 될 수 없는 일이 이루어지는 것이 영적인 사람의 능력입니다. 이것은 사람의 능력이나 힘으로는 따를 수 없는 엄청난 차이입니다.

모세는 이런 영적인 면과 육적인 두 가지 면이 동시에 나타납니다. 이런 양면성을 지닌 우리 역시 모세를 통해 배워야 할 것들이 많이 있습니다. 모세는 위대한 지도자인 동시에 아주 나약하고 겁이 많은 인간의 모습, 두 가지를 동시에 보여줍니다.

모세는 우리와 성정이 같은 사람이었습니다. 우리의 위로가 여기에 있습니다.

제3장

신발을 벗으라

"…여러 해 후에 애굽 왕은 죽었고 이스라엘 자손은 고역으로 인하여 탄식하며 부르짖으니 그 고역으로 인하여 부르짖는 소리가 하나님께 상달한지라 하나님이 그 고통 소리를 들으시고 아브라함과 이삭과 야곱에게 새운 그 언약을 기억하사 이스라에 자손을 권념하였더라 모세가 그 장인 미디안 제사장 이드로의 양무리를 치더니 그 무리를 광야 서편으로 인도하여 하나님의 산 호렙에 이르매 여호와의 사자가 떨기나무 불꽃 가운데서 그에게 나타나시니라 그가 보니 떨기나무에 불이 붙었으니 사라지지 아니하는지라 이에 가로되 내가 돌이켜 가서 이 큰 광경을 보리라 떨기나무가 어찌하여 타지 아니하는고 하는 동시에 여호와께서 그가 보려고 돌이켜 오는 것을 보신지라 하나님이 떨기나무 가운데서 그를 불러 가라사대 모세야 모세야 하시매 그가 가로되 내가 여기 있나이다 하나님이 가라사대 이리로 가까이 하지 말라 너의 선 곳은 거룩한 땅이니 네 발에서 신을 벗으라"(출 2:15-3:5).

신발을 벗으라

아직 육적인 모습이 강하게 남아 있던 모세는 혈기를 이기지 못하고 사람을 죽인 후 그 사실이 밝혀질까 두려워 왕궁을 버리고 도망하게 되었습니다.

40년 동안 애굽의 왕자로 있던 사람이 자기의 육적인 분노를 다스리지 못한 결과로 하루 아침에 광야로 쫓겨간 후 미디안 목자로서 40년을 보내게 되었습니다. 자신의 목숨이 위태롭다는 것을 알게 된 모세는 미디안 광야로 도망을 갔다가 미디안의 제사장 이드로의 딸들을 도와주었습니다.

2장 16절을 보면, 이드로에게 일곱 명이 딸이 있었는데, 그 딸들이 양무리에게 물을 먹이려고 하는 것을 목자들이 방해하곤 했습니다. 이 때 모세가 나서서 그들을 쫓고 이드로의 딸들을 도와주었습니다.

"바로가 이 일을 듣고 모세를 죽이고자 하여 찾은지라 모세가 바로의 낯을 피하여 미디안 땅에 머물며 하루는 우물 곁에 앉았더라 미디안 제사장에게 일곱 딸이 있더니 그들이

와서 물을 길어 구유에 채우고 그 아비의 양무리에게 먹이려 하는데 목자들이 와서 그들을 쫓는지라 모세가 일어나 그들을 도와 그 양무리에게 먹이니라"(출 2:15-17).

여자들과 싸워서 이기려고 하는 남자들은 참으로 비열한 사람입니다. 어떻게 시집도 안 간 약한 여자들을 상대로 싸울 생각을 할 수 있습니까? 미디안 광야의 목자들은 여자들을 상대로 싸우는 비열한 사람들이었습니다.

그런데 우리 나라에도 의외로 이렇게 여자를 상대로 자기의 주먹을 휘두르는 남자들이 꽤 있습니다. 이런 남자들은 정작 자신이 싸워야 할 상대하고는 싸우지 못하고 비겁하게 그 화풀이를 여자에게 하는 것입니다.

특히 부부 사이에 이렇게 여자에게 폭력을 행사하는 사람들이 많습니다.

약한 자를 도우라

최소한 그리스도인 부부들은 이런 사람들이 되지 맙시다. 하나님의 자녀된 자로서의 자부심을 가지고 사는 사람들이 이렇게 비겁한 행동을 한다는 것은 옳지 않습니다.

여권(女權)이 많이 신장된 지금도 매 맞는 아내들이 많은데, 적어도 예수님을 믿는 사람들 중에는 그런 불행한 일을 당하거나 저지르지 않아야 합니다.

여자라는 이유 하나 때문에 여자를 무시하거나 때리는 일은 남녀를 동등하게 지으신 하나님의 창조 섭리에 어긋나는 일입니다.

모세는 자신의 처지가 어려운 때였지만 그렇다고 해서 남자들이 약한 여자들을 괴롭히는 것을 보고 그냥 모른 척하고 지나가는 사람이 아니었습니다. 그는 목자들이 감히 덤벼들지 못하게 막고 여자들이 그들의 양무리에 물을 먹일 수 있도록 도와 주었습니다. 그는 자신이 해야 할 바를 알고 그대로 행하는 예의 바르고 정의감이 넘치는 사람이었습니다.

우리 역시 자녀들을 키울 때에는 이런 점을 특별히 강조해서 교육해야 합니다. 유교적 전통에 따라서 남자가 여자를 일방적으로 지배하려거나 무시하여 폭력을 행사하는 일은 없어야 합니다. 이것이 진정으로 사람을 사랑하는 교육입니다.

남자라는 특권의식과 권위의식에 사로잡히도록 하는 교육은 기독교적인 교육이 아닙니다. 그런 점에서는 일찍부터 기독교를 받아들인 서양의 교육이 잘되어 있습니다. 미국의 남자들은 어려서부터 여자들을 돕고 먼저 생각하는 교육을 받고 자랍니다.

그래서 교포들 중에는 이런 미국 남자들의 세련된 매너에 이끌리는 여자들이 많이 있습니다. 자신을 존중해 주고 존엄성을 가진 인격체로 정중하게 대우해 주는 사람을 좋아하는 것은 당연한 것입니다.

남자들에게 어려서부터 여자들을 대하는 태도를 교육하는 것이 중요합니다. 교회에 다니는 사람들이 이런 면에서 모범을 보이는 것이 좋습니다.

계속해서 출애굽기의 말씀을 살펴봅시다.

"그들이 그 아비 르우엘에게 이를 때에 그 아비가 가로되 너희가 오늘은 어찌하여 속히 돌아오느냐 그들이 가로되 한 애굽 사람이 우리를 목자들의 손에서 건져내고 우리를 위하여 물을 길어 양무리에게 먹였나이다 아비가 딸들에게 이르되 그 사람이 어디 있느냐 너희가 어찌하여 그 사람을 버리고 왔느냐 그를 청하여 음식으로 대접하라 하였더라 모세가 그와 동거하기를 기뻐하매 그가 그 딸 십보라를 모세에게 주었더니 그가 아들을 낳으매 모세가 그 이름을 게르솜이라 하여 가로되 내가 타국에서 객이 되었음이라 하였더라"(출 2:18-22).

모세는 이 일로 인해서 이드로의 집에 머물 수 있게 되었고 그 딸 중의 하나인 십보라와 결혼을 하고 게르솜이라는 아들도 낳았습니다.

모세에게 있어서 이 시간은 자신의 신앙을 돌아보는 아주 중요한 시간이 되었습니다. 그동안 바로의 궁에서 아쉬운 것 없이 지내면서 공부하는 데만 정신을 쏟느라고 신중하게 자기 자신에 대해서 생각할 시간적 여유가 없었을 것입니다.

다행히도 하나님께서 모세에게 이런 시간을 주셔서 모세는 그 시간 동안 많은 것을 생각하고 지도자적 자질을 갖추어 갔습니다.

미디안의 목자가 된 모세

모세는 이 사건을 통해 미디안의 제사장 르우엘(출 3:1과 18:1에서는 '이드로'라고도 합니다)의 딸 십보라와 결혼합니다. '십보라'는 '작은 새'를 뜻합니다. 그 이름처럼 십보라는 애굽의 왕자에서 목숨을 걸고 도망치는 살인자의 처지로 전락한 모세에게 작은 위로가 되었습니다.

모세는 십보라와의 사이에서 첫 아들을 낳았는데 모세는 그 첫 아들의 이름을 '게르솜'이라고 붙였습니다. '게르솜'은 히브리어 '가라쉬'에서 나온 말로서 '쫓아내다' '추방하다'는 의미가 있습니다. 모세는 "내가 타국에서 객이 되었다"는 뜻으로서 그 아들의 이름을 이렇게 붙인 것입니다.

모세는 미디안 광야에서 40년을 목자로 보내는 시간 동안 겸손을 배우게 되었습니다. 그러나 이 광야의 40년이 모세에게 결코 헛된 시간은 아니었습니다. 이곳에선 40년 동안 목자로 보내면서 모세는 이곳의 지리를 세밀하게 알았고 이런 모세의 경험은 나중 이스라엘 백성이 출애굽하여 그들을 광야로 인도할 때 큰 도움이 되었습니다.

오늘을 사는 바쁜 현대인들 역시 이런 시간은 꼭 필요합니다. 늘 시간에 쫓겨서 살다 보면 지금 자기가 하고 있는 일이 무엇인지를 알지도 못하고 앞으로만 가고 있는 사람이 되는 것입니다.
위대한 지도자들은 언제나 하나님과 대화하는 조용한 시간을 가진 사람들이었습니다. 아무리 바쁜 일이 있어도 그들은 하나님과 대화하는 시간을 줄이거나 잊지 않았습니다.

하나님과의 대화하는 시간이 있어야 육신도 힘을 얻고 영혼도 맑아집니다. 바쁘다고 하면서 몸을 상하게 하고 영혼을 흐리게 하는 일에만 매달리는 것은 오히려 악순환을 재촉할 뿐입니다. **바쁜 사람일수록 하나님과 함께 하는 시간을 가지는 것이 필수적입니다.**

특별히 사회에서든 교회에서든 지도자적인 자리에 있는 사람들일수록, 그래서 정신없이 바쁜 사람들일수록 하나님과 함께 하는 시간과 몸과 마음이 편히 쉴 수 있는 시간이 필요합니다. 목회자나 교회의 지도자로 섬기시는 분들일수록 하나님께 가까이 나아가는 시간을 충분히 가져야 합니다.

제가 신학교를 다니면서 논문 때문에 조사를 해보니까 목회자는 혼자서 32가지의 일을 해야 하는 사람이었습니다. 교회 청소부터 시작해서 주보 만들기, 설교문 작성하기까지 크고 작은 일을 가리지 않고 해야 하는 것이 단독 목회를 시작한 목사가 해야 할 일이었습니다. 혼자서 그 많은 일을 다 해야 한다고 생각해 보십시오. 그 일 때문에 너무 바빠서 목사가 기도하고 말씀 보는 일을 게을리한다고 생각해 보십시오. 그 교회가 어떻게 되겠습니까?

바빠서 기도할 시간이 없고 말씀을 볼 시간이 없다는 것은 이유가 될 수 없습니다. 바쁠수록, 중요한 일이 많을수록 더욱더 하나님 앞에 서는 일을 게을리해서는 안 됩니다. 자신의 모습을 돌아보고 반성하는 시간을 갖는 것이 앞으로 맡겨진 큰일을 하는 준비

단계가 되는 것입니다.

모세는 이드로의 집에서 목자로 있는 동안 바로 그런 시간을 가지고 자신을 하나님 앞에서 충전하는 중요한 때를 보냈습니다. 그 시간은 또 미디안 광야를 친숙하게 익히고 앞으로 있을 광야 생활을 대비하는 시기이기도 했습니다.

피곤한 육체에서 활력있는 영혼의 기운이 생길 수 없습니다.
메마른 샘에서 어떻게 맑은 물을 길어올릴 수 있겠습니까? 정신이 약해지면 몸도 연약해집니다. 지체가 서로 연결되어 있듯이 영혼과 육체도 연결되어 있으므로 어느 한 쪽을 소홀히 하는 것은 전체를 소홀히 하는 것입니다.

지도자가 되겠다고 생각하고 있거나 지금 그런 위치에 처한 분들은 자기 혼자서 고요히 지내는 시간을 갖는 일을 게을리하지 마십시오! 바쁜 일 때문이라고 핑계하지 마십시오! 바쁜 사람일수록 더욱 시간을 내는 데 힘써야 합니다. 지도자는 자신이 늘 풍성한 상태로 있어야 남에게 나누어 주는 사람이 될 수 있는 것입니다.

가인이 세운 도시문명이라고 하는 것은 곳곳에 사탄이 우글거리는 장소입니다. 문명화되면 될수록 타락하고 피곤한 삶을 사는 것이 바로 도시문명입니다. 사방이 콘크리트이니 탄력을 가질 수도 융통성을 가질 수도 없는 생활이 바로 도시인의 생활입니다. 타락한 천사들이 다 지구로 내려와 있으니 이 땅의 생활이라는 것은 영육간에 투쟁하지 않으면 살 수 없도록 되어 있는 것은 당연합니다.

영육간에 강건하지 않으면 이 땅의 삶에서 우리는 승리할 수 없습니다. 승리하는 삶, 성장하는 삶을 위해서 우리는 자신만을 위한 시간을 구별하여 투자할 줄 알아야 하겠습니다.

네 발에서 신을 벗으라

하나님께서는 유대 백성들을 애굽의 압제에서 구해내고 아브라함과 맺었던 약속을 지키기 위해서 모세를 지도자로 선택하시고 그를 교육 시키는 시간이 필요했습니다. 그리고 하나님의 때가 되었다고 생각했을 때에 비로소 광야에서 양치는 목자로 있었던 모세를 부르셨습니다.

> "여러 해 후에 애굽 왕은 죽었고 이스라엘 자손은 고역으로 인하여 탄식하며 부르짖으니 그 고역으로 인하여 부르짖는 소리가 하나님께 상달한지라 하나님이 그 고통소리를 들으시고 아브라함과 이삭과 야곱에게 새운 그 언약을 기억하사 이스라엘 자손을 권념하였더라 모세가 그 장인 미디안 제사장 이드로의 양무리를 치더니 그 무리를 광야 서편으로 인도하여 하나님의 산 호렙에 이르매 여호와의 사자가 떨기나무 불꽃 가운데서 그에게 나타나시니라 그가 보니 떨기나무에 불이 붙었으나 사라지지 아니하는지라"(출 2:23-3:2).

3장 2절에서 모세는 떨기나무 불꽃 사이에서 나타나신 하나님의 음성을 듣게 됩니다. **탁월한 지도력을 가진 지도자들이 가지는 공통점 중에 가장 첫째 되는 것은 하나님으로 받은 강력한 소명의식입니다.**

자신이 맡은 자리와 자신이 해야 할 일이 하나님으로부터 받은 절대 사명이라고 믿는 사람들은 그 일을 하는 데 있어서 철저하고 끝까지 책임지고 이루어냅니다. 그런 사람들은 세상 사람들이 보기에 더 좋은 자리를 제의해 와도 절대로 그런 것에 흔들리지 않고 자신의 자리를 고수하는 사람이 됩니다. 아무리 좋은 조건을 제시하고, 아무리 많은 재물과 권세를 약속해도 절대로 그런 것 때문에 자신의 소명을 저버리지 않습니다.

> "내가 내려와서 그들을 애굽인의 손에서 건져내고 그들을 그 땅에서 인도하여 아름답고 광대한 땅, 젖과 꿀이 흐르는 땅 곧 가나안 족속, 헷 족속, 아모리 족속, 브리스 족속, 히위 족속, 여부스 족속의 지방에 이르려 하노라"(출 3:8).

8절을 보면, 이스라엘 백성들이 고통하는 소리를 들으신 하나님께서 그 백성을 애굽인들의 손에서 건져내시겠다고 말씀하십니다. 그리고 하나님의 대역자로서 모세를 선택하신 것입니다. 하나님께서 직접 어떤 일을 행하시는 것이 아니라 한 사람을 선택하사 사람들을 지도하게 하고 이끌게 하십니다.

이것이 하나님의 방식입니다.

예수님께서도 직접하신 일이 있고 제자들을 불러서 그들을 통해서 하신 일들이 있지 않습니까? 전능하신 분이라고 혼자서 모든 것을 다 하고 나머지 사람들은 주변에서 구경만 하도록 하는 분이 아니십니다.

하나님의 일은 하나님의 사람을 통해서 이루어집니다. 언제나 사람을 통해서 하나님의 역사를 이루시는 것입니다. 그래서 출애굽의 지도자로 모세를 세우시기로 결정하신 것이었습니다.

모든 일은 보이지 않는 곳에서 이끄시는 하나님의 섭리대로 진행되고 하나님께서 이루십니다. 그러나 눈에 보이도록 사람들을 지도하는 것은 항상 하나님께서 지도자들을 선택해서 대신하도록 하셨습니다.

그렇다고 지도자들이 모든 일을 해야 하는 것은 아닙니다. 그 사람은 다시 자신의 주위에 있는 사람들을 선택해서 일을 맡겨야 합니다. 따라서 모든 일을 혼자 움켜쥐고 하는 태도는 바람직하지 못한 것입니다.

지도자는 사람들을 알맞는 자리에 배치하고 그들이 일을 찾아 잘 할 수 있도록 할 뿐 결코 자기 혼자서 모든 일을 독점하지 말아야 합니다. 반드시 자기 손을 거쳐야만 일이 된다고 생각하고 그렇게 해야만 안심하는 사람은 뛰어난 지도력을 가진 사람이라고 할 수 없습니다.

남을 믿지 못하기 때문에 일을 독점하는 경우가 생기기도 합니다. 그렇게 사람에 대한 의심이 많은 사람도 결코 큰일을 할 수 없습니다. 믿지 않는데 어떻게 여러 사람들이 힘을 합해야만 할 수 있는 일을 해낼 수 있겠습니까?

남을 믿고 포용하는 사람만이 큰일을 해내는 지도자가 될 수 있는 것입니다. 이것이 하나님께서 사람을 사용하시는 방법입니다.

내가 여기 있나이다

이제 마지막으로 출애굽기 3장 3절에서 5절 말씀을 살펴보도록 하겠습니다.

> "이에 가로되 내가 돌이켜 가서 이 큰 광경을 보리라 떨기나무가 어찌하여 타지 아니하는고 하는 동시에 여호와께서 그가 보려고 돌이켜 오는 것을 보신지라 하나님이 떨기나무 가운데서 그를 불러 가라사대 모세야 모세야 하시매 그가 가로되 내가 여기 있나이다 하나님이 가라사대 이리로 가까이 하지 말라 너의 선 곳은 거룩한 땅이니 네 발에서 신을 벗으라"(출 3:3-5).

여호와 하나님께서 모세를 부르시자 모세는 "내가 여기 있나이다"하고 대답했습니다. 하나님의 부르심에 즉각 응답했습니다.

여호와 하나님이 부르실 때, 하나님의 사람들은 즉각적인 반응과 순종의 자세를 보입니다. 하나님이 부르실 때 즉각적인 순종을 하는가 아닌가는 그 사람이 하나님의 사람인가 아닌가를 결정 짓는 기준이 됩니다.

아브라함과(창 22:11) 야곱(창 46:2), 그리고 사무엘은(삼상 3:4)은 하나님이 부르실 때 "내가 여기 있나이다"하고 즉각적인 순종의 자세를 보였습니다. 모세도 이와같은 자세를 보였던 것입니다.

불타는 가시나무 떨기 속에서 나타나신 하나님께서는 모세에게 "너의 선 곳은 거룩한 땅이니 네 발에서 신을 벗으라"고 말씀하셨습니다. 그러나 그 말씀은 본래 땅이 거룩한 것이 아니라 '하나님께서 임재하시는 땅이기 때문에 거룩하다' 는 말씀입니다. 하나님이 계신 곳을 다른 곳과 구별하여 경건하고 성스러운 곳으로 구분하기 위해서 신발을 벗으라고 하신 것입니다. 오늘날도 마찬가지입니다. 성전이 있는 예루살렘이나 교회당 건물이 신성하고 거룩한 곳은 아닙니다. **하나님이 임재하시는 곳이면 어느 곳이나 거룩한 곳입니다.**

그렇기 때문에 이스라엘 백성들이 하나님을 경외하기보다는 성전 자체를 신성시하는 성전 숭배 사상에 빠졌을 때, 하나님께서는 이방 민족을 통하여 그 성전을 허물어버리심으로써 하나님이 임재하시지 않으면 그곳이 설사 성전일지라도 보통의 땅과 다를 바 없다는 것을 이스라엘의 역사를 통해 보여주셨습니다.

그러나 그럼에도 불구하고, 우리는 성전이나 교회를 거룩하게 여길 필요가 있습니다. 교회가 다른 땅에 비해 특별히 거룩한 땅이라서 그곳에 교회당 건물을 지은 것은 아니지만 그곳은 온 성도들이 예배를 드리는 곳으로 정하여 거룩하게 구별한 곳이기 때문입니다. 만약 자신이 예배드리는 그곳을 거룩하게 여기지 않는 사람이 다른 곳을 거룩하게 여길 리 없습니다.

기도도 마찬가지입니다. 우리가 기도를 하든 않든 하나님은 우리의 모든 형편을 잘 아시는 분이십니다.

그러나 하나님은 기도를 통하여 우리가 하나님께 구별해놓은 거룩한 시간에 하나님을 찾기를 원하십니다. 하나님은 그 기도를 기뻐하십니다. 우리는 늘 하나님과 동행하는 삶을 살아야 하지만, 일정한 기도시간을 구별하여 하나님과의 특별한 만남을 가질 필요가 있습니다. 하나님의 자녀들은 기도를 통하여 하나님의 거룩과 만날 수 있습니다.

지상의 어느 곳이나 우리가 살아가는 동안에 특별히 거룩한 곳이나 거룩한 시간이 있는 것은 아닙니다. 하나님이 창조하신 곳은 어느 곳 하나 거룩하지 않은 곳이 없고 하나님이 허락하신 인생의 어느 한 순간도 고귀하지 않은 순간이 없습니다.

모세도 나이 80에 하나님을 만나서 그 인생이 변화되었습니다. 그 한 사람의 인생만 변화된 것이 아니라 이스라엘 민족의 미래가 변하고, 인류의 역사가 바뀌었습니다.

하나님이 임재하시면 그곳이 어느 곳이든 거룩한 곳으로 변합니다. 우리의 인생에 하나님이 나타나시는 순간, 그 순간은 우리 인생의 거룩한 순간으로 변화됩니다.

중요한 것은 하나님이 우리가 있는 곳, 즉 우리의 인생에 임재하시는가, 아닌가 하는 것입니다.

제4장

저는 못합니다

"…모세가 하나님께 고하되 내가 누구관대 바로에게 가며 이스라엘 자손을 애굽에서 인도하여 내리이까 하나님이 가라사대 내가 정녕 너와 함께 있으리라 네가 백성을 인도하여 낸 후에 너희가 이 산에서 하나님을 섬기리니 이것이 내가 너를 보낸 증거니라 모세가 하나님께 고하되 내가 이스라엘 자손에게 가서 이르기를 너희 조상의 하나님이 나를 너희에게 보내셨다 하면 그들이 내게 묻기를 그의 이름이 무엇이냐 하리니 내가 무엇이라고 그들에게 말하리이까 하나님이 모세에게 이르시되 나는 스스로 있는 자니라 또 이르시되 너는 이스라엘 자손에게 이같이 이르기를 스스로 있는 자가 나를 너희에게 보내셨다 하라 하나님이 또 모세에게 이르시되 너는 이스라엘 자손에게 이같이 이르기를 나를 너희에게 보내신 이는 너희 조상의 하나님 곧 아브라함의 하나님, 이삭의 하나님, 야곱의 하나님, 여호와라 하라 이는 나의 영원한 이름이요 대대로 기록할 표호니라…"(출 3:6-4:17).

저는 못합니다

하나님께서는 모세를 부르신 후에 압제에 시달리고 있는 이스라엘 백성들을 구해낼 사명을 주시겠다고 말씀하셨습니다. 그러나 너무 급작스럽게 그런 이야기를 들은 모세는 선뜻 그 뜻을 따르겠다고 순종하며 나서지 못하고, 그럴듯한 여러 이유를 들어서 변명하려 합니다.

그러나 하나님께서는 모세가 들었던 이유들에 다 해결책을 제시하셨습니다. 하나님은 할 수 없는 일을 맡기시고 무조건 하라고 강요하시는 분이 아니시기 때문입니다.

모세가 호렙 산에서 하나님을 만난 것은 미디안 광야에서 40년 동안 목자로서 보낸 후의 일이었습니다. 모세는 80세가 되어 하나님의 소명을 받게 되었습니다.

그런데 모세는 하나님의 소명을 받아들이기는커녕 변명을 늘어놓으며 도망가려고 합니다. 하나님께서 바로 앞에서 "모세야, 모세야" 부르실 때 즉각적으로 "내가 여기 있나이다"하고 응답했던 모습과는 대조적인 모습을 보입니다.

모세는 이스라엘 백성을 구하러 가라는 하나님의 명령에 대해 다섯 가지 변명을 들어 피하려 했습니다. 그러나 하나님은 그 다섯 가지를 해결할 해답을 가지고 계셨습니다.

모세의 첫번째 변명

모세의 첫번째 변명은 3장 11절에 나옵니다.

"모세가 하나님께 고하되 내가 누구관대 바로에게 가며 이 스라엘 자손을 애굽에서 인도하여 내리이까."

즉, 자기 자신이 무능하다는 것이었습니다. 자신이 지금 왕궁에서 왕자로 자라고 있는 것도 아닌데, 아무런 자격을 갖추지 못한 광야의 양치기 보고 그 민족을 해방시키는 일에 앞장서라고 하니 그런 변명이 나올 만하지 않았겠습니까?

어느 날 갑자기 하나님께서 우리에게 그런 이야기를 한다면 아마 우리도 비슷한 반응을 보일 것입니다. 아무런 준비도 하지 않고 평범하게 살고 있는 사람에게 엄청난 정치적 사건을 맡기겠으니 그 임무를 수행하라는 명령이 떨어진 것이니 어떻게 놀라지 않을 수 있었겠습니까?

그러나 하나님은 어느 날 갑자기 그냥 아무 사람이나 정해서 그런 일을 맡기신 것이 아니었습니다. 하나님께서 아브라함의 때에 이미 약속을 하셨듯이 그 일은 하나님의 섭리 가운데에서 진행되고 있었던 것이었습니다. 모세가 태어나고 숨어서 자라다가 왕궁에서 체계적인 교육을 받는 과정, 그리고 미디안 광야에서 40년을 조용한 가운데 묵상하면서 보낸 그 시간까지 하나님의 계획 안에 이미 다 들어 있었던 일이었습니다.

모세의 변명에 대한 하나님의 대답을 들어봅시다.

"하나님이 가라사대 내가 정녕 너와 함께 있으리라 네가 백성을 인도하여 낸 후에 너희가 이 산에서 하나님을 섬기리니 이것이 내가 너를 보낸 증거니라"(출 3:12).

하나님께서는 당황하고 두려움을 갖는 모세에게 "내가 정녕 너와 함께 있으리라"고 약속해 주셨습니다. "죽을지도 모르는 곳에 혼자 보내는 것이 아니라 하나님께서 동행하실 것이니 두려워하지 말라"는 말씀이십니다.

하나님이 함께 하시면 다른 조건은 필요하지 않습니다. 하나님이 함께 하시는 사람을 누가 감히 대적할 수 있겠습니까? 하나님께서는 가장 무서운 무기로 모세를 지키시겠다는 약속을 하신 것입니다. 그래서 모세는 같은 이유로는 할 말이 없어져 버렸습니다.

"하나님이 너와 함께 하시리라"는 표현은 구약성경에서 몇 번이고 반복해서 나오는 단어입니다. 구약 전체를 통해서 이런 말을 들은 사람은 만사에 형통하고 하나님께서 맡기신 일을 훌륭하게 감당하는 사람들이 되었습니다. 아브라함이 그랬고 요셉이 그랬고 모세가 그랬으며, 다윗 역시 하나님께서 함께 하시겠다고 한 사람이었습니다.

하나님이 나를 불렀다는 강렬한 소명과, 하나님이 나와 함께 하신다는 확신은 모든 일을 이루어 내는 힘을 발휘하는 것이었습니다. 그런 사람들은 이 세상 어디에서 무슨 일을 해도 실패하지 않는 사람들입니다.

하나님께서 자기와 함께 하신다는 음성을 들은 사람들은 두려움이 없습니다. 그런 음성을 듣지 못한 사람들은 감히 생각지 일들을 이들은 거뜬히 실행해 냅니다.

'하나님께서 나와 함께 하신다는 확신이 발휘하는 힘'은 세상의 그 어떤 것이 주는 힘과 권세보다 더욱 엄청난 힘을 발휘합니다.

'하나님이 함께 하신다'는 확신을 가지고 일하는 사람들은 피곤하지 않습니다. 자신의 힘으로 일을 하는 것이 아니라 하나님의 말씀이 주는 힘으로 일하기 때문에 힘들지 않습니다. 내 안에 하나님이 계시다는 생각으로 인하여 힘이 나고 피곤을 의식하지 못하는 것입니다. 언제든지 그 생각만 하면 새로운 힘이 생기고 용기가 생기는 것입니다.

가끔 보면 '어떻게 사람의 힘으로 저렇게 많은 일을 할 수 있을까?' 싶은 사람들이 있습니다. 하루에도 집회를 서너 군데나 하고 그 때마다 다시 힘이 나서 여러 사람들에게 은혜를 끼치는 사람들을 보면 참 신기하게 느껴집니다. 이것은 그 사람의 힘이 아니라 하나님께서 나와 함께 하시면서 나를 도구로 쓰신다고 믿는 믿음의 힘인 것입니다.

하나님께서는 "내가 정녕 너와 함께 하시겠다"고 말씀하신 다음에, 이어서 "네가 백성을 인도해낸 후에 너희가 이 산에서 하나님을 섬기리니 이것이 내가 너를 보낸 증거니라"고 하셨습니다.
이것은 예언적인 완료형으로 표현된 것입니다. 우리말로는 이것을 정확하게 표현할 수 없어서 안타깝습니다.

히브리 말에는 전세계적으로 유일한 시제가 있습니다. 그것은 '미래완료형'입니다. 아직 일어나지 않은 일인데 이미 일어난 일처럼 완료형으로 쓰는 것입니다. 우리가 영어를 공부할 때 과거완료형과 현재완료형을 배웠었는데 이것처럼 히브리어에는 미래완료형이라는 독특한 시제가 있습니다. 이것은 이스라엘 민족이 하나님을 믿는 민족이었고, 하나님의 말씀하신 미래는 반드시 이루어지기 때문에 이스라엘 민족에게서만 찾아볼 수 있는 독특한 시제입니다.

12절에서 보면, 하나님은 모세가 이스라엘 백성을 데리고 나올 것이 확실한 것으로 기정 사실화해서 말하고, 그 때가 되면 다시 이 산에서 하나님께 예배할 것이라는 말씀을 합니다.
하나님께서 이런 이야기를 하시는 것은, 모세가 자신은 그런 엄청난 일을 할 수 없는 사람이라고 생각하고 있기 때문에 이 일은 분명히 모세를 통해서 이루어질 것이라는 것을 증명해 주시기 위해서 미래완료형의 시제를 사용하신 것입니다.

하나님의 대답은 이렇게 확실한 것입니다.

하나님은 어떤 사명을 주실 때에, "네가 잘하면 될 것이요, 잘하지 못 하면 할 수 없는 것이다"라고 불분명한 태도로 말씀하지 않으십니다. 분명히 이루어질 것에 대한 확신을 미리 주십니다. 앞으로 될 일을 그림으로 보여주듯이 확실히 보여주시는 것입니다.

그러므로 우리는 하나님을 믿고 의지하고 하나님이 말씀하시는 대로 나아가기만 하면 됩니다. 문제는 하나님을 믿느냐 아니냐의 문제이지 나의 능력의 유무에 대한 문제가 아닙니다. 빌립보서 4장 13절 말씀도 이것을 가르쳐줍니다.

"내게 능력 주시는 자 안에서 내가 모든 것을 할 수 있느니라."

하나님이 주시는 약속은 확실한 것입니다. 따라서 확실한 하나님의 약속은 반드시 이루어집니다. 시간이 지나면 희미해지거나 없어지는 것이 아니라 더욱 선명해지면서 그 빛을 잃지 않습니다. 그래서 젊은 날에 깨달은 하나님의 음성이 평생을 지배하는 확실한 음성이 되는 것입니다.

그런데도 모세는 계속 변명을 합니다.

모세의 두번째 변명

모세의 두번째 변명은 "이스라엘 자손이 너에게 우리를 해방하라고 보낸 사람이 누구냐고 물으면 어떻게 대답해야 합니까?" 하는 것이었습니다.

> "모세가 하나님께 고하되 내가 이스라엘 자손에게 가서 이르기를 너희 조상의 하나님이 나를 너희에게 보내셨다 하면 그들이 내게 묻기를 그의 이름이 무엇이냐 하리니 내가 무엇이라고 그들에게 말하리이까"(출 3:13).

노역에 시달리고 있는 이스라엘 부족에게 느닷없이 모세가 나타나서 "내가 너희를 애굽의 압제에서 해방시켜 나가게 할 테니 나를 따라오너라"라고 말하면, 누가 믿고 따라오겠느냐는 자신감 없는 말입니다.

모세의 이 말도 타당성이 있는 말입니다. 모세가 왕궁에서 자란 히브리 사람으로서 권력있는 지도력이 있을 때라면 사정이 다르겠지만, 광야에서 양치는 목자가 나서서 백성들을 인도해 내겠다고 제의할 때 '누가 너에게 그런 권세를 주었느냐'고 묻는 것은 당연하지 않겠습니까?

그래서 모세는 하나님께 묻기를 "하나님의 이름은 무엇이라고 대답해야 합니까?"라고 물었습니다. 여기에 대한 하나님의 대답은 "나는 스스로 있는 자다"라는 것이었습니다.

> "하나님이 모세에게 이르시되 나는 스스로 있는 자니라 또 이르시되 너는 이스라엘 자손에게 이같이 이르기를 스스로 있는 자가 나를 너희에게 보내셨다 하라"(출 3:14).

"스스로 있는 자"는 히브리어로 '에흐예 아셰르 에흐예'입니다. 이것은 하나님께서 자신을 표현하신 말입니다. 이것이 하나님 자신의 신관(神觀)인 것입니다. **하나님은 영원하신 자존자(自存者)이십니다.**

14절에서 쓰인 '나'라는 히브리어는 '아노키'라는 단어인데 이것은 아무에게나 쓰이는 단어가 아니었습니다. '나'라고 하는 단어를 특별히 강조할 때나, '하나님이 자신을 가리킬 때'만 사용되는 단어였습니다.

예수님께서 겟세마네 동산에서 잡혀가실 때에도 로마 군인들을 향해 자신이 예수임을 밝혔을 때에 쓰인 단어가 바로 '아노키'입니다. 그러니 그 로마 군인들이 얼마나 놀랐겠습니까?

또 요한복음 8장 31절에도 "내가 바로 그로다" 하시는 말씀에서 사용한 단어가 '아노키'입니다. 그러니 주변에 있는 사람들이 놀라고 분개하지 않을 수 없었을 것입니다. 어느 누구도 함부로 쓸 수 없는 하나님께 사용할 단어를 나사렛 시골의 한 청년이 사용했으니 얼마나 오만하고 불경스럽다고 생각했겠습니까? 그 사람들의 반응은 그 당시 유대 신앙인으로서는 얼마든지 있을 수 있는 것이었습니다.

"나는 스스로 있는 자라." 이 말에 포함된 또 다른 뜻은 "나는 역사를 주관하는 하나님이다"라는 것입니다.

15절에 보면 하나님은 또 "나는 아브라함의 하나님이요 이삭의 하나님이요 야곱의 하나님"이라고 자신을 나타내십니다. 하나님께서 인간의 역사 가운데 들어오셔서 이스라엘의 족장 등 구체적인 인물들의 길을 인도하시고 역사를 주관하셨던 분이라는 것을 말합니다. 이렇게 하나님은 인간에 대해서 조상 대대로 관심을 가지고 계시는 분이십니다.

> "하나님이 또 모세에게 이르시되 너는 이스라엘 자손에게 이같이 이르기를 나를 너희에게 보내신 이는 너희 조상의 하나님 곧 아브라함의 하나님, 이삭의 하나님, 야곱의 하나님, 여호와라 하라 이는 나의 영원한 이름이요 대대로 기록할 표호니라"(출 3:15).

하나님을 가리키는 말 중에 '엘로힘'이라는 말은 '우주를 주관하고 창조하는 위대한 능력자'란 말입니다. 반면에 '인간에게 관심을 가지고 인간에게 한 약속을 지키는 하나님'이라는 의미로 사용되는 단어는 '여호와'라는 말입니다.

하나님을 가리키는 이름의 의미와 그 사용에 대해서 우리는 이미 창세기 강해 제1권 「잃어버린 왕좌」에서 살펴보았습니다(124-126쪽).

출애굽기 3장 15절의 하나님은 '여호와 하나님'입니다. 10절에 보면 "내가… 인도하여 내게 하리라"고 하는 말씀이 나옵니다.

> "이제 내가 너를 바로에게 보내어 너로 내 백성 이스라엘 자손을 애굽에서 인도하여 내게 하리라."

이것은 구원하시는 하나님을 설명하는 말입니다. 애굽의 압제에서 구출해 내어 젖과 꿀이 흐르는 땅으로 인도해 주시겠다는 말은 곧 자신이 해방자 하나님이라는 것을 밝히십니다.

또 18절에 보면, **하나님은 예배를 받으시기에 합당하신 하나님이십니다.** 그래서 모세는 바로에게 이야기하기를 광야로 사흘길을 가서 우리 주 하나님 여호와께 예배드릴 수 있게 해달라고 요청하였습니다.

> "그들이 네 말을 들으리니 너는 그들의 장로와 함께 애굽 왕에게 이르기를 히브리 사람의 하나님 여호와께서 우리에게 임하셨은즉 우리가 우리 하나님 여호와께 희생을 드리려 하오니 사흘길쯤 광야로 가기를 허락하소서 하라."

19절에 보면, 모든 것을 아시는 하나님의 모습이 나옵니다. 하나님의 강한 손으로 치기 전에는 바로가 이스라엘 백성들을 놓아 주지 않을 것이라는 사실을 전능하신 하나님께서는 이미 알고 계신 것입니다.

> "내가 아노니 강한 손으로 치기 전에는 애굽 왕이 너희의 가기를 허락지 아니하다가 내가 손을 들어 애굽 중에 여러 가지 이적으로 그 나라를 친 후에야 그가 너희를 보내리라" (출 3:19, 20).

하나님은 전능하신 분이셨습니다. 아무리 애굽 왕 바로가 강할지라도 하나님의 기이한 이적 앞에는 무력한 한 인간일 수밖에 없는 강한 능력을 가진 분이셨습니다. **하나님은 기적을 행하시고 또 필요한 모든 것을 공급하시는 하나님이 되십니다.**

하나님은 이스라엘 민족을 출애굽시키실 때에 그들을 빈 손으로 보내신 것이 아니라 필요한 모든 것으로 채워 보내주셨습니다.

> "내가 애굽 사람으로 이 백성에게 은혜를 입히게 할지라 너희가 갈 때에 빈 손으로 가지 아니하리니 여인마다 그 이웃 사람과 및 자기 집에 우거하는 자에게 은 패물과 금 패물과 의복을 구하여 너희 자녀를 꾸미라 너희가 애굽 사람의 물품을 취하리라"(출 3:21, 22).

바로 이런 것이 하나님이 말씀하시는 자신의 모습입니다. 우리가 하나님의 부르심을 받고 그가 인도하시면 모세가 했던 것과 같은 일을 할 수 있는 사람이 됩니다. 왜냐하면 우리에게도 그와 같이 인도하실 것이기 때문입니다.

출애굽을 실행함은 모세 개인의 지도력 때문이 아니라, 오직 전능하신 하나님의 힘으로 인해서 된 것이기 때문입니다. 모세는 단지 하나님께 순종하는 도구로 사용되었을 뿐이고 그 모든 역사를 이루신 분은 하나님이셨습니다.

우리를 부르신 하나님이 바로 이런 하나님이라는 사실을 깨닫는다면 이제부터 우리의 삶은 달라지고, 하고 있는 일들도 달라져야 합니다. 전능하신 하나님을 믿는 사람은 의심하고 염려할 것이 없습니다.

우리는 모세에게 나타나신 하나님을 통해서 자연스럽게 조직신학의 신관을 배울 수 있습니다. 어떤 성경학자가 하나님을 설명하는 것이 아니라, 하나님 자신이 자신을 설명하고 있으니 이보다 더 정확한 신관은 없을 것입니다.

하나님은 자신을 모세에게 설명하는 것을 통해서 모세의 두번째 변명을 해결해 주셨습니다.

모세의 세번째 변명

그런데 모세는 이러한 하나님의 말씀을 듣고도 하나님의 명령대로 따를 수 없는 이유를 만들었습니다.

4장 1절에 보면 "저들이 나를 듣지도 않을 것이고 믿지도 않을 것"이라는 모세의 연약한 말이 나옵니다. "아무리 하나님이 나에게 그런 말씀으로 안심을 시켜도 나는 자신이 없습니다"라는 주저함의 모습입니다.

그러자 하나님께서 '모세의 손에 들고 있는 것이 무엇이냐'고 물으셨습니다. 말로 해서는 도저히 안되겠다고 생각하신 하나님께서 눈으로 보이실 생각을 하신 것입니다. 하나님께서 명하신 대로 모세가 손에 들고 있던 지팡이를 땅에 놓자 그것은 곧 뱀이 되어 버렸습니다. 모세 눈앞에서 증거를 보여주시려고 하나님께서 이적을 일으키신 것입니다.

> "모세가 대답하여 가로되 그러나 그들이 나를 믿지 아니하며 내 말을 듣지 아니하고 이르기를 여호와께서 네게 나타나지 아니하였다 하리이다 여호와께서 그에게 이르시되 네 손에 있는 것이 무엇이냐 그가 가로되 지팡이이니이다 여호와께서 가라사대 그것을 땅에 던지라 곧 땅에 던지니 그것이 뱀이 된지라 모세가 뱀 앞에서 피하매"(출 4:1-3).

사람은 누구나 자신의 눈앞에서 목격한 일들을 듣는 것보다 확실하게 믿게 되어 있습니다. 모세도 그것을 보고 아주 놀라서 뱀을 피하게 되었습니다. 그러자 하나님께서 그 뱀의 꼬리를 잡으라고 하셨고 그대로 하자 그 뱀은 다시 목자의 지팡이가 되었습니다.

> "여호와께서 모세에게 이르시되 네 손을 내밀어 그 꼬리를 잡으라 그가 손을 내밀어 잡으니 그 손에서 지팡이가 된지라 또 가라사대 이는 그들로 그 조상의 하나님 곧 아브라함의 하나님, 이삭의 하나님, 야곱의 하나님 여호와가 네게 나타난 줄을 믿게 함이니라 하시고"(출 4:4,5).

우리 역시 하나님 앞에 잡힌 바 되기 전에는 아주 평범한 사람에 지나지 않지만 하나님의 손에 일단 잡히기만 하면, 순종하기만 하면 하나님의 사람이 되는 것입니다. 그 사람의 배경과 환경 등 겉모습은 변하지 않았지만 속사람은 전혀 다른 사람으로 변화됩니다. 목동의 지팡이가 하나님의 지팡이가 되는 것과 같은 이치입니다.

모세의 지팡이는 그 때까지 양을 치는 데 사용하던 지팡이였습니다. 그러나 모세가 하나님을 만나고 난 다음부터는 그것은 사람을 인도하는 '하나님의 지팡이'가 되었습니다. 이후 지팡이는 홍해를 가르는 데 쓰이고, 바위를 쳐서 물이 나오게 하는 데에 쓰이는 '하나님의 지팡이'가 된 것입니다.

이것은 그 지팡이의 주인이 바뀌었기 때문이 아니라, 바로 그것을 사용하시는 하나님이 함께 하시기 때문에 그런 엄청난 변화가 일어난 것입니다. 사람도 마찬가지입니다. 우리 또한 인간 막대기에 불과하지만, 하나님께서 사용하시면 함께 하셔서 우리를 인간 세상의 역사를 바꾸는 도구로 사용하십니다.

모세의 변명에 대해 하나님은 확실한 언약의 표징으로 이외에도 계속해서 이적을 보여 주셨습니다.

> "여호와께서 또 가라사대 네 손을 품에 넣으라 하시매 손을 품에 넣었다가 내어보니 그 손에 문둥병이 발하여 눈같이 흰지라 가라사대 네 손을 다시 품에 넣으라 하시매 그가 다시 손을 품에 넣었다가 내어보니 손이 여상하더라 여호와께서 가라사대 그들이 너를 믿지 아니하면 그 처음 이적의 표징을 받지 아니하여도 둘째 이적의 표징은 믿으리라 그들이 이 두 이적을 믿지 아니하며 네 말을 듣지 아니하거든 너는 하수를 조금 취하여다가 육지에 부으라 네가 취한 하수가 육지에서 피가 되리라"(출 4:6-9).

하나님은 모세의 손에 금방 문둥병이 들었다가 낫는 표지를 주셨는가 하면, 만약 사람들이 그것도 믿지 않으면 하수의 물을 조금 가져와서 육지에 뿌리면 그 물이 피가 되리라는 예언까지 주셨습니다. 또한, 이런 이적과 예언을 통해 하나님이야말로 모세에게 필요한 모든 능력을 충만히 가지신 분인 것을 보여주었습니다.

우리도 세상에서 볼 때 보통의 평범한 사람들이지만 하나님이 함께 하시면, 하나님이 능력을 주시면 위대한 하나님의 사람으로 변화됩니다.

지금 우리들의 모습은 어떤 모습입니까? 하늘과 땅의 모든 권세를 가지신 하나님이 우리를 불러 세상으로 보내셨는데 그 목적에 합당하게 살고 있습니까?

> "하늘과 땅의 모든 권세를 내게 주셨으니 그러므로 너희는 가서 모든 족속으로 제자를 삼아 아버지와 아들과 성령의 이름으로 세례를 주고 내가 너희에게 분부한 모든 것을 가르쳐 지키게 하라 볼지어다 내가 세상 끝날까지 너희와 항상 함께 있으리라"(마 28:18-20).

예수님은 모든 그리스도인들에게 지상명령을 주셨습니다. 그런데 지금의 나는 모세가 하나님의 부르심을 믿고 나가기를 주저했던 것처럼 예수님의 지상 명령에 대해 외면하거나 주저하지는 않습니까? 모세처럼, 하나님을 보지 않고 자기 자신만을 보면서 '나는 아무것도 할 수 없다'라고 포기하지는 않습니까?

모세의 네번째 변명

모세의 변명은 계속 이어집니다. 그는 10절에서 네번째 변명을 합니다.

"모세가 여호와께 고하되 주여 나는 본래 말에 능히 못한 자라 주께서 주의 종에게 명하신 후에도 그러하니 나는 입이 뻣뻣하고 혀가 둔한 자니이다"(출 4:10).

자신은 입이 뻣뻣하고 혀가 둔한 자라서 바로의 앞에 나가서 그런 이야기를 할 사람이 못 된다는 것입니다. 흔히 남 앞에서 말을 대언 하라는 명령을 받은 사람들이 할 수 있는 변명입니다. 자신은 그런 말을 할 능력이 없다고 주장합니다. 이것은 얼핏 보기에는 겸손한 성품을 나타내는 것 같지만 사실은 하나님에 대한 신뢰가 부족한 것을 보여줍니다. 자신의 힘과 능력으로 모든 것을 처리하려는 생각 때문에 그렇게 변명합니다.

하나님을 바라보는 사람은 자신의 능력으로 일하는 것이 하나라 하나님께서 주시는 능력이 자신으로 하여금 일할 수 있도록 합니다. 자신은 단지 하나님께서 쓰실 수 있도록 순종하기만 하면 그 뒤에서 일을 행하시는 분은 하나님이라는 믿음이 있는 사람은 절대로 자신의 모습 때문에 변명하지 않습니다. 왜냐하면 믿음의 사람은 자신은 단지 하나님의 도구일 뿐이라는 것을 누구보다 잘 알고 있기 때문입니다.

더구나 어떤 사실을 단순히 설명하는 것이 아니라 사람들의 마음을 감동시켜서 어떤 일을 실행코자 한다면, 그저 말 잘한다는 평가만으로는 거의 불가능합니다.

사람의 마음을 움직이는 것은 겉만 화려한 단어가 아닙니다. 그 안에는 진실이 담겨 있어야 하고, 그 말에는 힘이 있어야 하며 신뢰할 수 있는 보증이 있어야 합니다. 더욱 지금 모세가 하고자 하는 일은 이스라엘 백성 전체를 움직일 수 있는 말이어야 할 뿐 아니라, 태양신처럼 숭배받는 애굽 제국의 바로를 맞대면해서 움직일 수 있는 힘을 가져야 했습니다.

저는 강단에서 설교를 하는 데 열중하다보면 어떻게 말을 하고 있는지 의식하지 못하기 때문에 나중에 녹음해 놓은 것을 다시 듣곤 합니다. 그런데 시작한 지 5분 넘지 못해 그만 듣고 싶은 충동이 일어납니다. 너무 부끄러워서 더 이상 듣기가 민망하기 때문입니다. 그리고 어떻게 우리 교회 성도들은 이렇게 언변 없는 설교를 들으러 매주 교회에 나오는지 알 수 없을 때가 많습니다.
바로 이것이 모세의 심정이었을 것입니다.

간혹 다른 목사님의 설교를 들을 기회가 있는데 그 분들의 설교가 제 설교보다 매끄럽고 단정함을 느낍니다. 단어 하나조차 얼마나 정확하고 알맞는 것을 사용하는지 저는 도저히 따라갈 수 없습니다.
그런데도 할렐루야 교회가 번성하는 것은 제 설교 때문이 아니라, 전적으로 하나님의 은혜입니다. 설교가 사람의 언변에 의존하는 것이 아니기 때문에 저 같은 사람이 목회를 하는 것이 가능한 것입니다.

자신이 부족하다고 느끼는 사람은 무조건 나는 안된다거나 나는 못한다고 미리부터 물러서지 말고 더욱 하나님께 매달리고 간구해야 합니다. 저 역시 언제나 설교를 하기 전에 하나님께 의지할 수밖에 없는 사람입니다. 다른 사람들보다 훨씬 못한 언변을 가지고 목회를 하려니 다른 사람들보다 훨씬 더 많은 기도와 도움이 필요하기 때문입니다. 그리고 더 많은 하나님의 역사하심이 필요합니다.

고린도전서 2장 4, 5절을 보면 사도 바울도 자신의 전도하는 능력이 자신의 능력에 있지 않음을 고백하고 있습니다.

> "내 말과 내 전도함이 지혜의 권하는 말로 하지 아니하고 다만 성령의 나타남과 능력으로 하여 너희 믿음이 사람의 지혜에 있지 아니하고 다만 하나님의 능력에 있게 하려 하였노라."

그렇게 이방인의 전도에 많은 이적을 일으킨 사도 바울도 '자신의 말과 지혜로 된 것이 아니라'고 고백합니다. 사도 바울은 예수 그리스도 이외의 지식에는 관심을 두지 않았던 사람이었습니다. 그리고 오직 예수 그리스도의 복음 전하는 일에만 최선을 다하였습니다.

그러나 그런 바울도 그 모든 일이 자신의 연구나 힘으로 된 것이 아니라 오직 성령의 능력으로 말미암아 이루어진 것임을 밝힙니다.

바울이 그럴진대 다른 사람들이야 더 이상 말이 필요없을 것입니다. 자신의 능력으로 무엇인가를 이루려고 하는 사람은 교만하여 넘어지기 쉽습니다. 그러나 **하나님의 힘을 의지해서 일하는 사람은 넘어지지 않습니다. 하나님이 넘어지지 않으시는 분이기 때문입니다.**

하나님의 일을 하는 데에는 겉으로 드러나는 언변이나 학위가 문제가 되지 않습니다. 하나님께 대한 열망과 신뢰가 가장 중요한 열쇠가 되는 것입니다. 다른 것은 그 다음 문제입니다.

만약 하나님께서 모세를 통해 하시려고 하는 역사적인 일이 일어나려면 그것은 단순히 모세의 뛰어난 언변만으로 안됩니다. 다른 사람들이 감히 범할 수 없는 힘과 그 말을 보증하는 예언과 기적을 동반해야만 했었습니다. 모세는 그저 '말하는 데 대한 어려움'을 두려워했지만, 사실 '모세가 해야 할 일은 말하는 것을 능가하는 것'이라는 사실까지는 몰랐었습니다.

모세가 또다시 변명을 늘어 놓자 하나님께서는 이 세상의 모든 만물이 하나님으로 말미암아 창조된 것임을 다시 한 번 깨우치십니다.

"여호와께서 그에게 이르시되 누가 사람의 입을 지었느뇨 누가 벙어리나 귀머거리나 눈 밝은 자나 소경이 되게 하였느뇨 나 여호와가 아니뇨"(출 4:11).

하나님께서는 '누가 사람의 입을 지었으며 누가 벙어리와 귀머거리를 만들었느냐'고 물으십니다. 모세의 입을 만들고 음성을 주신 분은 분명 하나님이십니다. 인간을 만드신 분이 가서 말하라고 하시면서 모세의 음성과 언변이 정도가 어떠한지를 모르고 명령을 하셨을 리 없습니다.

그리고 또 하나님께서는 '모세의 입술에 함께 하시겠다'는 약속도 명령과 함께 주셨습니다.

"이제 가라 내가 네 입과 함께 있어서 할 말을 가르치리라" (출 4:12).

하나님께서는 친히 모세의 입술에 임하사 매 순간마다 할 말을 가르치겠다는 약속입니다. 즉 하나님을 신뢰하고 나가라는 말입니다.

여기에서 모세는 아무 소리 말고 순종하며 돌아서서 나가야 했습니다. 하나님께서 함께 하신다는데 더 이상 무슨 말이 필요하겠습니까. 더 이상 어떤 힘이나 도움이 필요하겠습니까?

그러나 모세는 끝까지 하나님을 신뢰하지 못하고 하나님의 인내를 시험했습니다.

모세의 다섯번째 변명

마침내 모세는 하나님의 노를 결정적으로 발하게 하는 말을 했습니다. "주여 보낼 만한 자를 보내소서" 했던 것입니다.

"모세가 가로되 주여 보낼 만한 자를 보내소서"(출 4:13).

아마 지금도 이런 말을 하는 사람들이 있을 것입니다. 특히 자신은 생각지도 않고 있는데 하나님으로부터 목회자가 되라거나 선교사가 되라는 소명을 받으면 열 명 중 아홉 명은 이런 말을 할 것입니다. 처음부터 하나님의 말씀에 순종해서 신학을 한 사람들은 행복한 사람들입니다.

그러나 많은 사람들은 하나님의 말씀을 피하고 피하다가 결국은 두 손을 들게 되어 있습니다. 그 때 변명하는 말이 바로 "주여 보낼 만한 사람을 보내소서"입니다. 자신은 도저히 안된다고 처음부터 생각하고 있기 때문에 아무리 하나님이 주시는 소명이라 하더라도 일단 피하고 싶어 합니다.

하나님이 결정하신 일이면 아무리 도망할지라도 결코 피할 수 없음을 알면서도 왜 그렇게 미련한 도망을 다니는지 모르겠습니다. 사람이 참 어리석습니다. 미리 "예"하고 순종하면 좋을 것을 피하려고 하다가 나중에 더 이상 숨을 곳을 찾지 못하고 나서야 항복합니다. 기왕 할 것이라면 처음 말이 나왔을 때 하는 것이 시간도 절약하고 서로 좋은 것입니다.

인간이 하나님의 손을 피할 수 있다고 생각하는 것이 문제입니다. 크고 어려운 일일수록 "다른 사람을 보내는 것이 좋겠습니다, 나는 아닙니다"라고 피하는 것이 인간의 마음입니다.

저는 모세의 마음을 이해할 수 있을 것 같습니다. 저도 고등학교 때까지의 꿈은 대학 교수가 되는 것이었습니다. 그저 혼자서 책을 읽고 연구하면서 조용하게 사는 것이 제가 바란 전부였습니다.

이렇게 하나님의 말씀을 전하러 다니게 되리라고는 생각도 하지 못했던 일이었습니다. 그리고 지금 이렇게 목회를 하고 있지만 아직도 내 마음 속으로는 때때로 나는 하나님의 일을 하는 데에 적합한 사람은 아니라는 생각을 하게 됩니다. 그 때 모세의 심정이 이해가 갑니다.

그러나 여러 번을 참으신 하나님은 끝까지 다른 사람에게 미루는 모세에게 드디어 화를 내셨습니다.

"여호와께서 모세를 향하여 노를 발하시고"(출 4:14).

모든 일을 다 해 주시겠다는 약속과 언제나 함께 하면서 떠나지 않겠다고까지 하는데도 못 가겠다 버티니 하나님께선 더 참을 수 없으셨습니다. 특별히 선택해서 세우려고 하는데 끝까지 말을 들으려 하지 않으니 얼마나 화가 나셨겠습니까?

그러나 하나님께서는 화를 내시면서도 그러면 그만두라고 하시지는 않았습니다. 하나님 한 번 정하셔서 계획하셨던 것을 변경하지 않으시는 분이십니다.

그래서 그 다음의 해결책으로 내놓은 것이 네 형 아론이 언변이 좋으니 말하는 것은 그에게 시키고, 말할 내용은 모세를 통해서 하나님으로부터 오는 말씀으로 지시받으라는 것이었습니다. 하나님께서는 끝까지 모세를 사용하시기 원하셨습니다.

> "가라사대 레위 사람 네 형 아론이 있지 아니하뇨 그의 말 잘함을 내가 아노라 그가 너를 만나러 나오나니 그가 너를 볼 때에 마음에 기뻐할 것이라 너는 그에게 말하고 그 입에 말을 주라 내가 네 입과 그의 입에 함께 있어서 너의 행할 일을 가르치리라 그가 너를 대신하여 백성에게 말할 것이니 그는 네 입을 대신할 것이요 너는 그에게 하나님 같이 되리라 너는 이 지팡이를 손에 잡고 이것으로 이적을 행할지니라"(출 4:14-17).

하나님은 자기의 종이 필요한 모든 것을 아시므로 필요한 모든 것을 마련하시고 채워주십니다. 따라서 하나님의 종은 단지 순종하고 하나님의 지시를 기다리면 됩니다.

모세의 모든 변명에도 불구하고 하나님은 모세가 더 이상 변명할 수 없도록 확실한 표징과 확실한 언약의 말씀을 주셨습니다. 그제서야 비로소 모세는 변명을 그치고 자신이 아닌 하나님을 바라보게 됩니다. 그 모든 것을 행하는 분은 자신이 아니라 모세 안에서 행하시는 하나님인 것을 깨닫게 됩니다.

빌립보서 2장 13절을 보십시오.

"너희 안에서 행하시는 이는 하나님이시니 자기의 기쁘신 뜻을 위하여 너희로 소원을 두고 행하게 하시나니."

이 말씀은 **하나님이 우리의 목적과 목표를 이루시기 위해서 계신 분이 아니고, 우리가 하나님의 목표를 위해서 태어났다**는 말입니다. 이 말씀의 진리를 깨닫는 것은 대단히 중요합니다. 이 진리는 우리 삶의 방식을 달라지게 하기 때문입니다.

저도 이 말씀을 깨닫고 제 신앙관이 바뀌는 체험을 했습니다.

이 말씀을 제대로 알기 전까지 '하나님이 나를 위해' 존재했습니다. 제가 이 말씀을 심령 깊이 깨달은 것은 서른이 넘어서였습니다. 그 전에도 알기는 했지만 내 마음 가운데 깨달음의 감동이 온 것은 그 말씀을 알고 난 뒤에도 한참이 지난 다음이었습니다.

'내가 하나님을 위해서 존재한다'는 사실을 깨닫고 난 다음부터는 내 자신이 점점 없어지게 되었습니다. 내 뜻을 죽이고 내 고집과 내 사상을 버리고 하나님의 뜻에 따르기를 바라는 사람이 되었습니다. 그리고 기도 역시 그렇게 바뀌었습니다.

그런 후 제 자신은 점점 없어지기는 하는데, 가끔 돌이켜보면 '너무 바보 같은 짓이 아닌가' 하는 억울한 생각이 들곤 합니다. 나도 나름대로 야망을 가지고 살려고 했던 젊은이였는데, 이제는 자신을 버리고 하나님만 나타내고자 하는 노력만 하고 있으니 비참하고 불쌍하다는 생각도 들었습니다. 세상에서 자기가 원하는 대로 살아가는 또래의 사람들을 보면 더욱 한심한 생각이 들었습니다.

그러나 그런 갈등 중에 하나님의 말씀은 나를 지켜주셨습니다. 결국 모든 것을 이루시고 심판하시는 분은 하나님이라는 것을 부인할 수 없었기 때문이었습니다. 그리고 그 다음부터는 하나님이 원하는 것이 내가 원하는 것이 되게 하셨습니다. 내가 원하는 것과 하나님이 원하는 것이 달라서 갈등을 겪게 되는 일이 줄어들게 되었습니다. 마음에 소원을 일으키시는 분도 하나님이고 그것을 이루시는 분도 하나님이셨습니다.

시편 37편 4, 5절이 바로 그 말씀입니다.

> "또 여호와를 기뻐하라 저가 네 마음의 소원을 이루어 주시리로다 너의 길을 여호와께 맡기라 저를 의지하면 저가 이루시고 네 의를 빛같이 나타내시며 네 공의를 정오의 빛같이 하시리라."

이 말씀은 '하나님을 의지하고 기뻐하면 그 마음 속에 하나님이 원하는 뜻을 알게 하시고 소원하게 해 주시겠다'는 말씀입니다. 그리고 그것을 이루시는 분은 하나님이심을 강하게 말씀하십니다. **하나님을 의지하면 내가 원하는 것을 이루는 것이 아니라 하나님이 원하는 소원을 내 마음에 갖게 하시고, 그것을 이루게 하실 것입니다. 하나님은 결과에만 함께 하시는 것이 아니라 처음 출발부터 같이 하시고 그 모든 과정 가운데 함께 하시는 하나님이십니다.**

이것을 깨달읍시다! 각자에게 하나님이 계획하신 소명을 주실 때, 하나님은 바라보지 않고 자기 자신만을 바라보는 모세의 잘못을 우리가 다시 반복해서는 안되겠습니다!

하나님께서 무엇을 말씀하시든지 간에 하나님을 믿고 의지하고 순종함으로써 하나님의 쓰임을 받는 귀한 자녀들이 되시길 기원합니다.

제5장

나는 여호와로라

"…여호와께서 모세에게 이르시되 네가 애굽으로 돌아가거든 내가 네 손에 준 이적을 바로 앞에서 다 행하라 그러나 내가 그의 마음을 강팍케 한즉 그가 백성을 놓지 아니하리니 너는 바로에게 이르기를 여호와의 말씀에 이스라엘은 내 아들 내 장자라 내가 네게 이르기를 내 아들을 놓아서 나를 섬기게 하라 하여도 네가 놓기를 거절하니 내가 네 아들 네 장자를 죽이리라 하셨다 하라 하시니라 여호와께서 길의 숙소에서 모세를 만나사 그를 죽이려 하시는지라 십보라가 차돌을 취하여 그 아들의 양피를 베어 모세의 발 앞에 던지며 가로되 당신은 참으로 피남편이로다 하니 여호와께서 모세를 놓으시니라 그 때에 십보라가 피 남편이라 함은 할례를 인함이었더라 여호와께서 아론에게 이르시되 광야에 가서 모세를 맞으라 하시매 그가 가서 하나님의 산에서 모세를 만나 그에게 입맞추니 모세가 여호와께서 자기에게 부탁하여 보내신 모든 말씀과 여호와께서 자기에게 명하신 모든 이적을 아론에게 고하니라 모세와 아론이 가서 이스라엘 자손의 모든 장로를 모으고 아론이 여호와께서 모세에게 명하신 모든 말씀을 전하고 백성 앞에서 이적을 행하니 백성이 믿으며 여호와께서 이스라엘 자손을 돌아보시고 그 고난을 감찰하셨다 함을 듣고 머리 숙여 경배하였더라…"
(출 4:18-6:30).

나는 여호와로라

하나님은 어떤 일을 이루시기 위해서 누군가를 보내실 때 결코 아무런 확신이 없는 상태에서 가게 하시는 분이 아닙니다. 자신이 하나님의 소명을 받았다는 확실한 소명의식과 하나님이 함께 하신다는 확신이 없는 사람이 어떻게 하나님의 일을 할 수 있겠습니까?

소명의식이 없는 사람은 하나님의 일을 할 수 없습니다. **하나님의 일을 하는 사람들은 그 일에 대한 분명한 확신과 하나님이 동행하신다는 확신이 있습니다.** 자신의 능력은 비록 작고 부족할지라도 하나님께서 자신을 통해 친히 그 일을 이루실 것이라는 확신은, 일에 대한 기대감과 추진력을 갖게 합니다.

성공적인 목회자들을 살펴보면, 그들은 모두 목회에 대해 강렬한 소명의식을 소유하고 있다는 공통점을 찾을 수 있습니다.

하나님의 일과 소명의식

스펄전 목사도 소명과 관련된 고백을 한 적이 있습니다. "하나님께서 사명을 주셔서 보내실 때에는 반드시 그에 필요한 은사를 주셔서 보내신다"고 말했습니다. 이와 관련된 스펄전 목사의 일화가 한 가지 있습니다.

어느 날, 목사가 되겠다는 어떤 젊은이가 스펄전 목사를 찾아와서 인터뷰를 하였습니다. 그런데 인터뷰를 하는 도중 스펄전 목사는 자신의 의견을 제대로 말하는 것도 힘든 사람이 목회자가 되겠다고 나선 것이라는 사실을 알게 되었습니다.

그래서 스펄전 목사는 단호하게 "목회자가 되는 것은 하나님께서 당신에게 원하는 것이 아닌 것 같으니 다른 일을 찾아보는 것이 좋겠습니다."라고 말했습니다.

만일 하나님께서 그 사람이 목회자가 되기를 원하셨다면 말하는 것이 그렇게 어색하고 힘들지 않았을 것이라는 확신이 스펄전 목사에게 있었기 때문이었습니다.

하나님은 전혀 할 수 없는 일을 억지로 하게 하시지 않습니다. 간혹 어떤 것에 자기의 달란트가 있는지를 모르는 사람은 하나님의 소명이 이상하다고 생각할 수 있습니다. 하지만 나중에는 모세가 하나님의 소명을 받아들였듯이, 하나님이 옳으심을 깨닫습니다. 하나님의 계획은 즉흥적이거나 순간적인 것이 아니기 때문입니다.

하나님은 모세에게 확신을 주고자 하셨습니다. 그래서 하나님은 모세의 지팡이를 뱀으로, 그 뱀을 다시 지팡이로 변화시켜 하나님의 능력을 경험하게 하심으로써 사명을 맡긴 자가 어떤 분이신지를 보여주셨습니다(출 4:1-5).

또한 하나님은 모세의 손을 문둥병자의 손으로, 그 손을 다시 본래의 손으로 변화시켜 모세를 보내시는 하나님은 어떤 분이신지를 거듭확인시키심으로써 하나님을 전적으로 의지하고 일하도록 확신을 주셨습니다(출 4:6-7).

그런데도 모세는 거듭해서 하나님이 주시는 소명을 거절하면서 이런 저런 핑계를 댑니다. 그러자 하나님께서는 형 아론을 대변자로 임명하여 모세의 부족한 언변을 보충하는 동역자가 되게 하셨습니다.

본문 말씀을 살펴봅시다.

"모세가 가로되 주여 보낼 만한 자를 보내소서 여호와께서 모세를 향하여 노를 발하시고 가라사대 레위 사람 네 형 아론이 있지 아니하뇨 그의 말 잘함을 내가 아노라 그가 너를 만나러 나오나니 그가 너를 볼 때에 마음에 기뻐할 것이라 너는 그에게 말하고 그 입에 말을 주라 내가 네 입과 그의 입에 함께 있어서 너의 행할 일을 가르치리라 그가 너를 대신하여 백성에게 말할 것이니 그는 네 입을 대신할 것이요 너는 그에게 하나님같이 되리라 너는 이 지팡이를 손에 잡고 이것으로 이적을 행할지니라"(출 4:14-17).

앞에서 살펴보았듯이, 하나님은 이리저리 변명하는 모세를 도울 사람으로 그의 형 아론을 동역자로 주시겠다고 약속하셨습니다. 서로 의지하면서 상대방의 부족한 점을 보완할 사람을 주신 것입니다.

이렇게 하나님은 모세에게 하나님이 함께 하신다는 확신을 심어 주셨습니다. 하나님은 모세의 마음 속에 확신이 생긴 다음에 그를 쓰셨습니다.

하나님은 계속해서 모세에게 말씀하십니다.

"여호와께서 아론에게 이르시되 광야에 가서 모세를 맞으라 하시매 그가 가서 하나님의 산에서 모세를 만나 그에게 입 맞추니 모세가 여호와께서 자기에게 부탁하여 보내신 모든 말씀과 여호와께서 자기에게 명하신 모든 이적을 아론에게 고하니라 모세와 아론이 가서 이스라엘 자손의 모든 장로를 모으고 아론이 여호와께서 모세에게 명하신 모든 말씀을 전하고 백성 앞에서 이적을 행하니 백성이 믿으며 여호와께서 이스라엘 자손을 돌아보시고 그 고난을 감찰하셨다 함을 듣고 머리 숙여 경배하였더라"(출 4:27-31).

이것은 지금으로 말하면, 일종의 팀(Team)사역이라고 할 수 있습니다. 혼자서 그 많은 사람을 이끌어내는 일은 많은 고통이 있고 힘도 몇 배 필요합니다.

그러나 동역자와 함께 일하면 두 배의 효과만 있는 것이 아니라, 그 이상의 힘을 발휘하게 되어 있습니다. '일 더하기 일이 이가 되는 것'이 산술적 계산이지만, 두 사람이 힘을 합치면 두 배가 아니라 서너 사람 몫의 일을 할 수 있는 힘이 생깁니다.

선교 사역 역시 그와 같습니다. **자신의 은사를 최대한으로 사용할 수 있는 사람 둘이 모여서 호흡을 같이 하면 훨씬 효과적인 목회와 선교를 할 수 있게 됩니다.** 교회의 일 역시 똑같습니다. 요즘의 평신도들은 대부분 한 가지씩 특기를 가지고 있습니다. 목회자가 성도 개개인의 은사를 잘 발견하고 적절한 곳에서 그 기능을 발휘하도록 도와주어야 합니다. 그렇게 한다면 교회 목회는 목회자 혼자 동분서주하는 것보다 훨씬 부드러우면서 힘을 덜 들이고 효과적으로 할 수 있습니다.

목회를 목회자 혼자 하는 것이라고 생각해서는 안 됩니다. 현대에 들어와서 평신도의 역할이 교회에서의 비중을 많이 차지하고 있는 것도 목회가 목회자 혼자서 하는 일은 아니라는 것을 알게 되었기 때문입니다. 성도 개개인 역시 하나님께서 자신에게 주신 달란트로 목회에 도움을 줄 수 있다면 그것만큼 좋은 일도 없습니다.

이제는 평신도들도 가만히 앉아 설교 말씀만 듣고 있다가 조용히 돌아가는 수동적인 자세에서 벗어나 하나님의 일을 위해서 자신이 할 수 있는 일을 찾아서 해야 합니다.

자신에게 있는 달란트를 하나님을 위해서 사용하는 것보다 더 훌륭하게 은사를 사용할 수 있는 방법이 어디에 또 있겠습니까?

하나님의 대언자

하나님이 아론에게 맡기신 일은 일종의 대언자의 임무였습니다. 여기서 잠깐 7장 1절 말씀을 살펴봅시다.

"여호와께서 모세가 이르시되 볼지어다 내가 너로 바로에게 신이 되게 하였은즉 네 형 아론은 네 대언자가 되리니."

하나님은 무슨 말을 하실 때에 대중을 상대로 직접 말하시는 경우는 거의 없습니다. 하나님이 택하신 선지자 한 사람에게 말씀을 하시면 그 사람이 다른 사람들에게 전달해 주는 방법을 사용하셨습니다. 구약에 나오는 선지자나 예언자들은 이렇게 하나님의 말씀을 대언하는 사람들이었습니다.

7장 1절의 '네 대언자'는 NIV성경이나 GOOD NEWS BIBLE성경에 찾아보면 'your prophet'으로 번역되어 있습니다. 'prophet'은 보통 '선지자'로 번역되는 단어입니다.

'선지자'는 히브리어로 '나비' '로에' '호제' 등의 세 가지 단어가 있습니다. 이 중에서 '로에' '호제'는 '보는 자'의 의미입니다. 즉 선지자는 '하나님의 환상을 보는 자', 또는 '먼저 보는 자'라는 뜻임을 우리에게 가르쳐 줍니다. 그래서 이런 의미로 쓰일 때 성경에서는 주로 '선견자'(先見者)라는 단어로 번역됩니다.

반면에 '나비'는 '분출하다' '터져 나가다'라는 뜻으로 사용됩니다. 출애굽기 4장 15,16절과 7장 1절에 사용된 단어는 바로 이

'나비'입니다.

따라서 '선지자'나 '예언자'라는 말보다는 '대언자' '선포자'라는 말이 더 적절한 표현입니다. 그들은 하나님의 입을 대신하여 하나님의 말씀이 터져 나가도록 하는 것이 사명이기 때문입니다.

출애굽기 4장 27절 이하의 본문을 살펴보면, 하나님은 모세에게 말씀하시고 모세는 아론에게 그 말을 전해서 알리겠다는 말씀이 잘 나타납니다. 하나님께서는 모세와 아론의 입술에 함께 하시겠다고 약속하셨습니다.

그래서 하나님의 말씀을 대언하는 사람은 속에서 분출하는 것처럼('나비') 격렬하고 확신있게 말하게 되는 것입니다. 자신의 생각을 말하는 것이 아니라 하나님께서 주시는 말씀을 끓어오르는 심정으로 쏟아놓는 것이기 때문에, 말하는 데 있어서 고민을 하거나 꾸밈이 필요치 않습니다.

하나님은 모세에게 아론의 하나님인 것처럼 그에게 할 말을 가르쳐주라고 말씀하셨습니다. 그것은 모세가 아론에게 절대적인 존재가 되게 하라는 말씀입니다. 그래야만 자신의 개인적인 말을 하거나, 사람들을 두려워서 해야 할 말을 못하는 일이 없게 되는 것입니다.

모세는 아무리 자신이 변명을 해도 하나님이 미리 정하신 뜻을 거부할 수 없게 되자 더 이상 변명을 늘어 놓지 않고 장인 이드로에게 가서 '애굽에 있는 형제들의 소식을 알아보겠다'는 이유를 들어 애굽으로 들어갈 차비를 합니다.

모세는 하나님께서 자기에게 말씀해 주신 모든 것을 다 아론에게 말했습니다. 그리고 두 사람은 이스라엘의 장로들이 모인 자리에서 아론은 하나님의 말씀을 전하고 모세는 그 징표로 백성들 앞에서 이적을 행했습니다.

그러자 이스라엘 백성들은 하나님께서 그 백성의 고난을 들으시고 감찰하신 것을 감사하여 여호와께 머리를 숙이고 감사했습니다.

하나님께서는 모세가 떠나기 전에 미리 앞으로의 일에 대해 말씀을 주셨습니다. 그가 '바로의 앞에 서서 말을 해도 바로의 마음이 강퍅해서 그의 말을 듣지 않을 것'이라는 사실까지 미리 가르쳐 주셨습니다.

> "여호와께서 모세에게 이르시되 네가 애굽으로 돌아가거든 내가 네 손에 준 이적을 바로 앞에서 다 행하라 그러나 내가 그의 마음을 강퍅케 한즉 그가 백성을 놓지 아니하리니 너는 바로에게 이르기를 여호와의 말씀에 이스라엘은 내 아들 내 장자라 내가 네게 이르기를 내 아들을 놓아서 나를 섬기게 하라 하여도 네가 놓기를 거절하니 내가 네 아들 네 장자를 죽이리라 하셨다 하라 하시니라"(출 4:21-23).

그런데 모세는 나중에 그것이 현실로 나타났을 때, 하나님께서 미리 가르쳐 주셨음에도 불구하고 불평하고 화를 냅니다.

성경을 보면, 하나님께서는 "너희가 온갖 시련을 당할 것이다"라고 미리 말씀해주셨는데도, 우리는 고난이 오면 하나님을 원망하고 불만을 터뜨립니다. 마치 전혀 예상을 하지 못한 것처럼 하나님을 향해서 '어찌 그럴 수 있으십니까?' 항의 합니다.

"그 후에 모세와 아론이 가서 바로에게 이르되 이스라엘 하나님 여호와의 말씀에 내 백성을 보내라 그들이 광야에서 내 앞에 절기를 지킬 것이니라 하셨나이다 바로가 가로되 여호와가 누구관대 내가 그 말을 듣고 이스라엘을 보내겠느냐 나는 여호와를 알지 못하니 이스라엘도 보내지 아니하리라 그들이 가로되 히브리인의 하나님이 우리에게 나타나셨은즉 우리가 사흘길쯤 광야에 가서 우리 하나님 여호와께 희생을 드리려 하오니 가기를 허락하소서 여호와께서 온역이나 칼로 우리를 치실까 두려워 하나이다 애굽 왕이 그들에게 이르되 모세와 아론아 너희가 어찌하여 백성으로 역사를 쉬게 하느냐 가서 너희의 역사나 하라 또 가로되 이제 나라에 이 백성이 많거늘 너희가 그들로 역사를 쉬게 하는도다 하고 바로가 당일에 백성의 간역자들과 패장들에게 명하여 가로되 너희는 백성에게 다시는 벽돌 소용의 짚을 전과 같이 주지 말고 그들로 가서 스스로 줍게 하라 또 그들이 전에 만든 벽돌 수효대로 그들로 만들게 하고 감하지 말라 그들이 게으르므로 소리 질러 이르기를 우리가 가서 우리 하나님께 희생을 드리자 하나니 그 사람들의 고역을 무겁게 함으로 수고롭게 하여 그들로 거짓말을 듣지 않게 하라. 이스라엘 자손의 패장들이 너희의 매일 만드는 벽돌을 조금도 감하지 못하리라 함을 듣고 화가 몸에 미친 줄 알고 그들이 바로를 떠나 나올 때에 모세와 아론이 길에 선 것을 만나 그들에게 이르되 너희가 우리로 바로의 눈과 그 신하의 눈에 미운 물건이 되게 하고 그들의 손에 칼을 주어 우리를 죽이게 하는도다 여호와는 너희를 감찰하시고 판단하시기를 원하노라 모세가 여호와께 돌아와서 고하되 주여 어찌하여 이 백성으로 학대를 당케 하셨나이까 어찌하여 나를 보내셨나이까 내가 바로에게 와서 주의 이름으로 말함으로부터 그가 이 백성을 더 학대하며 주께서도 주의 백성을 구원치 아니하시나이다"(출 5:1-23).

하나님을 믿는 사람들에게는 축복이 임하는 것과 마찬가지로 고난 또한 임합니다. 그리고 그 사실에 대해서는 이미 하나님께서 말씀하셨습니다. 그런데도 모세가 하나님께 불평하는 것처럼 우리 역시 그런 행동을 합니다. 그래서 우리가 이해할 수 있고 가깝게 생각할 수 있는 인물이 바로 모세일런지도 모릅니다.

성경의 진리는 정확합니다. 수학이나 과학의 공식 이상 정확하게 맞습니다. 그래서 성경이 진리인 것이고 시간이 갈수록 그 위대함이 판명됩니다.
하나님이 하라 하시는 대로 하는 것이 가장 편하고 빠른 길을 가는 것입니다. 모든 법칙을 만드신 분이 하나님이시기 때문에 그분의 말씀을 따르면 안되는 일이 없습니다.

바로가 이스라엘 백성을 당장 보내지 않은 것은 하나님께서 그의 마음을 강퍅하게 하셨기 때문이었습니다. 그는 모세의 말 이후 이스라엘 사람들에게 오히려 더 많은 일을 시켰습니다.

하나님이 계획하시는 일은 그 시간과 때가 하나님께 달려 있기 때문에 정하신 그 시간과 그 때가 되어야만 풀어지게 되어 있습니다. 그래서 믿는 사람들은 언제나 하나님을 의뢰하고 긴장해야 합니다. 하나님께서 예비하신 시기가 올 때까지 인내심을 가지고 기다려 봅시다.

하나님께서 주시는 은총은 하루하루의 은총입니다. 그렇게 주시는 은혜를 따라서 살 수밖에 없는 것이 바로 믿는 사람입니다.

나는 여호와로라

바로는 모세와 아론이 찾아와서 이스라엘의 신 여호와께 예배를 하길 원하니 광야에서 절기를 지킬 수 있도록 해 달라는 말을 들었으나 이를 허락하지 않습니다.

그는 여호와 하나님을 알지도 못할 뿐더러 다른 사람들은 모두 아무 말도 하지 않고 일만 묵묵히 하는데 이스라엘 사람들만 자기들의 신을 예배하겠다고 하는 것은 일하는 데에 여유가 있기 때문이라고 판단했습니다.

그래서 이스라엘 백성들에게는 지푸라기를 주지 않고 벽돌을 굽도록 시켰습니다. 이스라엘 백성들은 곡식 그루터기를 거두어다가 벽돌을 만들어야 했기 때문에 자연히 일이 늦어짐에도 불구하고, 그들을 지키는 간역자들은 그 전과 똑같은 양의 일을 하라고 독촉하고 괴롭혔습니다.

이전보다 더한 괴로움과 고통에 시달리게 된 이스라엘 백성들은 그 이유가 모세와 아론이 바로에게 한 말이 원인이 되었음을 알고 그들을 만나 원망합니다. 그러자 모세는 여호와께 돌아와서 하나님이 하라신 말씀 때문에 이스라엘 백성들이 더 학대를 당함에 대해 원망합니다.

그러자 하나님은 앞으로 모세가 해야 할 일들과 일어날 일들에 대해서 미리 말씀하시면서 그 말들의 끝에 '나는 여호와니라' 하는 말을 꼭 붙이십니다.

"여호와께서 모세에게 이르시되 이제 내가 바로에게 하는 일을 네가 보리라 강한 손을 더하므로 바로가 그들을 보내리라 강한 손을 더하므로 바로가 그들을 그 땅에서 쫓아내리라 하나님이 모세에게 말씀하여 가라사대 나는 여호와로라 내가 아브라함과 이삭과 야곱에게 전능의 하나님으로 나타났으나 나의 이름을 여호와로는 그들에게 알리지 아니하였고 가나안 땅 곧 그들의 우거하는 땅을 주기로 그들과 언약하였더니 이제 애굽 사람이 종을 삼은 이스라엘 자손의 신음을 듣고 나의 언약을 기억하노라 그러므로 이스라엘 자손에게 말하기를 나는 여호와라 내가 애굽 사람의 무거운 짐 밑에서 너희를 빼어내며 그 고역에서 너희를 건지며 편

팔과 큰 재앙으로 너희를 구속하여 너희로 내 백성을 삼고 나는 너희 하나님이 되리니 나는 애굽 사람의 무거운 짐 밑에서 너희를 빼어낸 너희 하나님 여호와인 줄 너희가 알지라 내가 아브라함과 이삭과 야곱에게 주기로 맹세한 땅으로 너희를 인도하고 그 땅을 너희에게 주어 기업을 삼게 하리라 나는 여호와로라 하셨다 하라"(출 6:1-8).

'여호와' 라는 말은 하나님께서 하시는 틀림이 없는 말씀이라는 것을 보증하기 위한 일종의 사인 같은 역할을 했습니다.

하나님의 말씀이 반드시 일어날 것이라는 확신을 심어주기 위해서, 말씀의 마지막에 말하는 자가 전능하신 하나님 여호와인 것을 밝히셨습니다. 이는 하나님에 대한 철저한 인식과 믿음을 심어주시기 위한 방법이었습니다. 그것을 잘 알면서도 다른 방법으로, 다른 길로 가려하기 때문에 하는 일에 걸림돌이 생기고 어려움이 생기는 것입니다.

하나님이 어떠한 분이신가 하는 것을 다 알면서도 막상 자신에게 문제가 생기면 하나님을 의지하려 하기보다는 사람의 방법을 찾고 자신의 힘과 지혜에 의존하려고 하는 것이 바로 인간의 교만함이고 나약함입니다. 이것은 더 멀리 내다보고, 더 큰 것을 볼 줄 아는 믿음의 눈이 없기 때문에 생기는 것입니다.

하나님은 이미 이스라엘 백성들을 애굽의 노역과 압제에서 벗어나게 하고 해방시켜서 아브라함에게 약속한 땅으로 들어가게 하시려는 계획을 가지고 있었습니다. 그런 하나님의 계획은 이루어지는 시기가 언제인가 하는 것만이 남아있을 뿐, 변경될 수 없는 것이었습니다.

그런데 잠시 자신들의 노역이 더 무거워진 것을 참지 못한 이스라엘 백성들과 모세는 하나님을 원망하고 나섰습니다.

> "모세가 이와 같이 이스라엘 자손에게 전하나 그들이 마음의 상함과 역사의 혹독함을 인하여 모세를 듣지 아니하였더라"(출 6:9).

하나님께서는 이스라엘 백성들을 애굽에서 구원해 내시고 조상 아브라함에게 약속한 땅을 이제 그들에게 주시겠다고 모세에게 다시 말씀하셨습니다. 모세는 그 말씀을 다시 이스라엘 백성들에게 전했지만 이전보다 더 혹독해진 노역에 시달리던 이스라엘 백성들은 그의 말을 믿지 않았습니다.

이 상황을 이기지 못하여 모세조차도 하나님을 원망하기 시작했습니다. 이스라엘 백성들은 그렇지 않아도 고된 일이 어느 날 갑자기 더욱 고되게 되었으니 그 원망을 이해할 수 있습니다. 그러나 모세는 하나님께서 이것을 미리 말씀하셨고, 모든 것이 하나님께서 미리 말씀하신 대로 되었는데도 이스라엘 백성들과 똑같이 낙심하고 불평하기 시작하였습니다.

> "여호와께서 모세에게 일러 가라사대 들어가서 애굽 왕 바로

에게 말하여 이스라엘 자손을 그 땅에서 내어 보내게 하라 모세가 여호와 앞에 고하여 가로되 이스라엘 자손도 나를 듣지 아니하였거든 바로가 어찌 들으리이까 나는 입이 둔한 자니이다 여호와께서 모세와 아론에게 말씀하사 그들로 이스라엘 자손과 애굽 왕 바로에게 명을 전하고 이스라엘 자손을 애굽 땅에서 인도하여 내게 하시니라"(출 6:10-13).

하나님은 낙심과 불평에도 불구하고 다시 모세를 격려하시고 더욱 강한 신학과 굳은 신앙을 가질 수 있도록 훈련시키셨습니다.

우리가 훌륭한 신앙을 갖기 위해서는 하나님을 바로 아는 것이 우선되어야 합니다. 올바른 신관(神觀), 올바른 신학(神學)이 올바른 신앙(信仰)을 갖게 합니다.

훌륭한 신앙은 훌륭한 신학의 기초 위에 세워집니다. 그러므로 우리가 믿는 하나님이 어떤 분이신지를 아는 것은 절대적으로 중요한 문제입니다.

그래서 하나님께서는 모세의 신앙을 훈련시키고, 모세가 올바른 신학과 신앙을 가질 수 있도록 거듭해서 하나님이 어떤 분이신가를 모세에게 말씀하십니다.

"이제 내가 바로에게 하는 일을 네가 보리라"(6:1)
"나는 여호와로라"(6:2)
"나는 여호와로라"(6:6)

"너희 하나님 여호와"(6:7)
"나는 여호와로라"(6:8)

그렇습니다! **하나님은 여호와 하나님이십니다! 우리 하나님은 전능하신 하나님이시요, 그 백성을 구원하시고 인도하시는 사랑의 하나님이십니다!** 그 하나님이 거듭 거듭 우리에게 "나는 너의 하나님 여호와"라고 말씀하십니다.

우리가 낙심할 때마다 하나님은 "나는 여호와"라고 오셔서 말씀하십니다. 우리가 하나님께 불평할 때 역시 하나님은 우리에게 "나는 여호와"라고 말씀하십니다.

우리가 하나님이 하라 하시는 일을 하는데도 오히려 고난에 빠질 때, 또는 하나님의 자녀이기 때문에 세상에서 핍박을 받을 때, 하나님은 "이제 내가 (세상 왕) 바로에게 하는 일을 네가 볼 것이다" "지금부터 내가 너를 위해 친히 역사하는 것을 네가 볼 것이다"라고 말씀해주십니다.

우리가 하나님께 불평하고, 우리가 하나님께 낙심할 때, 하나님은 우리에 대해 불평하시지도 낙심하시지도 않으시고 우리를 여전히 사랑하십니다. 우리가 하나님을 잡은 손을 놓을 때도 하나님은 우리의 손을 놓지 않고 우리를 인도하십니다. 그런 과정을 통해서 우리의 신학과 신앙을 훈련시키십니다.

그런 하나님이 우리의 하나님이십니다. 그 하나님이 우리에게 말씀하십니다.

"나는 여호와로라."

제6장

열 가지 재앙

"여호와께서 모세에게 이르시되 볼지어다 내가 너로 바로에게 신이 되게 하였은즉 네 형 아론은 네 대언자가 되리니 내가 네게 명한 바를 너는 네 형 아론에게 말하고 그는 바로에게 말하여 그로 이스라엘 자손을 그 땅에서 보내게 할지니라 내가 바로의 마음을 강퍅케 하고 나의 표징과 나의 이적을 애굽 땅에 많이 행하리라마는 바로가 너희를 듣지 아니할 터인즉 내가 내 손을 애굽에 더하여 여러 큰 재앙을 내리고 내 군대 내 백성 이스라엘 자손을 그 땅에서 인도하여 낼지라 내가 내 손을 애굽 위에 펴서 이스라엘 자손을 그 땅에서 인도하여 낼 때에야 애굽 사람이 나를 여호와인 줄 알리라 하시매 모세와 아론이 여호와께서 명하신 대로 곧 그대로 행하였더라 그들이 바로에게 말할 때에 모세는 팔십 세이었고 아론은 팔십 삼 세이었더라 여호와께서 모세와 아론에게 일러 가라사대 바로가 너희에게 이르기를 너희는 이적을 보이라 하거든 너는 아론에게 명하기를 너의 지팡이를 가져 바로 앞에 던지라 하라 그것이 뱀이 되리라 모세와 아론이 바로에게 가서 여호와의 명하신 대로 행하여 아론이 바로와 그 신하 앞에 지팡이를 던졌더니 뱀이 된지라 바로도 박사와 박수를 부르매 그 애굽 술객들도 그 술법으로 그와 같이 행하되 각 사람이 지팡이를 던지매 뱀이 되었으나 아론의 지팡이가 그들의 지팡이를 삼키니라 그러나 바로의 마음이 강퍅하여 그들을 듣지 아니하니 여호와의 말씀과 같더라…"(출 7:1-11:10).

열 가지 재앙

드디어 모세가 바로 앞에 서서 하나님께서 주신 능력으로 이적을 행한 때가 왔습니다. 출애굽기 6장에서 하나님께서는 모세에게 바로에게 가서 하나님이 말씀하시는 대로 말하라고 명령하십니다.

"여호와께서 모세에게 일러 가라사대 나는 여호와로라 내가 네게 이르는 바를 너는 애굽 왕 바로에게 다 고하라"(출 6:29).

그 때까지 모세는 두려움에 떨고 있는 상태였지만 일단 함께 가라고 하신 형 아론과 바로에게 나아갔습니다. 모세와 아론에게 주어진 임무는 '하나님이 하신 말씀을 그대로 전하고 증거하는 것'이었습니다. 거기에 자기의 생각을 덧붙이거나 빼서는 안되었습니다.

하나님의 말씀을 전하는 사람들이, 자칫하면 자신이 선택되었다는 기쁨 때문에 그 말씀을 과장하거나 자기 식으로 해석해서 전하려고 하는 경우가 종종 있습니다. 그러나 이런 일은 하나님의 말씀을 전하는 사람들이 철저하게 경계해야 할 함정입니다.

미국의 신학교에서 가르칠 때 한 여학생이 면담을 신청했습니다. 그 여학생에게는 고민이 있었습니다.

일 년 전 조단이라고 하는 목사님이 인도하는 신유집회에 참석을 했는데, 그 자리에서 아주 나빴던 자신의 눈이 갑자기 환해지면서 좋아졌습니다. 그래서 너무 기쁜 나머지 소리를 지르면서 안경을 집어던져서 깨버렸습니다. 그런데 이상하게도, 몇 분이 지나니까 다시 눈이 침침해졌습니다.

그런데 그 때는 이미 안경도 없는 상태일 뿐만 아니라, 주변에 있는 사람들이 그녀가 하나님의 은혜를 받은 사람이라고 떠받들고 간증을 부탁하는 상태였습니다. 그래서 어쩔 수 없이 간증을 다니면서, 조단 목사님에게 상담을 했더니 "그렇더라도 이미 나은 줄로 믿으라 그러면 믿음대로 나을 것이다"는 말만 되풀이했습니다. 그러니 그 여학생이 얼마나 괴로웠겠습니까? 저는 그 학생에게 "이제 다시는 그런 거짓 간증을 하고 다니지 말라"고 충고했습니다. 한 번, 그것도 잠깐 일어난 것을 가지고 계속해서 거짓 간증을 하고 다니면 하나님에게는 물론이고 사람들에게도 큰 잘못을 저지르는 것입니다.

하나님의 이름으로 말하는 것은, 심지어 그것이 하나님의 영광을 위해서 축복받은 것을 말하는 것일지라도, 있는 그 이상을 부풀려서 말해서는 안 됩니다. 그것은 하나님의 영광을 드러내는 것이 아니라 오히려 가리우는 것이고, 다른 사람들로 하여금 하나님과 하나님 믿는 사람들을 불신하게 하는 계기를 만들어 실족시키는 것입니다. 이적을 믿고 선망하는 사람들은 혹시라도 이러한 잘못된 유혹에 빠지는 일이 없도록 경계해야 합니다.

하나님의 말씀은 그 자체에 능력이 있는 것이지 사람의 장식과 과장과 허식이 능력을 만들어 내는 것은 결단코 아닙니다. 그렇기에 하나님의 말씀에는 권위가 있는 것입니다.

말을 할 때에는 하나님의 이름으로 하지만 실제로 그 내용은 자기의 말인 경우가 많이 있다는 것을 우리는 알고 있습니다. 어떤 행동을 하는 것도 마찬가지입니다. 사실은 자신의 욕심에 따라 자기가 하고 싶은 일을 하고 있으면서도 하나님의 이름으로 하나님의 일을 하는 것처럼 할 때가 얼마나 많이 있습니까? 그것은 하나님과 자신을 속이는 것입니다.

저 역시 미국에서 처음 목회를 시작했을 때는 하나님의 말씀에서 오는 감동보다는 제 자신의 능력으로 감동과 감화를 만들어 내려고 노력했습니다. 처음 목회지로 부임을 했을 때, 어느 집에 심방을 갔는데 열 다섯 살 된 소년이 한 명 있었습니다. 그래서 저는 그 소년을 전도하기 위해서 열심히 이야기를 했습니다. 한 시간쯤을 이야기하고 났더니 그 아이는 눈물을 흘리면서 예수님을 영접하겠다고 말했습니다. 저는 너무 기뻐서 어쩔 줄을 모르고 있었는데 그 아이가 다시 "목사님이 마치 자신에게 최면을 거는 것 같다"면서 참으로 대단한 분이라고 말했습니다.

저는 그 말을 듣는 순간 갑자기 '내가 한 시간 동안 한 일이 무엇이었나'고 생각을 해보았는데 도저히 어떤 말을 어떻게 했는지 생각나지 않았습니다. 그 아이를 감동시킨 것이 하나님의 성령에 감동 받은 것인지, 아니면 내가 하는 열정적인 말과 분위기에 넘어간 것인지 분간이 서지 않았습니다. 나중에 다시 생각을 해 보았지만 역시 어느 쪽인지 확신이 서지를 않았습니다. 아마 초기에 가졌던 열정과 자신감이 그런 힘을 만들어 냈던 것 같습니다. 그러나 그것은 올바른 목회의 방법이나 전도의 방법은 될 수 없는 것입니다.

본문 출애굽기 7장 1절에서 7절을 보십시오.

"여호와께서 모세에게 이르시되 볼지어다 내가 너로 바로에게 신이 되게 하였은즉 네 형 아론은 네 대언자가 되리니 내가 네게 명한 바를 너는 네 형 아론에게 말하고 그는 바로에게 말하여 그로 이스라엘 자손을 그 땅에서 보내게 할지니라 내가 바로의 마음을 강퍅케 하고 나의 표징과 나의 이적을 애굽 땅에 많이 행하리라마는 바로가 너희를 듣지 아니할 터인즉 내가 내 손을 애굽에 더하여 여러 큰 재앙을 내리고 내 군대 내 백성 이스라엘 자손을 그 땅에서 인도하여 낼지라 내가 내 손을 애굽 위에 펴서 이스라엘 자손을 그 땅에서 인도하여 낼 때에야 애굽 사람이 나를 여호와인줄 알리라 하시매 모세와 아론이 여호와께서 명하신 대로 곧 그대로 행하였더라 그들이 바로에게 말할 때에 모세는 팔십 세이었고 아론은 팔십 삼 세이었더라."

하나님은 모세에게 애굽의 바로 앞에서 표징과 이적을 보이시겠다고 약속해 주셨습니다. 모세와 아론은 하나님 앞에 순종만 하면 그 앞에 기사와 이적은 하나님께서 이루시겠다고 하셨습니다. 따라서 모세와 아론은 하나님이 그의 백성을 구원하기 위해서 쓰시는 도구일 뿐임을 증명합니다.

이적을 판별하는 방법

모세와 아론은 하나님의 능력으로 자신의 지팡이를 던져서 뱀으로 만들어 놓습니다. 그러자 바로가 불러들인 애굽 마술사들 역시 모세와 똑같은 기적을 행했습니다. 그러나 아론의 지팡이가 술사들의 지팡이를 잡아먹어 버렸습니다.

> "여호와께서 모세와 아론에게 일러 가라사대 바로가 너희에게 이르기를 너희는 이적을 보이라 하거든 너는 아론에게 명하기를 너의 지팡이를 가져 바로 앞에 던지라 하라 그것이 뱀이 되리라 모세와 아론이 바로에게 가서 여호와의 명하신 대로 행하여 아론이 바로와 그 신하 앞에 지팡이를 던졌더니 뱀이 된지라 바로도 박사와 박수를 부르매 그 애굽 술객들도 그 술법으로 그와 같이 행하되 각 사람이 지팡이를 던지매 뱀이 되었으나 아론의 지팡이가 그들의 지팡이를 삼키니라 그러나 바로의 마음이 강퍅하여 그들을 듣지 아니하니 여호와의 말씀과 같더라"(출 7:8-13).

이때 모세를 대적한 술객들은 아마 '얀네와 얌브레'였을 것입니다. 디모데후서 3장 8절은 이때 모세를 대적한 술법사들에 대해 이렇게 말씀하고 있습니다.

"얀네와 얌브레가 모세를 대적한 것 같이 저희도 진리를 대적하니 이 사람들은 그 마음이 부패한 자요 믿음에 관하여는 버리운 자들이라."

여기서 우리가 알아야 할 교훈은 '사단도 이적을 행할 수 있다'는 것입니다. 데살로니가후서 2장 9절 말씀을 보면, 사단도 "모든 능력과 표적과 기적"을 행할 수 있습니다.

"악한 자의 임함은 사단의 역사를 따라 모든 능력과 표적과 거짓 기적과 불의와 속임으로 멸망하는 자들에게 임하리니 이는 저희가 진리의 사랑을 받지 아니하여 구원함을 얻지 못함이니라"(살후 2:9,10).

약한 사람들은 기사와 이적을 행하는 사람에게 정신을 빼앗기고 잘못된 신앙을 갖게 되는 경우가 많이 있습니다. 그래서 예수님께서도 이적을 구하는 사람들을 나무라셨던 것입니다.

악령의 세력은 자연의 세력을 움직일 수 있는 능력을 가졌습니다. 보통 사람의 능력으로는 도저히 따라갈 수 없는 것들을 행하는 권세를 가진 것이 사탄입니다. 사탄은 천사들이 타락해서 생긴 것인데 천사는 만들어질 때부터 그런 초자연적인 능력을 가지고 있었기 때문입니다.

선지자들 중에도 기사와 이적을 행하는 사람들이 있었습니다. 그런데 **그 사람이 진짜 하나님의 사람인지를 알기 위해서는 그 사람이 행하는 기적이 아니라 그 사람이 하는 말을 들어보고 판별해야 합니다.** 그 사람의 말이 하나님이 하신 것과 같은 말을 하고 있는가, 그리고 그 말은 그대로 실현되고 있는가를 보아야 합니다. 기적에만 열광하는 사람들은 조심해야 합니다. 그런 사람들은 거짓 선지자에게 잘못 이끌리기 쉽기 때문입니다.

양들이 거짓 목자를 따라가는 것은 참목자들이 자기 양을 제대로 지키지 못한 데 그 원인이 있습니다. 현재 하나님을 진정으로 알고 있는 목회자나 성도들이 바로 서고 하나님을 잘 전하고 있다면, 위험하고 허황된 이단의 사설에 넘어가는 사람들이 없을 것입니다.

그런데 기존의 교회에서 자신에게 주어진 역할을 제대로 해내지 못하기 때문에 거짓 선지자들에게 자기의 영혼을 맡기는 불쌍한 사람들이 나타나곤 합니다.

사회적으로 이단 종교나 종말론, 신비론에 빠지는 사람들이 많이 나타날 때에 우리는 그들을 향해 어리석다고 손가락질 할 것이 아니라, 우리 역시 맡은 본분을 다하지 못했음을 자각하고 더욱 열심히 하나님께 기도하고 그리스도인의 본분을 지키는 데에 힘써야 하겠습니다.

이웃은 우리에게 전도하라고 하나님께서 맡기신 사람들입니다.

직접 이 세상 땅 끝까지 가서 복음을 전하는 것만이 그리스도인의 일이 아닙니다. **바로 내 주위에 있는 사람들 중에 잘못된 길을 가고 있는 사람은 없는지를 살피고 그들을 참된 진리의 길로 인도하는 것이야말로 모든 그리스도인들에게 맡겨진 사명입니다.**

하나님이 내리신 열 가지 재앙은 그 당시 열 가지 거짓 신에 대한 하나님의 심판이요, 여호와 하나님께 순종하지 않는 바로와 애굽 백성들에 대한 재앙이었습니다.

애굽 술사들이 아론의 지팡이를 흉내내어 자신들의 지팡이를 뱀으로 만들었을 때, 아론의 지팡이가 변한 뱀이 다른 뱀들을 집어삼킴으로써 하나님의 능력이 더 큼을 드러내셨습니다(출 7:8-13).

이후 하나님께서는 모세와 아론을 통하여 애굽에 열 가지의 재앙을 내리셨습니다. 이 열 재앙을 통해 하나님께서는 **하나님이 천지의 주관자이심과, 하나님이 애굽의 수많은 신들보다 뛰어난 유일한 신이심을** 보여주셨습니다.

그러면 이제부터 열 가지의 재앙과 그 의미를 하나씩 살펴보도록 하겠습니다.

1. 피 재앙

"여호와가 이같이 이르노니 네가 이로 인하여 나를 여호와인 줄 알리라 하셨느니라 볼지어다 내가 내 손의 지팡이로 하수를 치면 그것이 피로 변하고 하수의 고기가 죽고 그 물에서는 악취가 나리니 애굽 사람들이 그 물 마시기를 싫어 하리라 하라 여호와께서 또 모세에게 이르시되 아론에게 명 하기를 네 지팡이를 잡고 네 팔을 애굽의 물들과 하수들과 운하와 못과 모든 호수 위에 펴라 하라 그것들이 피가 되리 니 애굽 온 땅에와 나무 그릇에와 돌 그릇에 모두 피가 있 으리라 모세와 아론이 여호와의 명하신 대로 행하여 바로와 그 신하의 목전에서 지팡이를 들어 하수를 치니 그 물이 다 피로 변하고 하수의 고기가 죽고 그 물에서는 악취가 나니 애굽 사람들이 하수 물을 마시지 못하며 애굽 온 땅에는 피 가 있으나 애굽 술객들도 자기 술법으로 그와 같이 행하므 로 바로의 마음이 강퍅하여 그들을 듣지 아니하니 여호와의 말씀과 같더라 바로가 돌이켜 궁으로 들어가고 그 일에도 관념하지 아니하였고 애굽 사람들은 하수 물을 마실 수 없 으므로 하숫가를 두루 파서 마실 물을 구하였더라 여호와께 서 하수를 치신 후에 칠 일이 지나니라"(출 7:17-25).

첫번째 피 재앙은 아마 나일강의 범람기인 7월과 8월 사이에 일어났을 것으로 추측됩니다. 어떤 학자들은 이 피 재앙이 단순히 '홍수로 인한 붉은 빛'을 띠었거나 열왕기하 3장 22절에 나타난 것처럼, '노을빛에 강물이 붉게 보인 것'이라고 주장합니다.

그러나 강물뿐만 아니라 모든 물과 하수와 운하와 못과 호수와 나무 그릇과 돌 그릇에 있는 물까지 피로 변했으며, 이 기간이 일주일이나 계속되었다는 사실과 함께 강물의 맛과 냄새 등 모든 면에서 완전히 피로 바뀌었음을 의미합니다.

피 재앙은 단순히 애굽사람들이 마실 물이 부족하여 어려움을 겪었음을 의미하지 않습니다. 이것은 나일강의 수호신인 '크눔'과 나일의 여신 '하피', '오시리스' 같은 신들이 애굽인들에게 아무것도 해 줄 수 없는 거짓 신이요 죽은 신이라는 것을 여호와 하나님이 드러낸 사건입니다.

그러나 하나님께서 바로의 마음을 강퍅하게 하신 까닭에 바로는 이스라엘 민족을 해방시켜 달라는 모세와 아론의 요청을 묵살합니다.

2. 개구리 재앙

그러자 이제 다시 모세는 바로에게 가서 이스라엘 백성을 보내어 달라고 요청합니다. 그리고 만약 보내기를 거절한다면 여호와께서 개구리로 재앙을 내리실 것을 경고합니다.

> "여호와께서 모세에게 이르시되 너는 바로에게 가서 그에게 이르기를 여호와의 말씀에 내 백성을 보내라 그들이 나를 섬길 것이니라 네가 만일 보내기를 거절하면 내가 개구리로 너의 온 지경을 칠지라 개구리가 하수에서 무수히 생기고 올라와서 네 궁에와 네 침실에와 네 침상 위에와 네 신하의 집에와 네 백성에게와 네 화덕에와 네 떡반죽 그릇에 들어갈지며 개구리가 네게와 네 백성에게와 네 모든 신하에게 오르리라 하셨다 하라 여호와께서 모세에게 이르시되 아론에게 명하기를 네 지팡이를 잡고 네 팔을 강들과 운하들과

> 못 위에 펴서 개구리로 애굽 땅에 올라오게 하라 할지니라 아론이 팔을 펴서 애굽 물들 위에 펴매 개구리가 올라와서 애굽 땅에 덮이니 술객들도 자기 술법대로 이와 같이 행하여 개구리로 애굽 땅에 올라오게 하였더라 바로가 모세와 아론을 불러 이르되 여호와께 구하여 개구리를 나와 내 백성에게서 떠나게 하라 내가 이 백성을 보내리니 그들이 여호와께 희생을 드릴 것이니라 모세가 바로에게 이르되 내가 왕과 왕의 신하와 왕의 백성을 위하여 어느 때에 구하여 이 개구리를 왕과 왕궁에서 끊어서 하수에만 있게 하오리이까 내게 보이소서 그가 가로되 내일이니라"(출 8:1-10상).

당시 애굽 사람들은 '헤켓'라는 이름을 가진 개구리 형상의 여신을 섬기고 있었습니다. 이 여신은 머리 모양이 개구리처럼 생겼는데, 출생과 부활을 주관하는 신으로 여겨졌습니다. 이 '헤켓' 신은 애굽 만신전의 여신 중 하나로서 나일강의 수호신인 크눔신이 그 남편이었습니다. 그러므로 애굽 사람들이 개구리를 죽이는 일은 인도 사람이 소를 죽이는 일만큼이나 상상할 수 없는 일이었습니다.

그런데 여호와 하나님은 이 개구리들을 떼지어 죽이셨습니다. 이 개구리들이 나일강가 뿐만 아니라 집들과 마당과 밭, 그리고 부엌과 침실에까지 올라와 죽었습니다.

이 일을 통해 하나님은 **여호와 하나님만이 유일한 신인 것과 생명을 주관하는 일이 하나님의 손에 있음**을 드러내 보이셨습니다.

그러자 바로 왕은 '개구리들을 치우면 이스라엘 백성들을 보내겠다'고 약속을 합니다. 나일강이 피로 변하는 재앙을 만났을 때는 애굽의 술객들에게 청했던 바로 왕이었지만 이젠 겸손히 모세와 아론에게 도움을 청했습니다.

"모세가 가로되 왕의 말씀대로 왕으로 우리 하나님 여호와와 같은 이가 없는 줄을 알게 하리니 개구리가 왕과 왕궁과 왕의 신하와 왕의 백성을 떠나서 하수에만 있으리이다 하고 모세와 아론이 바로를 떠나 나가서 바로에게 내리신 개구리에 대하여 모세가 여호와께 간구하매 여호와께서 모세의 말대로 하시니 개구리가 집에서 마당에서 밭에서 나와서 죽은지라 사람들이 모아 무더기로 쌓으니 땅에서 악취가 나더라 그러나 바로가 숨을 통할 수 있음을 볼 때에 그 마음을 완강케 하여 그들을 듣지 아니하였으니 여호와의 말씀과 같더라"(출 8:10하-15).

그러나 개구리의 시체를 치우고 악취가 사라지고 나자 바로는 금새 자기의 약속을 뒤집어버립니다. 이는 여호와 하나님께서 그 마음을 강퍅하게 하신 연유입니다.

말은 바로 그 사람의 인격입니다. 어떤 사람이 정직한 사람인가 아닌가를 구별하는 가장 좋은 방법은 그 사람이 자기가 한 말을 지키는가 아닌가를 보면 금방 알 수 있습니다. 말이 앞서는 사람은 주변의 사람들에게 인정받지 못합니다.

가끔 "교회에 다니는 사람은 말만 잘한다"는 소리를 듣습니다. 즉 교회 다니는 사람이 하나님의 진리를 알고, 또 언제나 예수 그리스도를 증거하는 삶을 살기 때문에 비롯된 긍정적인 면이 있긴 합니다. 하지만 그 이면에 예수 믿는 사람들이 듣기에 좋은 말만 하고 거룩한 척 하면서 실제로 그 말처럼 살지 못하는 것에 대해서 세상사람들이 냉정하게 평가하는 부정적인 면도 있습니다. 그래서 **그리스도인은 그 말과 행동이 정직해야 하고 일치해야 합니다.**

그런데 바로는 자신의 말을 곧장 번복했습니다. 그 결과 바로 왕은 세번째 재앙을 맞았습니다.

3. 이 재앙

"여호와께서 모세에게 이르시되 아론에게 명하기를 네 지팡이를 들어 땅의 티끌을 치게 하라 그것이 애굽 온 땅에서 이가 되리라 그들이 그대로 행할새 아론이 지팡이를 잡고 손을 들어 땅의 티끌을 치매 애굽 온 땅의 티끌을 치매 애굽 온 땅의 티끌이 다 이가 되어 사람과 생축에게 오르니 술객들이 자기 술법으로 이같이 행하여 이를 내려 하였으나 못하였고 이는 사람과 생축에게 있은지라 술객이 바로에게 고하되 이는 하나님의 권능이니이다 하나 바로의 마음이 강퍅케 되어 그들을 듣지 아니 하였으니 여호와의 말씀과 같더라"(출 8:16-19).

'이' 재앙은 피 재앙이나 개구리 재앙과 달리 바로 왕에게 사전 경고가 없었습니다. 그것은 바로가 이스라엘 백성을 풀어주겠다던 약속을 어겼기 때문입니다. 그래서 아론이 지팡이로 땅을 치자 온 땅의 티끌들이 다 '이'가 되어 사람들과 짐승들을 괴롭혔습니다.

'이' 재앙은 땅의 신이자 사막의 신인 '셋'에 대해서 하나님이 승리하신 것을 보여줍니다. 애굽의 술객들이 이를 떨치기 위하여 애를 썼지만 실패하고 비로소 바로에게 고백을 합니다. "이것은 하나님의 권능입니다." 애굽의 술객들까지도 하나님의 권능을 인정하지만 하나님께서 그 마음을 강퍅하게 내버려두신 바로는 여전히 모세와 아론의 말을 듣지 않았습니다.

4. 파리 재앙

그래서 하나님께서는 바로와 애굽 사람의 집집에 파리떼를 가득히 보내셨습니다.

> "여호와께서 모세에게 이르시되 아침에 일찍이 일어나 바로의 앞에 서라 그가 물로 나오리니 그에게 이르기를 여호와의 말씀에 내 백성을 보내라 그들이 나를 섬길 것이니라 네가 만일 내 백성을 보내지 아니하면 내가 너와 네 신하와 네 백성과 네 집들에 파리떼를 보내리니 애굽 사람의 집집에 파리떼가 가득할 것이며 그들의 거하는 땅에도 그러하리라 그 날에 내가 내 백성의 거하는 고센 땅을 구별하여 그 곳에는 파리떼가 없게 하리니 이로 말미암아 나는 세상 중

에 여호와인 줄을 네가 알게 될 것이라 내가 내 백성과 네 백성 사이에 구별을 두리니 내일 이 표징이 있으리라 하셨다 하라 하시고 여호와께서 그와 같이 하시니 무수한 파리 떼가 바로의 궁에와 그 신하의 집에와 애굽의 전국에 이르니 파리떼로 인하여 땅이 해를 받더라"(출 8:20-24).

파리는 태양신인 '레'신과 오시리스신의 부인인 '하토르'신, 그리고 파리신으로 짐작되는 '우아티트'신 등과 깊은 관련이 있습니다. 당시 애굽은 파리에 관한 신이 있을 정도로 파리가 극성이었습니다. 어느 정도냐 하면, 현대 여성들이 많이 하고 다니는 아이샤도우가 파리를 쫓기 위해서 생겼을 정도였습니다. 고대 이집트에 관련된 영화나 이집트 벽화 같은 것을 보면 이집트인의 눈 가장자리가 시커멓게 칠해진 것을 볼 수 있습니다. 이것이 바로 아이샤도우의 시초였습니다.

그런데 원래 아이샤도우는 여자가 아니라 남자가 했던 점이 재미있습니다. 아이샤도우는 애굽의 정치인들에게서 비롯되었습니다. 왜냐하면, 나이 많은 원로들은 눈에서 눈꼽과 진물 같은 것이 흘러내렸는데 이 진물을 빨아먹기 위해서 파리떼가 늘 극성을 부렸습니다. 그래서 이 파리떼를 쫓는 향료와 약품을 눈가에 발랐는데 여기에서 여성들의 색조화장인 아이샤도우로 변화되었습니다.

이런 애굽사람들에게 파리가 한 두 마리도 아니고 쌔까맣게 떼지어 전국에 걸쳐 집집마다 득실거렸으니 이것은 애굽 사람들, 특히 나이 많은 왕족이나 원로 신하들에게는 보통의 재앙이 아니었습니다. 그래서 견디다 못한 바로는 타협적인 절충안을 내놓습니다.

"바로가 모세와 아론을 불러 이르되 너희는 가서 이 땅에서 너희 하나님께 희생을 드리라 모세가 가로되 그리함은 불가하니이다 우리가 우리 하나님 여호와께 희생을 드리는 것은 애굽 사람의 미워하는 바이온즉 우리가 만일 애굽 사람의 목전에서 희생을 드리면 그들이 그것을 미워하여 우리를 돌로 치지 아니하리이까 우리가 사흘 길쯤 광야로 들어가서 우리 하나님 여호와께 희생을 드리되 우리에게 명하시는 대로 하려 하나이다 바로가 가로되 내가 너희를 보내리니 너희가 너희 하나님 여호와께 광야에서 희생을 드릴 것이나 너무 멀리는 가지 말라 그런즉 너희는 나를 위하여 기도하라"(출 8:25-28).

바로는 여호와께 희생제물로 제사를 드리려면 힘들게 멀리 광야로 나가지 말고 애굽 안에서 희생을 드리라고 했습니다. 그러자 모세는 "그리함은 불가하다"고 일언지하에 거절합니다.

그러자 바로 왕은 다시 "그러면 광야에 가서 희생을 드리기는 하되 너무 멀리 가지는 말라"고 마지못해 타협합니다.

하나님은 미지근한 것을 싫어하십니다. 우리 역시 차든지 뜨겁든지 분명해야 합니다. **하나님의 말씀에 순종하는 일에는 '대충'이란 것은 통하지 않습니다. 하나님의 말씀에 순종하는 것에는 전적인 순**

종만이 있습니다.

바로 왕이 '대충 적당히' 타협한 결과를 보십시오.

"모세가 가로되 내가 왕을 떠나 가서 여호와께 기도하리니 내일이면 파리떼가 바로와 바로의 신하와 바로의 백성을 떠나려니와 바로는 이 백성을 보내어 여호와께 희생을 드리는 일에 다시 거짓을 행하지 마소서 하고 모세가 바로를 떠나 나와서 여호와께 기도하니 여호와께서 모세의 말대로 하사 파리를 바로와 그 신하와 그 백성에게서 몰수이 떠나게 하시니라 그러나 바로가 이 때에도 마음을 완강케 하여 백성을 보내지 아니하였더라"(출 8:29-31).

모세가 "다시는 거짓을 행하지 말라"고 경고했음에도 불구하고 바로는 다시 자신의 어중간한 타협안마저도 뒤집어버리고 맙니다. 하나님의 말씀에 대한 미지근한 순종의 결과는 이렇게 끝났습니다.

5. 가축병 재앙

"여호와께서 모세에게 이르시되 바로에게 들어가서 그에게 이르라 히브리 사람의 하나님 여호와께서 말씀하시기를 내 백성을 보내가 그들이 나를 섬길 것이니라 네가 만일 그들 보내기를 거절하고 억지로 잡아두면 여호와의 손이 들에 있는 네 생축 곧 말과 나귀와 약대와 우양에게 더하리니 심한 악질이 있을 것이며 여호와가 이스라엘의 생축과 애굽의 생축을 구별하리니 이스라엘 자손에 속한 것은 하나도 죽지 아니하리라 하셨다 하라 하시고 여호와께서 기한을 정하여 가라사대 여호와가 내일 이 땅에서 이 일을 행하리라 하시더니 이튿날에 여호와께서 이 일을 행하시니 애굽의 모든 생축은 죽었으나 이스라엘 자손의 생축은 하나도 죽지 아니한지라 바로가 보내어 본즉 이스라엘의 생축은 하나도 죽지 아니하였더라 그러나 바로의 마음이 완강하여 백성들을 보내지 아니하니라"(출 9:1-7).

가축은 고대 시기에 중요한 운송 수단이자 재산입니다. 그래서 인류 역사를 통해 살펴보면 가축을 우상화한 예는 너무나 빈번합니다. 소를 우상으로 섬기는 힌두교가 그 대표적인 경우입니다.

애굽에서도 주요한 신들 가운데는 가축신들이 많이 있었습니다. '아피스'신과 '레'신은 황소의 신이었고, '하토르'신은 암소신이었습니다. 또 '크놈'신은 양의 신이었습니다. 그런데 애굽의 신들이 돌봐준다는 말과 나귀와 약대와 우양에게 악질이 생기고, 이스라엘 자손의 생축들은 재앙을 전혀 입지 않았습니다. 이를 통해서 하나님은 하나님만이 생축의 주관자이심과 참 하나님이심을 이방인들 앞에서 드러내셨습니다.

6. 독종 재앙

재앙은 이것으로 그치지 않았습니다. 계속 바로가 그 마음을 강퍅하게 함으로 인해 하나님은 바로에게 계속 재앙을 내리셨습니다.

사전에 어떤 경고도 없이 연속적으로 내려진 여섯번째의 재앙은 독종 재앙이었습니다.

> "여호와께서 모세와 아론에게 이르시되 너희는 풀무의 재 두 움큼을 가지고 모세가 바로의 목전에서 하늘을 향하여 날리라 그 재가 온 땅의 티끌이 되어 애굽 온 땅의 사람과 짐승에게 붙어서 독종이 발하리라 그들이 풀무의 재를 가지고 바로 앞에서 서서 모세가 하늘을 향하여 날리니 사람과 짐승에게 붙어 독종이 발하고 술객도 독종으로 인하여 바로 앞에 서지 못하니 독종이 술객으로부터 애굽 모든 사람에게 발하였음이라 그러나 여호와께서 바로의 마음을 강퍅하게 하셨으므로 그들을 듣지 아니하였으니 여호와께서 모세에게 말씀하심과 같더라"(출 9:8-12).

애굽은 의술이 대단히 발전하여 모세 당시 세계 최고의 의술을 자랑했습니다. 이것은 미이라를 만든 솜씨나 다른 고고학적인 증거들을 통해 증명되었습니다.

이런 애굽이 독종 때문에 재앙을 만났는데, 보통 사람들뿐만 아니라 술객들과 짐승에 이르기까지 모두가 독종을 앓게 되었습니다.

독종 재앙을 통해 하나님은 애굽의 의술의 신 '암호텝'과 질병을 다스리는 여신 '세크멧'이 신이 아니라 한낱 우상에 지나지 않음을 드러내셨습니다.

7. 우박 재앙

"여호와께서 모세에게 이르시되 아침에 일찍이 일어나 바로 앞에 서서 그에게 이르기를 히브리 사람의 하나님 여호와의 말씀에 내 백성을 보내라 그들이 나를 섬길 것이니라 내가 이번에는 모든 재앙을 네 마음과 네 신하와 네 백성에게 내려 너로 온 천하와 네 백성에게 내려 너로 온 천하에 나와 같은 자가 없음을 알게 하리라"(출 9:13,14).

하나님께서 바로와 애굽 백성들에게 재앙을 내리신 이유는 하나님이 어떠한 분인가를 알리시기 위함이었습니다. 만약 바로와 애굽 백성들이 하나님이 애굽의 여러 우상들과 같지 않고 전능하신 하나님, 천지의 만물을 주관하시는 참 하나님이심을 깨닫고 그분을 하나님으로 믿고 섬기기로 했다면 그 많은 재앙은 그들에게 닥치지 않았을 것입니다.

그래서 두려워하면서 하나님의 말씀을 마음에 두었던 바로의 신하들 가운데 일부는 우박 재앙을 피할 수 있었습니다.

그러나 여전히 강퍅한 마음을 가진 바로는 재앙을 자초했습니다.

"내일 이맘 때면 내가 중한 우박을 내리리니 애굽 개국 이래로 그같은 것이 있지 않던 것이리라 이제 보내어 네 생축과 네 들에 있는 것들을 다 모으라 사람이나 짐승이나 무릇 들에 있어서 집에 돌아오지 않은 자에게는 우박이 그 위에 내리리니 그것들이 죽으리라 하셨다 하라 하시니라 바로의 신하 중에 여호와의 말씀을 두려워하는 자들은 그 종들과 생축을 집으로 피하여 들였으나 여호와의 말씀을 마음에 두지 아니하는 자는 그 종들과 생축을 들에 그대로 두었더라 여호와께서 모세에게 이르시되 너는 하늘을 향하여 손을 들어 애굽 전국에 우박이 애굽 땅의 사람들과 짐승과 밭의 모든 채소에게 내리게 하라 모세가 하늘을 향하여 지팡이를 들매 여호와께서 뇌성과 우박을 보내시고 불을 내려 땅에 달리게 하시니라 여호와께서 우박을 애굽 땅에 내리시매 우박의 내림과 불덩이가 우박에 섞여 내림이 심히 맹렬하니 애굽 전국에 그 개국 이래로 그같은 것이 없던 것이라 우박이 애굽 온 땅에서 사람과 짐승을 무론하고 무릇 밭에 있는 것을 쳤으며 우박이 또한 밭의 모든 채소를 치고 들의 모든 나무을 꺾었으되 이스라엘 자손의 거한 고센 땅에는 우박이 없었더라"(출 9:13-26).

우박 재앙의 위력은 실로 대단한 것이었습니다. 여호와 하나님의 말씀을 두려워한 자는 이방민족일지라도 그 종들과 가축들을 불러들여 구할 수 있었지만, 하나님의 말씀을 가볍게 여긴 사람들은 사람과 짐승과 채소와 나무 등 모든 것을 잃었습니다. 건국 이후로 본 적이 없던 우박과 불덩이가 애굽 전역에 쏟아져 내렸습니다.

하나님의 진노는 이렇게 피할 길이 없습니다. **하나님의 진노를 피하는 유일한 길은 하나님이 보호하시는 고센 땅에 거하였던 이스라엘 백성처럼 하나님의 자녀로서 하나님께 순종하는 길밖에 없습니다.**

바로는 이제 이렇게 고백합니다.

"바로가 사람을 보내어 모세와 아론을 불러 그들에게 이르되 이번은 내가 범죄하였노라 여호와는 의로우시고 나와 나의 백성은 악하도다 여호와께 구하여 이 뇌성과 우박을 그만 그치게 하라 내가 너희를 보내리니 너희가 다시는 머물지 아니하리라"(출 9:27,28).

이제는 바로가 스스로 죄인됨을 고백하고 하나님의 의로우심과 자신의 악함을 인정하는 단계에 이르게 되었습니다.
사람은 하나님이 징계하실 때 곧바로 회개하고 하나님께 순종하는 자세가 필요합니다. 바로처럼 완고하게 하나님께 불순종하다가 온갖 재앙과 징계를 받는 어리석은 행동을 해서는 안됩니다.

그러나 본문에서 보이는 바로의 인정은 단순히 머리로 하나님을 인정하는 것에 불과했습니다. 그러나 바로는 이번에도 역시 그 마음을 강퍅하게 먹고 이스라엘 자손을 보내주지 않았습니다. 왜냐하면, 비록 삼과 보리는 상했지만 밀과 나맥이 아직 남아있기 때문에 굶어 죽을 염려는 없다고 생각했기 때문입니다.

오늘날도 마찬가지입니다. 하나님에 대해서 자아가 완전히 죽지 않으면 우리도 얼마든지 바로와 같이 될 수 있습니다! 부분적으로 순종하고 부분적으로 의뢰하는 사람은 여전히 죽지 않은 욕망과 욕심(돈과 명예, 권력과 정욕 등과 같은 욕심)이 살아날 때 하나님께 불순종하고 자기의 욕심을 뒤쫓습니다.

그래서 결국 자아와 욕망이 완전히 죽을 때까지 숱한 고난과 곤경을 겪습니다.

바로와 그 신하들의 마음이 완강하게 된 것은 계획된 하나님의 표징을 드러내기 위함이었습니다. 출애굽기 10장에서 하나님은 이렇게 말씀하십니다.

"여호와께서 모세에게 이르시되 바로에게로 들어가라 내가 그의 마음과 그 신하들의 마음을 완강케 함은 나의 표징을 그들에게 보이기 위함이며 너로 내가 애굽에서 행한 일들 곧 내가 그 가운데서 행한 표징을 네 아들과 네 자손의 귀에 전하게 하려 함이라 너희가 나를 여호와인 줄 알리라" (출 10:1,2).

8. 메뚜기 재앙

불순종한 바로와 애굽 백성들에게 연이어 찾아온 것은 메뚜기의 재앙이었습니다. 이 메뚜기들은 애굽의 온 땅을 덮어서 우박 재앙에서 겨우 남은 채소와 나무 열매를 모두 먹어치웠습니다.

여호와 하나님은 메뚜기 재앙을 보내기 앞서서 모세와 아론을 보내어 바로에게 경고하셨습니다. 거듭해서 약속을 어긴 바로였지만 하나님께서는 끝까지 그에게 기회를 주셨습니다.

"모세와 아론이 바로에게 들어가서 그에게 이르되 히브리 사람의 하나님 여호와께서 말씀하시기를 네가 어느 때까지 내 앞에 겸비치 아니하겠느냐 내 백성을 보내라 그들이 나를 섬길 것이라 네가 만일 내 백성 보내기를 거절하면 내일 내가 메뚜기로 네 경내에 들어가게 하리니 메뚜기가 지면을 덮어서 사람이 땅을 볼 수 없을 것이라 메뚜기가 네게 남은 그것 곧 우박을 면하고 남은 것을 먹으며 들에 너희를 위하여 자라는 모든 나무를 먹을 것이며 또 네 집들과 네 모든 신하와 모든 애굽 사람의 집에 가득하리니 이는 네 아비와 네 조상이 세상에 있어 옴으로 오늘까지 보지 못하였던 것이리라 하셨다 하고 돌이켜 바로에게서 나오니"(출 10:3-6).

이렇게 되자 이제는 바로의 신하들조차도 이스라엘 백성들이 여호와를 섬기자고 바로에게 간언합니다. 바로는 모세와 아론을 다시 불렀습니다. 그리고는 누구누구가 여호와 하나님을 섬기러 갈 것인가를 물었습니다. 모세가 "남녀 노소와 우양"을 전부 다 데리고 가겠다고 하자 바로가 말합니다.

"바로가 그들에게 이르되 내가 너희와 너희 어린 것들을 보내면 여호와를 너희와 함께 하게 함과 일반이니라 삼갈지어다 너희 경영이 악하니라 그는 불가하니 너희 남정만 가서 여호와를 섬기라 이것이 너희의 구하는 바니라 이에 그들이 바로 앞에서 쫓겨나니라"(출10:10,11).

결국 바로는 하나님이 주신 거듭된 기회에도 불구하고 순종하지 않자 또다른 재앙이 일어났습니다. 바로는 지난 재앙에 대해 애굽에서 여호와께 희생을 드리라고 타협안을 내놓더니 이번에는 남자들만 광야로 가서 여호와를 섬기라고 합니다. 그러나 이것도 역시 하나님에 대한 완전한 순종의 모습이 아니었습니다.

그 결과 바로가 만난 메뚜기 재앙은 애굽 온 땅을 뒤덮을 만큼 엄청난 규모였습니다. 여러분도 가끔씩 해외토픽이나 다큐멘타리에서 보셨겠지만 메뚜기떼의 위력은 상상을 초월할 정도로 대단한 것입니다. 메뚜기가 지나간 자리에는 곡식이나 풀잎 같은 것은 남아있지 않습니다. 심지어는 소나 말 같은 큰 짐승들조차도 메뚜기떼의 습격으로 목숨을 잃었습니다.

펄 벅 여사의 노벨문학상 수상작인 유명한 소설 「대지」를 원작으로 한 영화에 메뚜기떼의 습격 장면이 나옵니다. 왕룽 일가가 피땀흘려 일구어놓은 농사가 폭풍을 몰고 오는 먹구름같이 엄청난 메뚜기떼에 의해 하루아침에 초토화되어 버립니다.

바로 이런 재앙이 바로에게 닥쳤던 것입니다. 그런데도 불구하고 아직 바로는 정신 차리지 못하였습니다. 그에게는 하나님에 대한 올바른 인식이 없었습니다. 하나님이 애굽의 하늘 여신인 '눗'이나 곡식과 다산의 여신인 '오시리스', 곡물의 수호신 '셋'과는 비교할 수 없는 분이란 것을 여전히 깨닫지 못했습니다.

그래서 바로는 이렇게 말했습니다.

"바로가 모세와 아론을 급히 불러서 이르되 내가 너희 하나님 여호와와 너희에게 득죄하였으니 청컨대 나의 죄를 용서하고 너희 하나님 여호와께 구하여 이 죽음만을 나에게서 떠나게 하라"(출 10:16,17).

"너희 하나님 여호와"라는 이 말에 주목하십시오. 아직도 바로에게 하나님은 "나의 하나님"이 아니라 "너희 하나님"이었습니다. 바로는 아직도 하나님을 만나지 못했습니다. 그런 그가 하나님을 두려워하지 않고 또다시 약속을 어기는 것은 당연한 일이었습니다.

우리가 믿는 하나님은 "아브라함의 하나님, 이삭의 하나님, 이스라엘의 하나님"이십니다. 그러나 우리에게 하나님이 "아브라함의 하나님…"으로 끝나서는 안 됩니다. 목사님의 하나님이나, 아버지의 하나님, 내 아내의 하나님이 아니라 바로 "나의 하나님"이어야 합니다.

이스라엘의 하나님이 "나의 하나님"이 되는 경험은 머리 속으로 아니라 삶을 통해 하나님이 참 하나님이시고, 내 곁에서 동행하시는 분으로서의 생생한 체험이 있을 때 비로소 가능해집니다.

9. 흑암 재앙

"여호와께서 모세에게 이르시되 하늘을 향하여 네 손을 들어서 애굽 땅 위에 흑암이 있게 하라 곧 더듬을 만한 흑암이리라 모세가 하늘을 향하여 손을 들매 캄캄한 흑암이 삼 일 동안 애굽 온 땅에 있어서 그 동안은 사람 사람이 서로 볼 수 없으며 자기 처소에서 일어나는 자가 없으되 이스라엘 자손의 거하는 곳에는 광명이 있었더라"(출 10:21-23).

이번에 바로에게 닥친 재앙은 흑암의 재앙이었습니다. 이 흑암의 재앙은 애굽 백성들보다 바로에게 아주 충격적이며 치명적인 영향을 미쳤습니다. 왜냐하면 바로는 애굽 사람들에게 태양신의 아들로 여겨졌기 때문입니다. 특히, 태양신은 애굽에서는 최고의 신으로 추앙받던 신이었습니다.

그런데 태양을 가리고 달을 가리는 깜깜한 흑암이 삼일 동안이나 계속되었습니다. 그런데도 이스라엘 자손이 거하는 곳에는 광명이 있었습니다. 이로써 애굽의 태양신 '레'와 '호루스', 하늘의 여신 '눗'과 '하토르'는 죽은 신이요 여호와 하나님만이 살아계신 참 신이라는 것이 드러났습니다.

이제 바로는 모세를 불러 여호와를 섬기러 가라고 허락합니다. 그러나 이번에는 어린 자녀들은 데려가도 좋으나 양과 소들은 두고 가라고 합니다.

"바로가 모세를 불러서 이르되 너희는 가서 여호와를 섬기되 너희 양과 소는 머물러 두고 너희 어린 것은 함께 갈지니라"(출 10:24).

이것은 사실은 가지 말라는 것이나 마찬가지입니다. 여호와께 희생을 드리러 갈 때 희생 제물로 드릴 소와 양은 두고 가라는 것은 말이 되질 않습니다. 또한 소와 양은 재산 중에서도 가장 중요한 재산인데 그 모든 것을 두고 떠나라고 요구합니다.

그래서 모세가 말합니다.

> "모세가 가로되 왕이라도 우리 하나님 여호와께 드릴 희생과 번제물을 우리에게 주어야 하겠고 우리의 생축도 우리와 함께 가고 한 마리도 남길 수 없으니 이는 우리가 그 중에서 취하여 우리 하나님 여호와를 섬길 것임이며 또 우리가 거기 이르기까지는 어떤 것으로 여호와를 섬길는지 알지 못함이니이다 하나 여호와께서 바로의 마음을 강퍅케 하셨으므로 그들을 보내기를 즐겨 아니하고 모세에게 이르되 너는 나를 떠나가고 스스로 삼가 다시 내 얼굴을 보지 말라 내 얼굴을 보는 날에는 죽으리라 모세가 가로되 왕의 말씀이 옳으니이다 내가 다시는 왕의 얼굴을 보지 아니하리이다" (출 10:25-29).

이제 바로와 모세는 서로 다시는 얼굴을 보지 않겠다고 말하고 서로 헤어집니다. 그러나 하나님의 계획 속에는 두 사람이 또 다시 만나게 되어 있었습니다. 때문에 열번째의 재앙이 끝난 후 모세와 바로는 즉시 다시 만나야 했습니다.

10. 장자 재앙

마지막 장자의 재앙은 생명에 관련된 모든 신에 대한 것이었습니다. 즉 어떤 신도 생명에 관여할 수 없으며 오직 여호와만이 진정한 신이라는 것을 보여준 최후의 사건이었습니다.

이 사건을 통해서 하나님은 그 어떤 신보다 우월하시고 강하신 분이시며 그분 외에 다른 신이 없음을 애굽 천하와 이스라엘 백성들에게 행동으로 선포하십니다. 이 사건은 애굽의 신들에 국한된 승리가 아니었습니다. 그 신들로 대표되는 이 세상 모든 신들에 대한 한 분 하나님의 승리를 나타내는 상징적 사건이었습니다.

장자의 죽음은 바로뿐만 아니라 애굽 전역에 걸쳐 가장 치명적이고 결정적인 재앙이었습니다. 장자의 죽음은 재생의 신 '민', 출산의 여신 '헤켓', 그리고 생명의 여신 '이시스' 등 애굽의 모든 신들에 대한 결정적인 도전이었습니다. 더욱이 애굽에서 바로와 바로의 장자 역시 '신의 아들'로서 살아있는 신의 하나로 추앙을 받았는데 바로 그 장자의 아들이 죽은 것입니다.

이로써 애굽의 신들과 바로의 권위는 땅바닥에 떨어졌습니다. 신의 아들이라는 바로왕도 하나님의 재앙 앞에서 속수무책이었고, 그동안의 재앙으로 곡식과 가축은 전멸하는 등 경제적인 파탄이 애굽 백성들에게 찾아왔습니다. 오죽하면 11장 2, 3절에서처럼 애굽 백성들이 바로보다 하나님과 이스라엘 백성을 더 두려워하여 자기들의 금은 보화를 다 주면서까지 이스라엘 백성들이 애굽 땅을 속히 떠나기를 바랬겠습니까?

"여호와께서 모세에게 이르시기를 내가 이제 한 가지 재앙을 바로와 애굽에 내린 후에야 그가 너희를 여기서 보낼지라 그가 너희를 보낼 때에는 여기서 정녕 다 쫓아내리니 백성에게 말하여 남녀로 각기 이웃들에게 은금 패물을 구하게 하라 하시더니 여호와께서 그 백성으로 애굽 사람의 은혜를 받게 하셨고 또 그 사람 모세는 애굽 국에서 바로의 신하와 백성에게 심히 크게 뵈었더라"(출 11:1-3).

모세가 바로를 처음 찾아왔을 때를 상상해봅시다. 바로와 그 신하들, 그리고 애굽 온 백성이 모세의 말에 콧방귀를 뀌며, 오히려 이스라엘 백성들을 노역을 더 무겁고 힘들게 하였었지 않았습니까?

그런데 이제는 신하들도 이스라엘 백성을 어서 보내라고 바로에게 이야기하고(출 10:7), 이스라엘 백성 역시 어서 떠나기를 바라게 되었습니다(출 12:33).

이제 모세가 심히 노하여 바로에게 경고합니다.

"모세가 바로에게 이르되 여호와께서 이같이 말씀하시기를 밤중에 내가 애굽 가운데로 들어가리니 애굽 가운데 처음 난 것은 위에 앉은 바로의 장자로부터 맷돌 위에 있는 여종의 장자까지와 모든 생축의 처음 난 것이 죽을지라 애굽 전국에 전무후무한 곡성이 있으리라 그러나 이스라엘 자손에게는 사람에게나 짐승에게나 개도 그 혀를 움직이지 않으리니 여호와가 애굽 사람과 이스라엘 사이에 구별하는 줄을 너희가 알리라 하셨나니 왕의 이 모든 신하가 내게 내려와서 내게 절하면서 이르기를 너와 너를 좇는 온 백성은 나가라 한 후에야 내가 나가리라 하고 심히 노한 후에야 바로에게서 나오니라"(출 11:4-8).

이제는 그냥 나가는 것이 아니라 바로의 모든 신하들이 찾아와서 절하면서 제발 애굽을 떠나달라고 부탁하여야 나가겠다고 모세는 노합니다. 그러나 강퍅하고 완강한 바로는 여전히 모세의 말을 듣지 않았습니다.

"여호와께서 모세에게 이르시기를 바로가 너희를 듣지 아니할지라 그러므로 내가 애굽 땅에서 나의 기사를 더하리라 하셨고 모세와 아론이 이 모든 기사를 바로 앞에서 행하셨으나 여호와께서 바로의 마음을 강퍅케 하셨으므로 그가 이스라엘 자손을 그 나라에서 보내지 아니하였더라"(출 11:9, 10).

열번째 재앙인 '애굽에서 처음 난 것들의 죽음'은 유월절 사건과 함께 찾아옵니다. 하나님을 믿지 않고 불순종했던 바로와 애굽 사람들은 그들의 장자가 죽는, 두번 다시 없을 엄청난 재앙이었으나, 하나님의 말씀에 순종했던 이스라엘 백성들에게는 두번 다시 없는 축복과 해방의 시간이었습니다. 즉 압제와 고통 속에 있던 이스라엘 백성들을 애굽의 노예에서 해방시켜주는 결정적인 사건이요, 하나님이 이스라엘 백성들을 사랑하시고 그들을 구원하신다는 확실한 증거였습니다. 이스라엘 민족의 여호와 신앙의 분기점은 바로 이 유월절 사건과 출애굽 사건에서 비롯되었던 것입니다.

제7장

유월절 어린 양의 피

"여호와께서 애굽 땅에서 모세와 아론에게 일러 가라사대 이 달로 너희에게 달의 시작 곧 해의 첫 달이 되게 하고 너희는 이스라엘 회중에게 고하여 이르라 이 달 열흘에 너희 매인이 어린 양을 취할지니 각 가족대로 그 식구를 위하여 어린 양을 취하되 그 어린 양에 대하여 식구가 너무 적으면 그 집의 이웃과 함께 인수를 따라서 너희 어린 양을 계산할 것이며 너희 어린 양은 흠 없고 일 년 된 수컷으로 하되 양이나 염소 중에 취하고 이 달 십사 일까지 간직하였다가 해질 때에 이스라엘 회중이 그 양을 잡고 그 피로 양을 먹을 집 문 좌우 설주와 인방에 바르고 그 밤에 그 고기를 불에 구워 무교병과 쓴 나물과 아울러 먹되 날로나 물에 삶아서 먹지 말고 그 머리와 정강이와 내장을 다 불에 구워 먹고 아침까지 남겨 두지 말며 아침까지 남은 것은 다 소화하라 너희는 그것을 이렇게 먹을지니 허리에 띠를 띠고 발에 신을 신고 손에 지팡이를 잡고 급히 먹으라 이것이 여호와의 유월절이니라 내가 그 밤에 애굽 땅을 두루 다니며 사람과 짐승을 무론하고 애굽 나라 가운데 처음 난 것을 다 치고 애굽의 모든 신에게 벌을 내리리라 나는 여호와로라 내가 애굽 땅을 칠 때에 그 피가 너희의 거하는 집에 있어서 너희를 위하여 표적이 될지라 내가 피를 볼 때에 너희는 넘어가리니 재앙이 너희에게 내려 멸하지 아니하리라 너희는 이 날을 기념하여 여호와의 절기를 삼아 영원한 규례로 대대에 지킬지니라…"(출 12:1-51).

유월절 어린 양의 피

출애굽기 11, 12장에서는 유월절 사건이 나옵니다. 유월절은 이스라엘 민족이 이 땅에 있는 한 평생토록 기념해야 할 사건입니다. 이스라엘의 역사가 유월절에서 출발하기 때문입니다.

출애굽 사건이 중요한 것은 유월절이 있기 때문이었습니다. 유대의 역사 중 가장 중요한 사건을 하나만 들라고 한다면 그것은 기원전 1445년에 있었던 유월절 사건일 것입니다. 이 사건이야말로 어떤 재앙으로도 움직일 수 없었던 바로를 움직인 사건이요, 생명과 역사를 주관하시는 분이 하나님이심을 나타낸 사건이었습니다.

유월절은 애굽인들에게는 피로 얼룩졌던 참혹한 사건이었던 반면 이스라엘 민족에게는 구원과 해방을 가져다 주었습니다. 유월절은 바로의 마음을 돌이킬 수 있었던 마지막이자 결정적인 공격으로서 애굽이 죽음의 비명소리와 곡소리로 가득 찬 날이었습니다.

반면 이스라엘 사람들에게는 기쁨의 날, 축복의 날이요, 하나님을 찬양하는 노랫소리가 가득 찬 날이었습니다. 동일한 사건이 한 쪽에는 저주가 되고 한 쪽에는 축복이 되었습니다.

이 차이는 어디에서 왔을까요?

저주와 축복의 차이가 바로 어린 양의 피에서 비롯되었다는 점을 우리는 기억해야 합니다. 어린 양의 피가 삶과 죽음의 갈림길이 되고, 저주와 축복의 분기점이 되었습니다.

유월절 어린 양의 피는 어린 양 예수 그리스도가 흘리실 피에 대한 모형적 사건입니다. 어떤 사건이 일어나면 그 사건 자체가 중요한 것이 아니라 그것을 어떻게 해석하느냐가 더욱 중요합니다. 유월절 역시 마찬가지입니다.

"여호와께서 애굽 땅에서 모세와 아론에게 일러 가라사대 이 달로 너희에게 달의 시작 곧 해의 첫 달이 되게 하고 너희는 이스라엘 회중에게 고하여 이르라 이 달 열흘에 너희 매인이 어린 양을 취할지니 각 가족대로 그 식구를 위하여 어린 양을 취하되 그 어린 양에 대하여 식구가 너무 적으면 그 집의 이웃과 함께 인수를 따라서 너희 어린 양을 계산할 것이며 너희 어린 양은 흠 없고 일 년 된 수컷으로 하되 양이나 염소 중에 취하고 이 달 십 사 일까지 간직하였다가 해 질 때에 이스라엘 회중이 그 양을 잡고 그 피로 양을 먹을 집 문 좌우 설주와 인방에 바르고 그 밤에 그 고기를 불에 구워 무교병과 쓴 나물과 아울러 먹되 날로나 물에 삶아서 먹지 말고 그 머리와 정강이와 내장을 다 불에 구워 먹고 아침까지 남겨 두지 말며 아침까지 남은 것은 다 소화하라 너희는 그것을 이렇게 먹을지니 허리에 띠를 띠고 발에 신을 신고 손에 지팡이를 잡고 급히 먹으라 이것이 여호와의 유월절이니라"(출 12:1-11).

유월절과 장자의 죽음 재앙에는 우리가 살펴보아야 할 중요한 두 가지가 있습니다.

첫째, 유월절은 사람이 정한 절기가 아니라 하나님이 친히 정하신 날이라는 점입니다. 다른 절기들은 하나님과 관련한 어떤 특별한 날을 기념하기 위해 이스라엘 민족이 정한 날이지만 유월절은 출애굽을 기념하기 위해 하나님이 정하신 날입니다.

출애굽기 12장 12, 13절에서 하나님은 이렇게 말씀하셨습니다.

> "내가 그 밤에 애굽 땅을 두루 다니며 사람과 짐승을 무론하고 애굽 나라 가운데 처음 난 것을 다 치고 애굽의 모든 신에게 벌을 내리리라 나는 여호와로라 내가 애굽 땅을 칠 때에 그 피가 너희의 거하는 집에 있어서 너희를 위하여 표적이 될지라 내가 피를 볼 때에 너희는 넘어가니 재앙이 너희에게 내려 멸하지 아니하리라 너희는 이 날을 기념하여 여호와의 절기를 삼아 영원한 규례로 대대에 지킬지니라"(출 12:12, 13).

둘째, 이전의 아홉 가지 재앙에는 이스라엘 민족이 해야 할 아무런 일도 없었지만 열번째 재앙과 유월절에 이스라엘 민족은 그 집 문설주에 어린 양의 피를 발라야 했습니다.

이전의 아홉 가지 재앙은 바로와 애굽 민족에 대한 하나님의 심판이었습니다. 그 재앙들을 피하기 위해서 바로와 애굽 민족은 이스라엘 민족을 보내주어야 했습니다. 그러나 하나님의 경고를 무시했을 때 애굽 민족에게는 하나님의 심판이 임했습니다.

이것은 하나님께 불순종한 애굽 민족에 대한 심판이었으므로 이스라엘 민족이 그 심판을 피하기 위해 무엇을 할 필요가 전혀 없었습니다. 이는 하나님의 심판은 죄인들을 위한 것이지 의인을 위한 것이 아니기 때문입니다.

그러나 유월절은 달랐습니다. 유월절은 애굽 사람들에게는 모든 처음 난 것들이 죽는 하나님의 엄중한 심판이었지만, 이스라엘 민족에게는 구원이 이루어지는 기쁨의 날이었습니다. 그러므로 이스라엘 민족의 구원을 위해서는 어린 양의 피가 필요했습니다. 또한 이스라엘 민족의 순종이 필요했습니다. 오늘날도 마찬가지입니다. 심판을 위해서는 아무런 것도 할 필요가 없습니다. 지금 살고 있는 것처럼 그대로 살기만 하면 됩니다. 돈을 위해서, 명예를 위해서, 높은 자리와 편안한 자리를 위해서, 쾌락과 욕망을 위해서 살다보면 언젠가는 수명을 다할 것이고 그 이후에는 심판이 기다리고 있습니다.

그러나 **구원을 위해서는 어린 양 예수 그리스도의 피가 필요합니다.** 하나님의 하나님 되심을 인정하고 우리의 지정의(知情意)를 돌이켜 회개하는 일이 필요합니다. 예수 그리스도의 주되심과 구주되심을 고백하는 일이 필요합니다. 그래서 성경에서는 이렇게 말씀하고 있습니다.

"죄의 삯은 사망이요 하나님의 은사는 그리스도 예수 우리

주 안에 있는 영생이니라"(롬 6:23).
"저를 믿는 자는 심판을 받지 아니할 것이요 믿지 아니하는 자는 하나님의 독생자의 이름을 믿지 아니하므로 벌써 심판을 받은 것이니라"(요 3:18).

우리의 심판과 구원을 분별하는 기준은 바로 '유월절 어린 양 예수 그리스도의 피'입니다. 하나님의 신이 지날갈 때에 어떤 사람의 집 문설주에는 피를 바르고 어떤 사람의 집에는 피를 바르지 않았는데 그 피가 사람을 죽게 하는 표가 되기도 하고 사람을 살리는 표가 되기도 했습니다.

그래서 유월절이라는 사건이 한 민족에게는 저주로, 다른 한 민족에게는 축복으로 나타날 수 있었던 것입니다. 그리고 그 축복과 저주의 분기점은 바로 어린 양의 피였습니다.

오늘날 우리도 마찬가지입니다. 마음의 집 문설주에다 어린 양 예수 그리스도의 피를 바른 신앙의 사람들은 세상에서 같은 사건을 접할 때 불신자와 전혀 다른 해석을 합니다. 다른 사람들은 저주라고 생각하는 사건일지라도 믿는 사람의 해석으로는 축복이 될 수 있는 것입니다. 마음의 문설주에 어린 양의 피를 바른 사람은, 즉 '성령으로 말미암아 거듭난 경험을 한 사람'은 그 때부터 하는 모든 일이 신앙생활이 됩니다.

한국 사람들은 모이기를 잘하고 대표로 기도하는 것도 잘하지만 일단 흩어져서 집으로 돌아가면 그만입니다. 신앙 생활은 교회에서

만 하는 것으로 되어 있어서 가정에서 일하거나 직장에서 하는 일은 전혀 신앙과 무관하다고 생각합니다. 그러나 진정한 신앙인은 그렇지 않습니다. 일단 예수 그리스도의 빛이 마음 가운데로 들어오면 그 때부터는 모든 사건이 이 프리즘을 통해서 나타나게 됩니다. 무슨 일을 하든지 예수 그리스도의 빛이 반사되는 것입니다. 따라서 기독교는 전체를 포괄하는 것이지 영적인 부분만 따로 떼어서 부분적으로 생각할 수 있는 것이 아닙니다.

그러면 이제 유월절에 대해 자세히 살펴보기로 하겠습니다.

유월절

유월절은 매년 니산월(3-4월) 14일에 행해지는 이스라엘 최대의 절기 중 하나입니다. 니산월은 히브리력에서 그 해의 첫달입니다. 따라서 유월절은 매년 유대에서 가장 처음 시작되는 절기 행사였습니다.

유월절의 명칭은 히브리어 '페싸흐'에서 비롯되었습니다. 이 말은 영어로는 'passover'로 번역되는데 이 말은 출애굽기 12장 13절에 나오는 "넘어가리니"라는 단어에서 비롯되었습니다. 이 말은 '넘어가다' '뛰어넘다' '목숨을 살려주다' 등의 의미가 있습니다. 그래서 개역 한글성경에서는 출애굽기 12장 11절에서 이 절기를 '유월절'(逾越節)로 번역하였습니다.

유대인들은 매년 첫 달의 14일에 유월절 행사를 갖고, 그 다음

일주일간은 무교절로 지켰습니다. 엄밀하게 구분하면 유월절과 무교절은 별개의 절기였지만 두 절기는 연이은 행사였기 때문에 신약시대에와서는 대체로 혼용되어 사용되었습니다(눅 2:41; 행 21:3,4; 요 19: 14).

따라서 여기서도 유월절과 무교절을 구분하지 않고 하나의 절기로 간주하여, 유월절에 관해 몇 가지를 살펴보겠습니다.

첫째/ 무교병

유월절에는 누룩이 없는 빵을 7일 동안 먹어야 했습니다.

> "너희는 칠일 동안 무교병을 먹을지니 그 첫날에 누룩을 너희 집에서 제하라 무릇 첫날부터 칠일까지 유교병을 먹는 자는 이스라엘에서 끊쳐지리라 너희에게 첫날에도 성회요 제 칠일에도 성회가 되리니 이 두 날에는 아무 일도 하지 말고 각인의 식물만 너희가 갖출 것이니라 너희는 무교절을 지키라 이 날에 내가 너희 군대를 애굽에서 인도하여 내었음이니라 그러므로 너희가 영원한 규례를 삼아 이 날을 대대로 지킬지니라 정월에 그 달 십 사 일 저녁부터 이십 일일 저녁까지 너희는 무교병을 먹을 것이요 칠 일 동안은 누룩을 너희 집에 있지 않게 하라 무릇 유교병을 먹는 자는 타국인이든지 본국에서 난 자든지 무론하고 이스라엘 회중에서 끊쳐지리니 너희는 아무 유교물이든지 먹지 말고 너희 모든 유하는 곳에서 무교병을 먹을지니라"(출 12:15-20).

무교병의 상징은 '누룩을 넣어서 제대로 만든 빵'을 먹을 수 없을 만큼 급박한 상황에 대한 상징이었습니다. 심판의 시급함입니다. 우물쭈물 할 시간적 여유가 없습니다. 그래서 12장 11절에서는 "너희는 그것을 이렇게 먹을지니 허리에 띠를 띠고 발에 신을 신고 손에 지팡이를 잡고 급히 먹으라"고 말씀하고 있습니다.

또, 출애굽기 12장 39절에서도 무교병을 기록하고 있습니다.

> "그들이 가지고 나온 발교되지 못한 반죽으로 무교병을 구웠으니 이는 그들이 애굽에서 쫓겨남으로 지체할 수 없었음이며 아무 양식도 준비하지 못하였음이었더라."

무교병은 또한 순결한 신앙에 대한 상징이었습니다. 무교병은 다른 어떤 이물질을 첨가하지 않은 빵으로 신앙의 순결성을 나타내었습니다.

> "너희는 누룩 없는 자인데 새 덩어리가 되기 위하여 묵은 누룩을 내어버리라 우리의 유월절 양 곧 그리스도께서 희생이 되셨느니라 이러므로 우리가 명절을 지키되 묵은 누룩도 말고 괴악하고 악독한 누룩도 말고 오직 순전함과 진실함의 누룩 없는 떡으로 하자"(고전 5:7,8).
> "예수께서 이르시되 삼가 바리새인들과 사두개인들의 누룩을 주의하라 하신대"(마 16:6).
> "어찌 내 말한 것이 떡에 관함이 아닌 줄 깨닫지 못하느냐 오직 바리새인과 사두개인들의 누룩을 주의하라"(마 16:11).

신약에서도 예수님과 사도 바울은 신앙을 유월절의 무교병으로 비유하면서 이단 사설이나 거짓 교리와 같은 누룩에 대해서 경고하고 있습니다.

그렇다면 우리 시대의 누룩은 무엇일까요? 누룩은, 구원을 위해 '유월절의 어린 양 예수 그리스도의 피' 외에 다른 것이 구원 받는 일에 필요하다고 주장하는 모든 것들입니다. 우리 시대의 누룩은 "경건의 모양은 있으되 경건의 내용은 없는" 삶입니다. 우리 시대의 누룩은 "일만 악의 뿌리가 되는 돈을 사랑함"(딤전 6:10) 입니다. 여러분과 저도 하나님의 말씀에 비추어 우리의 신앙과 삶에 누룩은 없는지 항상 살펴야 합니다.

둘째/ 쓴 나물

쓴 나물은 노예 생활의 쓰라림을 상징합니다.

> "그 밤에 그 고기를 불에 구워 무교병과 쓴 나물과 아울러 먹되"(출 12:8).

이 쓴 나물은 아마도 쑥이나 꽃상치, 치커리처럼 쓴 맛이 나는 것 같습니다. 이 쓴 나물은 이스라엘 민족이 과거에 하나님 앞에 저지른 죄와 애굽의 억압하에서 겪은 괴로움에 대한 슬픔과 비탄을 상징합니다.

우리도 우리의 쓴 나물을 먹어야 할 필요가 있습니다! 모든 것이 좋고 잘 될 때일수록 우리에게는 쓴 나물이 필요합니다! 과거에 하나님 없이, 또는 하나님으로부터 멀리 떠나 살아가던 동안에 우리들이 겪었던 고통과 좌절과 슬픔을 기억할 필요가 있습니다. 하나님 없는 삶의 쓴 추억들은 우리에게 하나님과 함께 하는 삶의 달콤함을 그리워하게 만들어줍니다.

셋째/ 유월절 어린 양

유월절 행사는 가족을 중심으로 진행되었습니다. 유월절의 어린 양은 니산월 10일에 이스라엘 민족의 "가족대로" 어린 양을 준비해야 했습니다. 가족 수가 적어서 한 마리를 다 먹을 수 없을 때는 다른 가족과 합의해서 나누어 먹을 수도 있었습니다.

그러나 그 어린 양은 반드시 흠 없는 1년된 수컷이어야 했습니다. 그래서 나흘 후인 14일 해질 무렵에 어린 양을 잡았습니다.

> "너희는 이스라엘 회중에게 고하여 이르라 이 달 열흘에 너희 매인이 어린 양을 취할지니 각 가족대로 그 식구를 위하여 어린 양을 취하되 그 어린 양에 대하여 식구가 너무 적으면 그 집의 이웃과 함께 인수를 따라서 너희 어린 양을 계산할 것이며 너희 어린 양은 흠 없고 일 년 된 수컷으로 하되 양이나 염소 중에 취하고 이 달 십 사 일까지 간직하였다가 해질 때에 이스라엘 회중이 그 양을 잡고"(출 12:2-6).

유월절 어린 양은 흠 없는 양이었습니다. '흠 있는 양'이 구원을 가져다 줄 수 없었습니다. 오늘날도 마찬가지입니다. '흠 있는 사람'이 흠있는 사람의 죄를 대신할 수 없습니다. 그래서 하나님의 아들로서 '한 점 흠 없는 예수 그리스도께서 유월절의 어린 양'으로서 우리의 죄를 대신하여 십자가에 못박혀 죽으심으로 우리의 죄를 사하여 주신 것입니다.

흠 없는 예수 그리스도의 피만이 우리의 죄를 사하고 구원할 수 있습니다.

넷째/ 유월절 양의 뼈를 꺾지 않음

유월절의 양은 뼈를 꺾지 않고 통채 구워서 쟁반에 얹어 상 위에 올려놓아야 했습니다.

> "여호와께서 모세와 아론에게 이르시되 유월절 규례가 이러하니라 이방 사람은 먹지 못할 것이나 각 사람이 돈으로 산 종은 할례를 받은 후에 먹을 것이며 거류민과 타국 품꾼은 먹지 못하리라 한 집에서 먹되 그 고기를 조금도 집 밖으로 내지 말고 뼈도 꺾지 말지며 이스라엘 회중이 다 이것을 지킬지니라"(출 12:43-47).

뼈를 꺾지 않는 것은 아주 사소한 문제인 것처럼 보이지만 여기에는 구원과 관련된 놀라운 비밀과 하나님의 예비하심이 숨어 있었습니다. 요한복음 19장을 살펴봅시다.

> "군병들이 가서 예수와 함께 못 박힌 첫째 사람과 또 다른 사람의 다리를 꺾고 예수께 이르러는 이미 죽은 것을 보고 다리를 꺾지 아니하고…이 일이 이룬 것은 그 뼈가 하나도

꺾이우지 아니하리라 한 성경을 응하게 하려 함이라"(요 19:32-36).

출애굽기 12장 46절과 민수기 9장 12절에서, 유월절 양의 뼈를 꺾지 말라고 한 것이 요한복음에서 유월절 어린 양 예수 그리스도에 이르러 그대로 성취됩니다. 신약 당시 십자가형은 정치범들에게 행하던 최고의 극형이었습니다. 십자가에 못 박힌 채 매달려 죽음을 기다리는 십자가 처형은 그 고통이 너무 극심하여 죄수들의 고통을 덜어주기 위해 우슬초를 마시게 했고, 보다 빨리 죽을 수 있도록 다리의 뼈를 꺾었습니다. 그런데 예수님은 뼈를 꺾기 전에 이미 운명하심으로 뼈를 하나도 꺾기시지 않으셨습니다. 온전한 유월절 어린 양으로 죽으신 것입니다. 이것은 하나님의 놀라운 섭리가 아닐 수 없습니다.

다섯째/ 어린 양의 피를 문 인방과 좌우 설주에 바름

"모세가 이스라엘 모든 장로를 불러서 그들에게 이르되 너희는 나가서 너희 가족대로 어린 양을 택하여 유월절 양으로 잡고 너희는 우슬초 묶음을 취하여 그릇에 담은 피에 적시어서 그 피를 문 인방과 좌우 설주에 뿌리고 아침까지 한 사람도 자기 집 문 밖으로 나가지 말라 여호와께서 애굽 사람을 치러 두루 다니실 때에 문 인방과 좌우 설주의 피를 보시면 그 문을 넘으시고 멸하는 자로 너희 집에 들어가서 너희를 치지 못하게 하실 것임이니라 너희는 이 일을 규례로 삼아 너희와 너희 자손이 영원히 지킬 것이니"(출 12:21-24).

모세는 하나님께서 말씀하신 것들을 장로들에게 전했습니다. 유월절 양의 피를 문설주에 바르는 데 쓰이는 우슬초는 이스라엘의 정결 의식 때 쓰이던 덤불의 일종입니다. 곧은 줄기와 흰 꽃을 가진, 향기가 좋은 식물입니다. 이 우슬초는 예수님의 죽으심을 예표하고 있습니다.

유월절 어린 양의 피를 우슬초에 적셔 문설주와 인방에 바르는 것은 이스라엘 자손이 대대로 지킬 규례이자 하나님이 친히 명하신 영원한 규례였습니다.

아무것도 아닌 것으로 보일 수도 있는 이 어린 양의 피가 이스라엘 민족에게는 애굽의 굴레에서 구원하시는 하나님의 역사로 나타났습니다. 어린 양의 피가 이스라엘 장자들의 목숨을 구원했습니다.

세상 사람이 보기에 구원은 아주 하찮게 보였습니다. 애굽 사람들은 아마 이스라엘 사람들이 문에다가 피를 칠하는 것을 보고 비웃었을 것입니다. "문 설주에다가 피를 칠하다니 얼마나 미신적이냐? 그 피가 너희를 구원하겠느냐? 어린 양의 피가 도대체 무엇인데 누구는 살리고 누구는 죽인다는 말이냐?" 하고 조롱했을 것입니다.

그러나 애굽 사람들이 보기에 하찮기 짝이 없는 이 피가 이스라엘 장자들의 목숨을 구했습니다.

오늘날도 마찬가지입니다! 세상 사람들은 비웃습니다. "2,000년 전에 죽은 예수가 나와 무슨 상관이냐? 요즘도 신이 있다고 믿는 사람이 있느냐?" 하나님을 알지 못하는 사람들은 예수 그리스도를 마음으로 믿고 입술로 고백하는 것에서 구원을 얻을 수 있다는 단순한 사실을 믿지 않습니다.

어떻게 보면 너무나 쉽고 단순한 일인데도, 세상 사람들에게는 믿기가 너무나 어려운 일인 모양입니다.

그러나 이 단순하고 사소한 차이가 인생의 가장 중요하고 영원한 문제를 가르는 구분점이 됩니다. **어린 양 예수 그리스도의 피로 말미암는 구원을 믿느냐 안 믿느냐 이 한 가지의 차이가 삶과 죽음을 가릅니다. 영원한 심판과 영원한 생명을 나눕니다.**

우리가 사람을 나누는 기준은 많습니다. 여자와 남자, 어른과 아이, 고용인과 피고용인, 부자와 가난뱅이, 황인과 흑인과 백인…그러나 **하나님이 사람을 나누시는 기준은 단 하나밖에 없습니다. 하나님의 유일한 기준은 구원받은 사람과 구원받지 못한 사람입니다.**

여러분은 어떻습니까? 여러분은 문 인방과 좌우 설주에 어린 양 예수 그리스도의 피를 바르셨습니까? 피를 바르셨다면 여러분은 이미 구원받으셨습니다!

여섯째/ **어린양 예수 그리스도**

유월절 어린 양은 어린양 예수 그리스도의 모형입니다. 여기서 모형이라고 하는 것은 단순히 닮았기 때문에 쓸 수 있는 말은 아닙니다. 모형이 되기 위해서는 두 사건에 유사성이 있어야 합니다. 구약에서 모형으로 말해진 것이어야 하고, 그것이 실제로 신약에서 이루어져야 합니다. 그러므로 무조건 의미를 붙여서 '모형' 운운하며 성경을 색다르게 해석하면 의심해보아야 합니다.

그러나 '예수님이 유월절 어린 양'이라는 사실은 의심할 필요가 없습니다. 신약성경은 예수님의 어린 양됨을 수없이 증거했습니다.

> "이튿날 요한이 예수께서 자기에게 나아오심을 보고 가로되 보라 세상 죄를 지고 가는 하나님의 어린 양이로다"(요 1:29).
>
> "너희는 누룩 없는 자인데 새 덩어리가 되기 위하여 묵은 누룩을 내어버리라 우리의 유월절 양 곧 그리스도께서 희생이 되셨느니라"(요 5:7).
>
> "너희가 알거니와 너희 조상의 유전한 망령된 행실에서 구속된 것은 은이나 금같이 없어질 것으로 한 것이 아니요 오직 흠 없고 점 없는 어린 양 같은 그리스도의 보배로운 피로 한 것이니라"(벧전 1:18,19).
>
> "큰 음성으로 가로되 죽임을 당하신 어린 양이 능력과 부와 지혜와 힘과 존귀와 영광과 찬송을 받으시기에 합당하도다 하더라"(계 5:12).

유월절 어린 양과 어린양 예수 그리스도 사이에는 몇몇 공통점이 있습니다.

첫째, 유월절 어린 양이 흠 없는 양이란 점입니다. 예수님도 흠 없고 죄 없는 어린양이었습니다.

둘째, 어린 양의 뼈를 꺾지 않았다는 점입니다. 예수님도 우리의 죄를 위해 돌아가실 때 그 뼈를 꺾기우지 않았습니다.

셋째, 이 어린 양이 우리의 죄를 사하고 우리를 죽음에서 삶으로 구원했다는 가장 중요한 공통점입니다.

그런데 유월절 양과 예수님 사이에는 차이점도 있습니다.

첫째, 유월절의 어린 양은 그 양을 희생물로 드린 가족들만을 구원할 수 있었지만 예수님은 모든 사람을 구원할 수 있다는 점입니다.

둘째, 유월절 어린 양은 매년 유월절이 올 때마다 새롭게 희생물로 드려야 했지만 예수님은 한 번에 영원하고 완전한 어린 양으로 죽으셨기 때문에 더이상 어린 양을 드릴 필요가 없는 점입니다.

어떻습니까? 여러분에게는 한 번에 영원한 제사로 드리신 어린 양 예수 그리스도가 있습니까? 만약 아직도 예수 그리스도가 여러분에게 없다면 지금 이 순간 예수 그리스도를 받아들이시기 바랍니다.

마음문을 열어 흠 없고 죄 없는 어린 양 예수 그리스도를 받아들이심으로 여러분이 구원을 얻는 귀한 역사가 일어나기를 기도합니다. 그래서 하나님의 심판주 '멸하시는 자'가 찾아왔을 때 여러분 마음 문의 인방과 좌우 설주에 칠해진 어린 양 예수 그리스도의 피를 보고 여러분을 '넘어가는' 구원의 역사가 일어나기를 기도합니다!

어린 양 예수 그리스도의 피를 여러분 마음의 문에 바르십시오. 그리하면 바로 지금 이 순간이 여러분의 유월절이 되고, 죄와 고통의 날들에서 구속과 기쁨의 날로 나아가는 여러분의 출애굽을 맞이하실 것입니다.

제8장

시련에는 뜻이 있다

"…이 때에 모세와 이스라엘 자손이 이 노래로 여호와께 노래하니 일렀으되 내가 여호와를 찬양하리니 그는 높고 영화로우심이요 말과 그 탄 자를 바다에 던지셨음이로다 여호와는 나의 힘이시요 노래시며 나의 구원이시로다 그는 나의 하나님이시니 내가 그를 찬송할 것이요 내 아비의 하나님이시니 내가 그를 높이리로다 여호와는 용사시니 여호와는 그의 이름이시로다 그가 바로의 병거와 그 군대를 바다에 던지시니 그 택한 장관이 홍해에 잠겼고 큰 물이 그들을 덮으니 그들이 돌처럼 깊음에 내렸도다 여호와여 주의 오른손이 권능으로 영광을 나타내시나이다 여호와여 주의 오른손이 원수를 부수시니이다…열방이 듣고 떨며 블레셋 거민이 두려움에 잡히며 에돔 방백이 놀라고 모압 영웅이 떨림에 잡히며 가나안 거민이 다 낙담하나이다 놀람과 두려움이 그들에게 미치매 주의 팔이 큼을 인하여 그들이 돌같이 고요하였사오되 여호와여 주의 백성이 통과하기까지 곧 주의 사신 백성이 통과하기까지였나이다 주께서 백성을 인도하사 그들을 주의 기업의 산에 삼으시리이다 여호와여 이는 주의 처소를 삼으시려고 예비하신 것이라 주여 이것이 주의 손으로 세우신 성소로소이다 여호와의 다스림이 영원 무궁하시도다 하였더라…"(출 13:1-16:35).

시련에는 뜻이 있다

엄청난 피를 불렀던 사건인 유월절을 지내고 나서야 이스라엘 민족은 애굽의 압제에서 벗어나 해방될 수 있었습니다. 열 가지 재앙과 유월절 사건을 통하여 하나님은 천지만물과 생명을 주관하시는 하나님이심을 드러내셨습니다. 그리고 바로 왕은 애굽의 모든 장자들이 죽임을 당하는 재앙을 겪은 후에야 이스라엘 민족을 애굽에서 내보내었습니다.

"밤중에 여호와께서 애굽 땅에서 모든 처음 난 것 곧 위에 앉은 바로의 장자로부터 옥에 갇힌 사람의 장자까지와 생축의 처음 난 것을 다 치시매 그 밤에 바로와 그 모든 신하와 모든 애굽 사람이 일어나고 애굽에 큰 호곡이 있었으니 이는 그 나라에 사망치 아니한 집이 하나도 없었음이었더라 밤에 바로가 모세와 아론을 불러서 이르되 너희와 이스라엘 자손은 일어나 내 백성 가운데서 떠나서 너희의 말대로 여호와를 섬기며 너희의 말대로 너희의 양도 소로 몰아가고 나를 위하여 축복하라 하며 애굽 사람들은 말하기를 우리가 다 죽은 자가 되도다 하고 백성을 재촉하고 그 지경에서 속히 보내려 하므로 백성이 발교되지 못한 반죽 담은 그릇을 옷에 싸서 어깨에 메니라"(출 12:29-34).

그러나 바로가 이스라엘 민족을 내보낸 것은 즐거운 마음이 결코 아니었습니다. 그동안 바로 왕은 수많은 타협안을 내놓았었고, 스스로의 약속을 수없이 뒤집었습니다.

결국 또다시 바로 왕은 자신의 결정을 뒤집습니다. 출애굽기 14장을 보면, 애굽을 탈출한 이스라엘 백성들이 홍해에 다다랐을 때 뒤늦게 마음이 변한 바로 왕은 군대를 보내 추격을 시작합니다.

"혹이 백성의 도망한 것을 바로에게 고하매 바로와 그 신하들이 백성에 대하여 마음이 변하여 가로되 우리가 어찌 이같이 하여 이스라엘을 우리를 섬김에서 놓아 보내었는고 하고 바로가 곧 그 병거를 갖추고 그 백성을 데리고 갈새 특별 병거 육백 승과 애굽의 모든 병거를 발하니 장관들이 다 거느렸더라 여호와께서 애굽 왕 바로의 마음을 강퍅케 하셨으므로 그가 이스라엘 자손의 뒤를 따르니 이스라엘 자손이 담대히 나갔음이라 애굽 사람이 바로의 말들 병거들과 그 마병과 그 군대가 그들의 뒤를 따라 바알스본 맞은편 비하히롯 곁 해변 그 장막 친 데 미치니라"(출 14:5-9).

이것은 이스라엘 백성의 믿음을 시험하는 사건이었습니다. 반면 이것은 또한 하나님의 영광을 드러내기 위한 사건이었습니다.

비관주의와 낙관주의

바로 왕이 떠난 지 이미 오래된 이스라엘 백성을 새삼 추격하기 시작한 것에는 나름대로의 지정학적, 전술적 이유가 있었습니다. 14장 2절과 3절을 살펴보십시오.

> "이스라엘 자손을 명하여 돌쳐서 바다와 믹돌 사이의 비하히롯 앞 곧 바알스본 맞은편 바닷가에 장막을 치게 하라 바로가 이스라엘 자손에 대하여 말하기를 그들이 그 땅에서 아득하여 광야에 갇힌 바 되었다 할지라"(출 14:2,3).

이스라엘 민족은 며칠간 남동쪽으로 이동하여 에담에 머물렀다가 "바다와 믹돌 사이의 비하히롯 앞 곧 바알스본 맞은편"으로 돌아갔습니다. 이 소식을 들은 바로 왕은 이스라엘 민족이 혼란에 빠졌다고 판단했습니다. 그 길로 계속 나아간다면 홍해가 나올 것이고 그렇게 되면 이스라엘 민족은 독 안에 든 쥐 꼴이 되기 때문에 이스라엘 민족을 다시금 노예로 삼고자 바로 왕은 군대를 보내 추격했습니다.

그러나 하나님의 생각은 바로와 달랐습니다. 하나님은 이 일을 통해 자기의 영광을 드러내고 이스라엘 민족의 믿음을 연단하기를 원하셨습니다.

> "내가 바로의 마음을 강퍅케 한즉 바로가 그들이 뒤를 따르

리니 내가 그와 그 온 군대를 인하여 영광을 얻어 애굽 사람으로 나를 여호와인 줄 알게 하리라 하시매 무리가 그대로 행하니라"(출 14:5).

하나님은 이미 모든 것을 아시고 계획해 놓으셨습니다. 바로의 군대를 통하여 하나님께서 영광을 얻을 것을 계획하셨습니다. 하나님의 이런 계획을 알 리 없는 바로는 점점 더 추격하여 다가와 마침내 이스라엘 자손의 눈에 들어왔습니다.

앞에는 홍해가 가로막고 있고, 뒤에는 병거를 타고 손에 무기를 든 애굽 병사들이 공격해 오자, 이러한 상황을 접한 이스라엘 자손들은 두 부류로 나뉘어졌습니다.

"바로가 가까이 올 때에 이스라엘 자손이 눈을 들어 본즉 애굽 사람들이 자기 뒤에 미친지라 이스라엘 자손이 심히 두려워하여 여호와께 부르짖고 그들이 또 모세에게 이르되 애굽에 매장지가 없으므로 당신이 우리를 이끌어내어 이 광야에서 죽게 하느뇨 어찌하여 당신이 우리를 애굽에서 이끌어 내어 이같이 우리에게 하느뇨 우리가 애굽에서 당신에게 고한 말이 이것이 아니뇨 이르기를 우리를 버려 두라 우리가 애굽 사람을 섬길 것이라 하지 아니하더뇨 애굽 사람을 섬기는 것이 광야에서 죽는 것보다 낫겠노라"(출 14:10-12).

한 부류는 죽음의 공포에 눌려 모세를 원망하고 차라리 애굽의 노예 생활이 나았다고 불평하는 사람들이었습니다. 그들은 확고한 신앙을 가지지 못한 사람들이었습니다. 이런 사람들은 무슨 사건이든지 불안하게 생각하고 부정적인 생각을 하는 사람입니다. 그들은 "애굽에 무덤이 없어서 우리를 이곳까지 데리고 와서 죽게 만드느냐"고 모세를 원망했습니다. 이제 더이상 희망이 없으니 죽을 것이라는 생각했습니다. 다른 길은 생각조차 해보지 않고 주저앉아서 지도자를 원망하였습니다. 이런 사람들은 대개 문제가 생기면 모든 책임을 다른 사람에게 미루는 사람들입니다.

다른 부류는 모세처럼 낙관적이고 긍정적인 사고를 가진 사람들입니다. 비록 주변을 둘러싼 환경들은 열악했지만 모세 역시 하나님을 바라보았고, 하나님의 말씀을 신뢰했기에 낙관할 수 있었습니다.

"모세가 백성에게 이르되 너희는 두려워 말고 가만히 서서 여호와께서 오늘날 너희를 위하여 행하시는 구원을 보라 너희가 오늘 본 애굽 사람을 또 다시는 영원히 보지 못하리라 여호와께서 너희를 위해 싸우시리니 너희는 가만히 있을지니라"(출 14:13,14).

사람이 살아가는 데 영향을 끼치는 것에는 세 가지의 요소가 있습니다. 하나는 환경이고, 둘은 자기 자신이며, 셋은 하나님입니다.
부정적이고 비관적인 사람은 환경에 의해 지배를 받습니다. 둘러싼 모든 환경이 최상의 상태가 아닌 한 언제나 불안해하고 불평합니다. 환경을 바라보는 자신의 시각이 처음부터 부정적이기 때문입니다.

반면 긍정적이고 낙관적인 사람은 스스로 환경을 지배합니다. 비록 환경이 열악하고 어려울지라도 "나는 할 수 있다"는 자신감이 있습니다. 그러나 이런 사람은 자신감이 있고 긍정적이어서 좋지만 자칫하면 판단 착오나 교만에 빠지기 쉽습니다.

참된 긍정과 낙관은 하나님으로부터 비롯됩니다. 비록 주위의 환경이 어렵고 나 자신도 보잘것 없을지라도 '하나님이 나와 함께 하시기 때문'에 쉽게 좌절하거나 포기하지 않습니다. 비록 나는 할 수 없을지라도 하나님이 원하시면 하나님은 반드시 이루심을 믿기 때문입니다.

이런 사람의 특징은 겸손함과 감사할 줄 아는 자세입니다. 내가 한 것이 아니라 하나님이 하신 것임을 알기 때문에 겸손합니다. 하나님이 하신 일이기 때문에 자신을 내세우기보다는 하나님을 내세우면서 항상 감사하게 됩니다.

제가 섬기던 교회에 30대에 과부가 되었던 할머니 한 분이 계셨습니다. 젊어서 과부가 되었으니 얼마나 비참합니까? 젊은 나이에 홀로 아이들을 기르며 사는 것이 어렵고 고통스럽다는 것은 누구라도 짐작할 수 있는 일입니다. 그런데 정작 당사자인 그 분은 그렇게 생각하지 않았습니다. 굶을 때는 금식할 기회를 주신 하나님께 감사하고, 먹을 때는 일용할 양식을 주신 하나님께 감사했습니다. 매사에 긍정적으로 감사하는 마음을 가지고 사니 잘되지 않을 수가 없었습니다. 그래서 그분 자손들은 세상적으로나 신앙적으로

나 모범 가정을 이루고 잘 삽니다. 이런 분은 축복을 받지 않을 수 없으리라고 할 만큼 감사와 기쁨으로 가득 차 있었습니다. 좋지 않은 환경일지라도 어떻게 해석하고 대처하느냐에 따라서 얼마든지 축복의 기회가 됨을 보여주는 본보기입니다.

같은 신앙인이라도 불안함을 가진 비관주의자들에게는 두려움을 제거시켜 주어야 합니다. 홍해 앞에서 바로의 군사들에게 쫓기는 이스라엘 자손들처럼, 당장 무슨 일이 날 것처럼 날뛰는 것을 막아야 합니다. 나쁜 말일수록 전파력이 있어서 빨리 퍼져나갑니다. 그래서 그런 사람들일수록 먼저 두려움을 제거하고 사랑으로 감싸안음으로써 다른 사람에게까지 영향을 미치지 않도록 해야 합니다.

그런데 같은 사건을 두고 해석을 다르게 하는 사람이 있었습니다. 모세는 이렇게 나누어진 위급한 상황을 바로 하나님의 살아계심과 위대하심을 볼 수 있는 절호의 기회로 인정했습니다. 얼마나 극과 극에 이르는 해석입니까?

시련에는 뜻이 있다

신앙인에게 위기는 하나님의 능력과 신실하심을 경험할 수 있는 아주 소중한 기회입니다. 위기는 두려워하는 것이 아니라 오히려 환영할 기회입니다. 하나님이 지키시며 함께 하시며 해결하시는데 무슨 걱정이 필요합니까? 자신의 힘으로만 위기를 극복하려고 애쓸 때 힘이 들고 절망하는 것입니다.

인생을 해결하는 방법은 여러 가지가 있습니다. 한 가지 사건을 놓고 긍정적인 기회로 보느냐 절망의 시기로 보느냐 하는 것은 자신의 선택에 달린 것으로써 시선을 어디에 두느냐의 문제입니다.

여러분은 어려운 문제, 곧 인생의 위기를 만났을 때 눈을 문제 자체에만 두지 마십시오! 문제는 바라볼수록 근심과 고통을 가져다 줍니다. 또한 여러분 혼자의 힘으로 그 문제를 해결하고, 혼자의 노력으로 그 위기를 극복하려고 하지 마십시오. 모든 위기와 모든 문제들을 하나님께 맡기십시오.

우리에게 위기인 일이 하나님께는 기회입니다. 하나님께서 이 위기를 통해서 나에게 이루기를 원하신는 일이 무엇인가에 먼저 주목하십시오. 그리고나서 친히 하나님께서 그 일을 해결하시도록 맡기고 여러분의 삶 가운데 역사하시는 하나님의 손길을 느껴보십시오.

어떤 분은 이렇게 말할런지 모르겠습니다.
"말이 쉽지, 진짜 인생의 어려운 문제를 만났을 때 그게 어디 쉬운 일인가?" 그러나 여러분이 느끼는 고통과 위기감이 과연 홍해를 앞두고 바로의 군사들에게 쫓기는 이스라엘 자손들보다 더 절박합니까? 안고 있는 그 문제가 일생일대 최대의 고비요 최고의 고통이라고 여기시겠지만, 과연 여러분이 느끼는 그 고통이 선한 다윗이 오히려 사울 왕에게 쫓겨 목숨이 경각에 달린 채 동굴과 광야로 도망다닌 사건보다 더욱 심각한 문제일까요?
여러분이 지금 당한 그 고통이 과연 아무런 죄 없이, 오로지 다른 사람들의 죄를 위해 십자가에 못박히셨던 예수님의 고통보다 큰 것일까요? 어쩌면 주님은 이렇게 말씀하실지도 모릅니다.

"네가 네 손톱 밑에 박힌 가시 때문에 아프다고 내게 호소할 때 나는 손과 발에 못이 박혀 십자가에 매달려 있었다. 네가 너의 돈 때문에, 너의 건강 때문에, 너의 성적 때문에 내게 호소할 때 그때 나는 너의 죄 때문에, 너의 구원 때문에 내 아버지께 호소하고 있었다."

우리는 환경과 자신을 바라봄이 아니라 하나님을 바라볼 때 하나님은 우리를 도우십니다. 출애굽기에서 모든 이스라엘 자손이 애굽의 병거들과 홍해를 바라보는 것과는 달리 모세만은 하나님을 바라보았습니다. 그때 여호와 하나님이 말씀하셨습니다.

"여호와께서 모세에게 이르시되 너는 어찌하여 내게 부르짖느뇨 이스라엘 자손을 명하고 앞으로 가게 하고 지팡이를 들고 손을 바다 위로 내밀어 그것으로 갈라지게 하라 이스라엘 자손이 바다 가운데 육지로 행하리라 내가 애굽 사람들의 마음을 강퍅케 할 것인즉 그들이 그 뒤를 따라 들어갈 것이라 내가 바로와 그 병거와 마병을 인하여 영광을 얻으리니 내가 바로와 그 병거와 마병을 인하여 영광을 얻을 때에야 애굽 사람들이 나를 여호와인 줄 알리라"(출 14:15-18).

하나님은 자신의 말씀을 일점일획까지라도 틀림없이 지키시는 분입니다. 14장 21절부터 30절까지에서의 말씀에서 우리가 너무나 잘 아는 홍해가 갈라지는 사건이 일어납니다.

모세가 바다 위로 손을 내밀자, 큰 동풍이 불어 바닷물이 갈라져 바닷물이 좌우에 벽처럼 서 있고 마른 바닥이 드러났을 때 이스라엘 백성들은 바다 가운데로 지나갔습니다. 그 뒤를 애굽 군대가 쫓아오자 하나님께서는 애굽 병거의 바퀴를 벗기시고 바다 한가운데에서 꼼짝못하게 하셨습니다. 그 위로 바닷물이 다시 흘러 애굽 군대는 하나도 남기지 않고 전멸하였습니다. 이 모습을 본 비관적이고 부정적이었던 이스라엘 백성들이 하나님과 모세를 믿게 되었습니다.

> "이스라엘이 여호와께서 애굽 사람들에게 베푸신 큰 일을 보았으므로 백성이 여호와를 경외하며 모세와 여호와를 믿었더라"(출 14:31).

홍해를 갈라 이스라엘 자손을 구원하시고 애굽 군대를 바다 가운데서 수장시키는 하나님의 역사를 지켜본 모세와 이스라엘 자손은 함께 하나님을 찬양합니다. 홍해를 가르고 애굽을 탈출할 수 있도록 도우신 하나님을 찬양하는 모세와 이스라엘 자손의 노래가 출애굽기 15장에 기록되어 있습니다.

> "이 때에 모세와 이스라엘 자손이 이 노래로 여호와께 노래하니 일렀으되 내가 여호와를 찬양하리니 그는 높고 영화로우심이요 말과 그 탄 자를 바다에 던지셨음이로다 여호와는

나의 힘이시요 노래시며 나의 구원이시로다 그는 나의 하나님이시니 내가 그를 찬송할 것이요 내 아비의 하나님이시니 내가 그를 높이리로다 여호와는 용사시니 여호와는 그의 이름이시로다 그가 바로의 병거와 그 군대를 바다에 던지시니 그 택한 장관이 홍해에 잠겼고 큰 물이 그들을 덮으니 그들이 돌처럼 깊음에 내렸도다 여호와여 주의 오른손이 권능으로 영광을 나타내시나이다 여호와여 주의 오른손이 원수를 부수시니이다…열방이 듣고 떨며 블레셋 거민이 두려움에 잡히며 에돔 방백이 놀라고 모압 영웅이 떨림에 잡히며 가나안 거민이 다 낙담하나이다 놀람과 두려움이 그들에게 미치매 주의 팔이 큼을 인하여 그들이 돌같이 고요하였사오되 여호와여 주의 백성이 통과하기까지 곧 주의 사신 백성이 통과하기까지였나이다 주께서 백성을 인도하사 그들을 주의 기업의 산에 심으시리이다 여호와여 이는 주의 처소를 삼으시려고 예비하신 것이라 주여 이것이 주의 손으로 세우신 성소로소이다 여호와의 다스림이 영원 무궁하시도다 하였더라"(출 15:1-18).

이 노래는 모든 것을 하나님의 은혜로 돌리고 그 무한하신 능력을 높여 찬양합니다. 위기를 주셨을지라도 그 위기에서 벗어나게 하신 하나님에 대한 믿음과 신앙이 감동적으로 나타나 있는 노래입니다.

모세와 이스라엘 자손은 홍해를 건너오기 전 서로 다른 시각을 가지고 있었습니다. 그래서 이스라엘 자손은 모세를 원망하고 모세를 비난하는 말을 했었습니다. 그러나 하나님의 은혜와 역사하심으로 홍해를 건너온 지금 모두 한 마음 한 입술로 하나님을 찬양했습니다.

찬양에는 마음과 마음을 이어주는 하나님의 신비가 숨어 있습니다. 그것은 찬양을 드리는 동안 우리의 시선이 오직 하나님께로 향하게 되어 서로 하나님 안에서 일치하게 되고, 가슴 안에서 감사와 기쁨이 넘쳐나기 때문입니다. 슬픔이 있을 때 하나님을 찬양하는 노래를 불러보십시오! 하나님께서 반드시 그 눈물을 거두어주실 것입니다. 마음 속에 근심과 노여움과 불안이 있을 때 하나님을 찬양하십시오! 하나님이 위에서 주시는 신비한 평화와 기쁨이 여러분 속에서 흘러 넘칠 것입니다.

이스라엘 자손이 출애굽을 하는 것은 쉽게 이루어진 일이 아니었습니다. 출애굽은 수많은 시련 속에서 이루어졌습니다. 바로에게 처음 출애굽을 요청했을 때 이스라엘 자손에게 찾아온 것은 더욱 무거운 노역이었습니다. 출애굽을 하고 나서도 홍해로 가로막힌 곳에서 애굽 군대가 뒤쫓아오는 절대절명의 시련이 있었습니다. 그러나 하나님은 이 모든 시련을 찬양으로 바꾸어 놓으셨습니다. 아무도 예상치 못했던 홍해가 갈라지는 기적을 통하여 이스라엘 민족을 구원하시고 바로와 애굽 군대를 심판하셨습니다.

하나님이 시련을 주시는 뜻은 아무도 모릅니다. 더구나 처음 그 사건을 접했을 때는 나에게 어떤 의미인지 알 수 없는 때가 거의 대부분입니다.

그러나 그런 때를 부정적이고 절망적인 시각으로 해석해서 하나님을 원망부터 하는 것은 신앙을 가진 사람의 태도라 할 수가 없습니다. **시련 속에는 반드시 하나님이 원하시는 뜻이 있는 줄 알고 그 뜻을 알기 위해서 노력하고 최선을 다해서 하나님의 도움과 지혜를 구하는 것이 신앙을 가진 사람의 태도입니다.**

만일 시련과 고난에 처해 있다고 생각되면, 먼저 그 고난이 주는 하나님의 교훈은 무엇인지 생각하고, 겸손히 하나님의 뜻을 구해야 할 것입니다. 이런 위기를 체험한 사람은 체험하지 못한 사람보다 훨씬 풍성한 하나님의 은혜와 축복을 받았노라고 고백할 수 있습니다.

시련에는 뜻이 있습니다. 그렇습니다! 하나님이 주시는 시련은 반드시 뜻이 있습니다! 하나님의 뜻은 언제나 선한 것이기 때문에 시련 속에서도 먼저 그의 나라와 의를 구해야 합니다.

시련은 시련으로 끝나지 않습니다! 시련 속에는 하나님의 숨겨진 뜻이 있고, 그 뜻 속에는 하나님의 은혜와 축복이 풍성히 들어 있습니다. 우리가 시련을 만날지라도 하나님의 뜻을 발견하기만 하면 얼마든지 축복으로 변화합니다.

비관주의자와 낙관주의자의 차이는 어떤 사건이 판가름하는 것이 아니라 그 사건을 해석하는 방법이 판가름합니다. 위기를 겪는 것은 신앙인과 비신앙인의 차이가 없습니다. 똑같은 사건을 만났을 때 한 사람은 아주 낙관적이고 긍정적으로 해석하지만, 다른 한 사람은 아주 부정적이고 비관적으로 해석할 수 있습니다.
인생은 사건이 사람을 이끌고 가는 것이 아니라 그 사건을 해석하고 대응하는 사람의 태도가 이끌어 가는 것입니다.

비관적인 사람은 어떤 기회가 와도 비관적으로 이끌어 갑니다. 그것을 잘 활용하면 얼마든지 도약할 수 있는 기회가 될텐데 아예 해보지 않고 포기합니다.
반면 낙관적인 사람은 아무리 어려운 시련이 닥쳐도 그 난관을 끝까지 헤쳐나가서 자신이 발전할 수 있는 기회로 삼습니다. 그래서 같은 사건을 겪고 나서도 나중에 보면 정반대의 결과를 낳습니다.

영적으로 해석할 것인지 육적으로 해석할 것인지, 신앙의 눈으로 볼 것인지 비신앙의 눈으로 해석할 것인지는 전적으로 그 사람의 믿음에 달려 있습니다. 우리가 불행에 대한 관점이 긍정적일 때, 어느 누구도 우리를 불행하게 만들 수 없습니다. 우리 스스로 불행을 모르는데 어떻게 불행이 우리를 지배하겠습니까. 따라서 무슨 사건이 나도 그것을 해석하는 사람에 따라서 천국과 지옥으로 나뉘게되는 것입니다.

출애굽 이후의 생활에 대한 태도도 모세와 이스라엘 백성들의 생각은 매우 달랐습니다. "광야에서 방황을 하느니 차라리 노예일 지언정 애굽의 고기가마를 그리워하고 다시 돌아가고 싶다"면서 원망을 하던 사람들이 이스라엘 백성들이었습니다.

그러나 모세와 몇몇 사람들은 하나님이 이스라엘 백성들을 인도해 내실 것이며, 그들을 반드시 약속하신 젖과 꿀이 흐르는 가나안 땅에 들어가게 하실 것이라는 것을 믿고 인내 했고, 하나님은 그 믿음을 이루셨습니다.

지금 우리들의 생활이나 믿음도 마찬가지입니다. 자기에게 닥친 어떤 사건이나 고난도 하나님이 자신에게 필요하셔서 주신 것이라고 믿고 강하게 헤쳐나가서 승리하는 사람이 있습니다. 반면 조그만 일에도 하나님을 원망하고 왜 내게 이런 시련을 주시느냐고 항의하며 자포자기하는 사람이 있습니다. 그것은 그 사람의 짐이 더 무거워서 그런 것이 아닙니다. 단지 자신이 무겁게 느끼고 자신에게 생긴 일들을 실제보다 크게 과장해서 생각하는 염려 때문에 스스로 괴롭히는 것입니다.

이런 사람들은 생각하는 방향을 바꾸어야 합니다. 그리고 먼저 하나님에 대한 자신의 믿음을 점검해 보아야 합니다. 자신에게 좋은 일이 있을 때에는 하나님께 감사드리고 그 은혜를 찬송하지만, 조금이라도 어려운 일이 생기면 금새 하나님이 자기를 버리신 것처럼 실망하고 절망하는 것은 참된 신앙의 태도가 아닙니다.

신앙은 자기가 좋은 대로 믿는 것이 아닙니다. 그러면 하나님이 무슨 필요가 있겠습니까? 그저 우상을 앞에 두고 잘 되면 감사하고 못 되면 버리면 되는 것이지, 굳이 이런 저런 것을 가르치고 그대로 행하라고 요구하시는 하나님을 믿을 필요가 없을런지 모릅니다. 믿음은 자신의 필요에 따라 왔다갔다할 수 있는 게임이 결코 아닙니다. 그런 생각을 하고 있기 때문에 작은 시련에도 자신의 신앙을 지키지 못하고 하나님을 원망합니다.

자신에게 오는 날이 맑거나 흐리거나 그 날씨를 지배하시는 하나님을 믿고 그 안에서 감사하면서 사는 것이 믿음을 가진 성도들의 삶입니다. 하나님이 확실히 인도해 주시겠다는 약속에도 불구하고 일생의 순간순간 고비가 있을 때마다 불평하고 원망하는 이스라엘 백성들의 모습에서 우리는 신앙의 모습들을 한 번쯤 되돌아보는 기회를 가져야 할 것입니다.

신앙은 영적인 투쟁과 고통이 있어야만 성숙해지고 강해집니다.

이스라엘 자손의 첫번째 불평

15장 22절 이하의 말씀을 보면 홍해의 기적을 겪고 난 후의 이스라엘 백성들의 태도가 나옵니다. 바로 조금 전에 하나님을 찬양했던 그들은 금새 자신을 애굽 땅에서 구원해내신 하나님과 모세를 원망하기 시작합니다. 광야에서 마실 물이 충분치 않아 사흘 길을 걸었는데도 물을 찾지 못하자 생긴 갈증 때문이었습니다.

> "모세가 홍해에서 이스라엘을 인도하매 그들이 나와서 수르 광야로 들어가서 거기서 사흘 길을 행하였으나 물을 얻지 못하고 마라에 이르렀더니 그곳 물이 써서 마시지 못하겠으므로 그 이름을 마라라 하였더라 백성이 모세에 대하여 원

망하여 가로되 우리가 무엇을 마실까 하매 모세가 여호와께 부르짖었더니 여호와께서 그에게 한 나무를 지시하시니 그가 물에 던지매 물이 달아졌더라"(출 15:22-25상).

인간의 기본적인 욕구 중에서 가장 원초적인 것이 바로 갈증입니다. 먹을 것 중에서도 가장 기본적인 물이 광야 생활에서는 늘 부족하기 마련이었습니다. 그렇다고 물을 찾아 샘을 파기도 어려웠습니다. 왜냐하면 하나님의 인도하심을 따라서 항상 떠날 준비를 한 상태로 살면서 이리저리 옮겨 다녀야 했기 때문입니다.

이스라엘 백성들은 노예였지만 물은 풍족하게 마셨던 애굽 생활이 벌써부터 그리울 지경이 되었습니다. 사흘 길을 힘겹게 걸어서 '마라'라는 곳에 이르러 물을 발견했지만 그 물은 써서 도저히 먹을 수 없었습니다.

그러자 백성들은 드러내고 무엇을 마실까 물으며 모세를 원망하게 되었습니다. 겨우 찾은 물인데도 먹을 수가 없었으니 그 갈증이 더욱 심해졌을 것입니다.

하나님과 자신을 원망하는 백성들의 소리를 들은 모세는 하나님께 먹을 물을 달라고 부르짖었습니다. 그러자 하나님은 모세의 그 부르짖음에 응답하시고 한 나무를 지시하시며 그 나무를 물에 던지라고 하셨습니다. 모세가 그대로 행하자 먹을 수 있도록 물이 달아졌습니다.

이 사건은 자신의 힘으로는 도저히 할 수 없는 어떤 일이 생겼을 때에 대처하는 방법의 차이를 나타냅니다. 이스라엘 백성들처럼 자신의 힘으로 되지 않는 일을 과거나 되돌아보고 앉아서 원망만 하는 사람이 있는가 하면, 적극적으로 하나님께 매달려서 해결하려는 사람이 있습니다.

오늘도 밤낮으로 하나님께 부르짖으면 하나님께서는 그 소리를 들으시고 응답하십니다. 하나님은 자기 백성이 괴로움 가운데서 오래도록 고통받기를 원하시는 분이 아니십니다. 자신의 힘을 믿고 모든 것을 자신의 힘으로 하려거나, 그것이 안되면 포기하는 것을 원치 않으십니다. **언제나 하나님의 도움을 구하고 하나님의 선하신 인도하심을 먼저 구하는 것이 믿는 사람들의 문제 해결 방법입니다.**

점점 더 어두워지고 날로 험악해지는 이 시대에 살고 있는 믿는 사람들은 하나님의 희망을 발견해야 합니다. **어떤 상황에서도 하나님이 인도하고 계시다는 것과, 하나님이 함께 하시는 한 이기지 못할 두려움은 없으며, 어떤 절망 가운데에도 하나님이 함께 하시면 곧 희망의 빛이 나타나고 길이 생길 것을 확신하는 것이 신앙인의 자세입니다.**

인류 역사상 이스라엘 민족만큼 많은 기적을 체험한 사람들은 없을 것입니다. 그들 민족은 생성 단계에서부터 하나님이 함께 하셔서 지시하셨기 때문에 숱한 어려움을 겪으면서도 하나님의 섭리와 정하신 뜻에 따라서 기적적으로 이겨낼 수 있었습니다.

그렇게 이스라엘을 선택하시고 이끄셨던 하나님이 바로 우리가 믿는 하나님입니다. 그런데 어떻게 우리 역시 희망을 보지 않겠습니까?

모세와 함께 광야 생활을 하던 사람들은 이스라엘 민족 중에서도 특별히 더 많은 은혜와 기적을 체험한 사람들입니다. 그들이 홍해를 건널 때의 사건을 비롯해서 만나를 먹이심과 구름기둥 불기둥으로 이끄시는 장면을 한 번 생각해 보십시오. 어떻게 그들이 하나님을 믿고 따르지 않을 수 있겠습니까?

그러나 인간은 약한 존재입니다. 그래서 바로 눈앞에 기사와 이적이 계속 이어지지 않으면 곧 다시 원망과 불평을 늘어놓습니다. 그런 불평은 지금 우리가 보면 도저히 이해할 수 없을 정도로 빈번하게 일어나고 반복됩니다. 하나님의 기적과 인도하심을 체험한 사람들이 어떻게 이렇게 돌변할 수 있을까 싶을 정도의 일들이 가나안 땅에 들어가기까지 이스라엘 백성들 가운데서 끊이지 않았습니다.

이스라엘 백성들의 태도는 마치 물리학의 엔트로피 법칙과 같았습니다. 하나님의 강력한 통제력으로 묶어 두지 않으면 금방 혼란과 무질서를 초래하는 것이 이스라엘 사람들의 속성인 것 같습니다. 그래서 발전이 있으려면 새로운 에너지를 투입해 주지 않으면 안됩니다. 그러면 새로운 에너지로 인해서 다시 원래의 형태를 유지하면서 힘을 가지고 전진할 수 있습니다.

홍해를 가르신 하나님께서 이스라엘 백성들이 광야에서 목말라 죽도록 그대로 내버려 둘 리가 없습니다. 애굽에서 인도해 내실 때에 애굽 땅에 그렇게 엄청난 기적을 보이셨던 하나님이 어디에서든 물을 내어 마시게 하는 일이 어려울 리 없습니다. 그러나 백성들은 하나님이 마치 자신들을 광야에 버려서 죽게 하시는 것처럼 생각했습니다.

위기가 왔다는 것은 하나님께 부르짖을 때가 왔다는 의미입니다. 하나님을 찾아야 할 때라는 것을 깨닫게 하고자 알리시는 사인입니다.
믿는 사람에게 있어서 위기는 기회입니다. 위기는 하나님을 경험할 수 있는 기회입니다. 그런데 위기의 때에 불평을 하는 것은 도리어 죽음을 재촉하는 것입니다. 같은 위기를 어떻게 대하느냐에 따라서 이렇게 극과 극의 결과가 나타나게 되어 있습니다.
축복의 기회를 만드느냐 멸망의 기회를 만드느냐 하는 것은 하나님께 달린 것이 아니라 우리의 선택에 달린 것입니다. 하나님은 우리의 선택에 따라 응답하십니다.

백성들의 불평은 갈증을 더해서 죽음을 재촉했을 뿐이지만, 모세의 부르짖음은 쓴물을 단물로 바꾸는 역사를 일으켰습니다.
같은 환경에서 주어지는 같은 시험도 이렇게 받아들이는 사람에 따라 다른 열매를 맺게 되어 있습니다. 중요한 것은 그 사건이 아니라 그 사건에 대처하는 신앙적 태도에 있음을 '마라의 시험'에서 분명히 드러났습니다.

하나님은 모든 것을 행하실 수 있는 분입니다. 하나님의 능력이 부족해서 축복할 수 있는 일이 저주로 바뀌는 것이 아닙니다. 하나님의 능력을 어떻게 이 사건에 이끌어 들이느냐, 곧 우리의 신앙적 태도에 있습니다.

하나님은 불평하는 자가 아니라 부르짖는 자에게 응답하십니다. 위기가 닥쳤을 때에는 우리는 그 사건 자체만을 보지 말고 자신의 신앙을 점검해 보아야 합니다. 위기는 하나님의 능력을 체험할 수 있는 또 한 번의 기회인 것입니다.

하나님은 '마라의 단물 체험'을 하게 하신 후에 법도와 율례를 정하셨습니다. 하나님의 말을 청종하고 의를 행하며 하나님의 규례를 지키면 애굽 사람에게 내리셨던 질병을 내리지 않으시겠다고 약속하십니다.

그리고 하나님께서는 '너희를 치료하시는 여호와'라고 말씀하셨습니다.

> "거기서 여호와께서 그들을 위하여 법도와 율례를 정하시고 그들을 시험하실새 가라사대 너희가 너희 하나님 나 여호와의 말을 청종하고 나의 보기에 의를 행하며 내 계명에 귀를 기울이며 내 모든 규례를 지키면 내가 애굽 사람에게 내린 모든 질병의 하나도 너희에게 내리지 아니하리니 나는 너희를 치료하는 여호와임이니라 그들이 엘림에 이르니 거기 물샘 열 둘과 종려 칠십 주가 있는지라 거기서 그들이 그 물곁에 장막을 치니라"(출 15:25하-27).

지금 하나님의 모습은 '치유하시는 하나님'입니다. 이런 치유하시는 하나님에 대한 신학이 계속해서 쌓이면 하나님을 보고 인생을 보는 견해가 달라집니다.

미국의 맥밀란이라는 사람이 쓴 「치료하시는 하나님」이라는 책이 있습니다. 우리 나라에서는 「성경과 현대의학」이라는 이름으로 발간되었습니다. 거기에 보면, 구약시대에는 의술이 그렇게 발달하지 않은 시대였는데도 성경에 씌어 있는 것을 보면 현대의학이 오늘날 뒤늦게 발견한 방법들이 이미 다 기록되어 있다고 합니다.

그리고 그 책에는 분노를 경험하고, 사람을 미워하는 사람에게는 너무나 많은 질병들이 발생됨을 기록하고 있습니다. 그 글을 보면 아마 화를 내고 싶은 생각이 다 달아나 버릴 것입니다. 그렇습니다. 염려와 분노는 뇌세포를 죽입니다. 뇌세포는 한 번 죽으면 살아나지 않습니다. 그래서 화를 자주 내고 염려가 많은 사람일수록 빨리 늙고 머리 속의 세포들도 노화하게 되어 있습니다. 인간의 질병은 거의 마음에서 오는 것입니다.

이스라엘 자손의 두번째 불평

물을 얻고 난 다음에 이스라엘 사람들의 두번째 불평은 '먹을 것이 없다'는 것이었습니다.

그들이 장막 치고 있었던 곳은 신 광야였습니다. 이스라엘 백성들은 그곳에서 아주 드러 내놓고 애굽의 고기 가마 옆에 있었던 시절을 그리워했습니다. 하나님께서 마실 것을 주셨으면 먹을 것도 당연히 주실 것이라는 믿음이 그들에게는 없었습니다. 아마 전날 물이 없다고 불평했던 사람들이 또다시 불평을 하는 데 앞장을 섰던 듯합니다.

"이스라엘 자손의 온 회중이 엘림에서 떠나 엘림과 시내 산 사이 신 광야에 이르니 애굽에서 나온 후 제 이월 십오 일이라 이스라엘 온 회중이 그 광야에서 모세와 아론을 원망하여 그들에게 이르되 우리가 애굽 땅에서 고기 가마 곁에 앉았던 때와 떡을 배불리 먹던 때에 여호와의 손에 죽었더면 좋았을 것을 너희가 이 광야로 우리를 인도하여 내어 이 온 회중으로 주려 죽게 하는도다"(출 16:1-3).

불평을 하는 사람들은 환경이 바뀌어도 불평을 그치지 않습니다. 오히려 환경이 악화되면 아주 물을 만난 고기처럼 여기저기 헤치고 다닙니다.

제가 미국에서 교회를 지을 때에 항상 건물이 너무 크다고 불평하고 다닌 사람이 있었습니다. 그 사람은 건물에 드는 유지비를 계산해서 들이대면서 걱정을 했습니다.

그럴 때마다 저는 "이 건물을 짓게 하시는 하나님께서 그 유지비를 주시지 않겠느냐"고 말하면서 안심시켰습니다. 그리고 교회가 완성이 되고 일 년이 지나자 그 사람은 다시 불평을 하기 시작했습니다. 이번에는 '앞을 내다보지 못하고 처음에 교회를 너무 작게 지었다'는 불평이었습니다.

어느 단체나 사람의 모임에는 사사건건 방해만 하는 사람이 종종 있습니다. 그런 사람들은 처음 불평을 했던 상황에서 반전이 되었을지라도 여전히 새로운 불평거리를 만들어서 불평합니다.

불평은 처음부터 아주 입에 올리지를 말아야 합니다. 그렇지 않으면 불평이 그 사람의 온 마음을 삼켜 버립니다.

예수님께서 '너희는 무엇을 먹을까, 무엇을 마실까 염려하지 말라'고 하신 말씀은 바로 이 대목에서 인용하신 것이었습니다.

이것들을 걱정하지 않고 모든 일을 밝게 이끌 사람은 극소수입니다. 그런 사람들은 절망 가운데서 희망을 찾아내는 사람들이기 때문에 지도자가 될 수 있는 사람입니다. 하나님에 대한 믿음을 가진 사람만이 절망 가운데서도 희망을 보고 이 사회를 이끌어갈 수 있는 사람들입니다.

물론 이것은 '교만한 메시아적 망상'과는 구분해야 합니다. 오직 자신만이 이 사회의 문제, 이 교회의 문제, 이 직장의 문제를 해결할 수 있는 사람이라고 생각하는 것은 잘못된 것입니다.

이 모든 문제를 완벽하게 해결할 수 있는 분은 예수님 한 분밖에 없습니다. 우리는 다만 예수님에 대한 희망을 잃지 않으며 그 길을 조금 평탄하게 닦는 세례 요한의 역할밖에는 할 수 없습니다.

이 세상은 특출한 한 사람을 필요로 하는 것이 아니라 자기 맡은 바에 충실하고 희망을 잃지 않는 많은 믿음의 사람들이 필요합니다. 그들이야말로 이 사회를 떠받치는 중추적인 사람들이기 때문입니다.

모세는 이스라엘 백성들에게 말하기를, '그들이 모세와 아론에게

와서 불평하는 것은 곧 하나님께 불평하는 것이라'고 합니다. 왜냐하면 모세와 아론이 자신의 생각대로 그 백성들을 이끌어낸 것이 아니라 두 지도자가 하나님 여호와의 명령에 따른 일이었기 때문에 '하나님께 불평함'의 말이 성립됩니다.

> "때에 여호와께서 모세에게 이르시되 보라 내가 너희를 위하여 하늘에서 양식을 비같이 내리리니 백성이 나가서 일용할 것을 날마다 거둘 것이라 이같이 하여 그들이 나의 율법을 준행하나 아니하나 내가 시험하리라 제 육일에는 그 거둔 것을 예비할지니 날마다 거둔 것의 갑절이 되리라 모세와 아론이 온 이스라엘 자손에게 이르되 저녁이 되면 너희가 여호와께서 너희를 애굽 땅에서 인도하여 내셨음을 알 것이요 아침에는 너희가 여호와의 영광을 보리니 이는 여호와께서 너희가 자기를 향하여 원망함을 들으셨음이라 우리가 누구관대 너희가 우리를 대하여 원망하느냐 모세가 또 가로되 여호와께서 저녁에는 너희에게 고기를 주어 먹이시고 아침에는 떡으로 배불리시리니 이는 여호와께서 자기를 향하여 너희의 원망하는 그 말을 들으셨음이니라 우리가 누구냐 너희의 원망은 우리를 향하여 함이 아니요 여호와를 향하여 함이로다"(출 16:4-8).

그리고 지도자 모세는 하나님께서 그 백성들의 원망하는 소리를 들으셨지만 '저녁에는 고기를 주어 배불리 먹게 하시고 아침에는 떡을 주어 먹이실 것이라'는 여호와의 말씀을 전합니다.

"모세가 또 아론에게 이르되 이스라엘 자손의 온 회중에게 명하기를 여호와께 가까이 나아오라 여호와께서 너희의 원망함을 들으셨느니라 하라 아론이 이스라엘 자손의 온 회중에게 말하매 그들이 광야를 바라보니 여호와의 영광이 구름 속에 나타나더라 여호와께서 모세에게 일러 가라사대 내가 이스라엘 자손의 원망함을 들었노라 그들에게 고하여 이르기를 너희가 해 질 때에는 고기를 먹고 아침에는 떡으로 배부르리니 나는 여호와 너희의 하나님인 줄 알리라 하라 하시니라"(출 16:9-12).

사람이 할 수 없는 일은 하나님이 직접 역사하십니다. 그러나 사람이 할 수 있는 일일 때는 하나님은 비켜나시고 사람이 직접 일하게 하십니다.

이스라엘 백성이 배고픔을 호소할 때 하나님은 직접 나서서 역사하셨습니다. 이렇게 이스라엘 백성을 인도하시는 분은 전능하신 하나님이란 것을 보여 주셨습니다.

그렇게 해서 하나님께서 내려주신 것이 13절에 나오는 만나와 메추라기입니다.

만나는 꿀을 발라 살짝 구운 과자처럼 맛이 달콤하고 마리과 고수풀같이 색깔은 희었습니다. 이 만나는 생명의 양식이신 예수 그리스도를 상징하는 떡이었습니다.

이 만나 사건에서 가장 중요한 것은 만나가 그 날 하루의 일용할 양식일 뿐 한번에 많이 거두어 저장해서 먹는 음식이 아니라는 점입니다.

즉 욕심 내어 짧은 시간에 혼자 많이 거두어 두고 나머지 시간에는 놀거나 다른 일하는 것을 하나님은 원하시지 않으셨습니다.

그래서 그 날 하루 하루 분량만 거두게 하셨고 많이 거둔 사람이나 적게 거둔 사람이나 남는 만나가 없도록 하셨습니다. 만일 욕심을 내어서 많이 거둔 사람이 있다면 그것은 다음날까지 남아 있지 않고 변질되었습니다.

주께서 가르쳐 주신 주기도문에서 말하는 "일용할 양식"도 바로 광야에서 내리신 메추라기와 만나를 염두에 둔 말씀입니다.

주님께 모든 것을 의뢰하는 삶의 태도는 비단 양식에만 관계된 것이 아닙니다. 에너지도 마찬가지입니다. 그 날의 에너지는 그 날에 족한 것입니다. 그래서 그 날의 에너지는 그 날 남김없이 쓰고 그 다음 날은 또다시 그 다음날의 에너지를 받아서 사는 것입니다. 그 날 일을 그 날에 끝내야 하듯이 그 날의 에너지를 그 날 다 쓰면 다음에는 그 때에 필요한 새로운 힘을 주십니다.

삶의 모든 분야에 있어서 날마다 우리에게 채워 주시는 하나님의 은혜를 바라보며 삽시다! 우리 삶에 필요한 모든 것을 주관하시는 분, 바로 우리 곁에 계시는 하나님을 믿읍시다!

우리의 눈을 하나님께 둘 때 주께서 우리의 필요를 인도하십니다. 하나님께서 능력이 없으셔서 못 주시는 것이 아니라, 주시고자 하는 많은 것에도 불구하고 축복과 은혜를 받기에 합당한 삶을 살지 못하는 우리 삶의 태도에 문제가 있습니다.

그러므로 지금 이 순간부터, 우리도 애굽 군대와 물과 양식 때문에 하나님을 원망했던 이스라엘 백성과 같은 태도를 버립시다. 문제가 생길 때마다 하나님께 먼저 구하고 매일 매일 일용할 만나로 하나님의 풍성하신 축복을 받았던 모세와 같은 믿음의 삶을 사는 하나님의 백성이 됩시다.

제9장

하나님의 사람들을 세우라

"…모세의 장인이 그에게 이르되 그대의 하는 것이 선하지 못하도다 그대와 그대와 함께 한 이 백성이 필연 기력이 쇠하리니 이 일이 그대에게 너무 중함이라 그대가 혼자 할 수 없으리라 이제 내 말을 들으라 내가 그대에게 방침을 가르치리니 하나님이 그대와 함께 계실지로다 그대는 백성을 위하여 하나님 앞에 있어서 소송을 하나님께 베풀며 그들에게 율례와 법도를 가르쳐서 마땅히 갈길과 할 일을 그들에게 보이고 그대는 또 온 백성 가운데서 재덕이 겸전한 자 곧 하나님을 두려워하며 진실무망하며 불의한 이를 미워하는 자를 빼서 백성 위에 세워 천부장과 백부장과 오십부장과 십부장을 삼아 그들로 때를 따라 백성을 재판하게 하라 무릇 큰일이면 그대에게 베풀 것이고 무릇 작은 일이면 그들이 스스로 재판할 것이니 그리하면 그들이 그대와 함께 담당할 것인즉 일이 그대에게 쉬우리라 그대가 만일 이 일을 하고 하나님께서도 그대에게 인가하시면 그대가 이 일을 감당하고 이 모든 백성도 자기 곳으로 평안히 가리라 이에 모세가 자기 장인의 말을 듣고 그 모든 말대로 하여 이스라엘 무리 중에서 재덕이 겸전한 자를 빼서 그들로 백성의 두목 곧 천부장과 백부장과 오십부장과 십부장을 삼매 그들이 때를 따라 백성을 재판하되 어려운 일은 모세에게 베풀고 쉬운 일은 자단하더라 모세가 그 장인을 보내니 그가 자기 고향으로 돌아가니라…"(출 17:1-18:27).

하나님의 사람들을 세우라

하나님께서 만나와 메추라기를 보내어 이스라엘 자손의 배고픔을 해결해 주신 이후에도 이스라엘 자손들의 불평은 그치지 않았습니다.

출애굽기 15장과 16장을 보면, 이스라엘 자손은 목마를 때와 배고파 주릴 때에 반복해서 모세와 하나님에게 불평했습니다. 반면에 하나님께서 쓴물을 단물로 바꾸어주셨을 때와 만나와 메추라기를 보내주셨을 때 이스라엘 자손은 한 번도 감사하지 않았습니다.

그런데 이번에는 물이 없음으로 인해 이스라엘 백성은 모세와 다투며 원망합니다.

> "이스라엘 자손의 온 회중이 여호와의 명령대로 신 광야에서 떠나 그 노정대로 행하여 르비딤에 장막을 쳤으나 백성이 마실 물이 없는지라 백성이 모세와 다투어 가로되 우리에게 물을 주어 마시게 하라"(출 17:1-2상).

감사는 감사를 낳고, 불평은 불평을 낳습니다. 조그마한 일에도 감

사할 줄 아는 사람이 큰 일에도 감사합니다. 감사해야 할 일에 감사할 줄 모르는 사람은 광야의 이스라엘처럼 늘 불평과 불만 속에 살게 마련입니다.

이미 하나님께서 쓴물을 단물로 바꾸시고, 만나와 메추라기를 보내주시는 기적을 체험하였음에도 불구하고 감사할 줄 모르던 이스라엘 자손들은 또다시 물로 인해 모세에게 불평하였습니다.

그러자 모세는 다시 여호와께 부르짖었습니다.

> "모세가 그들에게 이르되 너희가 어찌하여 나와 다투느냐 너희가 어찌하여 여호와를 시험하느냐 거기서 백성이 물이 갈하매 그들이 모세를 대하여 원망하여 가로되 당신이 어찌하여 우리를 애굽에서 인도하여 내어서 우리를 우리 자녀와 우리 생축으로 목말라 죽게 하느냐 모세가 여호와께 부르짖어 가로되 내가 이 백성에게 어떻게 하리이까 그들이 얼마 아니면 내게 돌질하겠나이다"(출 17:1-4).

이스라엘 백성들이 모세를 원망하고 모세와 다투었던 것은 단지 모세에 대한 불평이 아니라 '하나님을 시험하는 것'이었습니다. 왜냐하면 이스라엘 자손을 광야로 인도하여 낸 것은 모세가 아니라 하나님이요, 지금까지 물과 만나와 메추라기를 공급해주신 분 역시 하나님이심을 이스라엘 자손들도 이미 알고 있었기 때문입니다.

그래서 7절에서는 이렇게 말씀하고 있습니다.

> "그가 그곳 이름을 맛사라 또는 므리바라 불렀으니 이는 이

스라엘 자손이 다투었음이요 또는 그들이 여호와를 시험하
여 이르기를 여호와께서 우리 중에 계신가 아닌가 하였음이
더라."

'맛사'는 '시험하다', '므리바'는 '다투다'는 뜻을 가진 히브리
어입니다. 이스라엘 자손이 광야에서 모세와 다투고 하나님을 시험
한 것에 대해서 히브리서에서는 이렇게 말씀하고 있습니다.

"그러므로 성령이 이르신 바와 같이 오늘날 너희가 그의 음
성을 듣거든 노하심을 격동하여 광야에서 시험하던 때와 같
이 너희 마음을 강퍅하게 하지 말라 거기서 너희 열조가 나
를 시험하여 증험하고 사십 년 동안에 나의 행사를 보았느
니라"(히 3:7-9).

이스라엘 자손들은 하나님이 함께 하심을 믿지 못하여 하나님을
시험하고 그래서 하나님의 노여움 받는 불신앙과 함께, 다시금 하
나님의 함께 하심을 체험하는 신앙 즉 불신앙과 신앙을 반복했습
니다. 물이 없다고 불평했다가 하나님을 체험하고, 떡과 고기가 없
다고 하나님을 시험했다가 만나와 메추라기를 보내주시는 하나님
을 체험하고, 또 다시 물이 없다고 하나님을 원망하다가 반석에서
물이 솟게 하시는 하나님을 체험했습니다.

"여호와께서 모세에게 이르시되 백성 앞을 지나가서 이스라
엘 장로들을 데리고 하수를 치던 네 지팡이를 손에 잡고 가

라 내가 거기서 호렙 산 반석 위에 너를 대하여 서리니 너는 반석을 치라 그것에서 물이 나리니 백성이 마시리라 모세가 이스라엘 장로들의 목전에서 그대로 행하니라"(출 17:5,6).

여호와 닛시

이렇게 불평과 원망을 계속 반복하던 이스라엘 백성들은 아말렉과의 첫번째 전쟁을 하게 됩니다. 그리고 이 아말렉 전쟁에서 승리함으로써 이스라엘 민족은 다시 한번 비약적으로 신앙이 성숙했습니다.

"때에 아말렉이 이르러 이스라엘과 르비딤에서 싸우니라 모세가 여호수아에게 이르되 우리를 위하여 사람들을 택하여 나가서 아말렉과 싸우라 내일 내가 하나님의 지팡이를 손에 잡고 산꼭대기에 서리라 여호수아가 모세의 말대로 행하여 아말렉과 싸우고 모세와 아론과 훌은 산꼭대기에 올라가서 모세가 손을 들면 이스라엘이 이기고 손을 내리면 아말렉이 이기더니 모세의 팔이 피곤하매 그들이 돌을 가져다가 모세의 아래에 놓아 그로 그 위에 앉게 하고 아론과 훌이 하나는 이편에서 하나는 저편에서 모세의 손을 붙들어 올렸더니 그 손이 해가 지도록 내려오지 아니한지라 여호수아가 칼날로 아말렉과 그 백성을 쳐서 파하니라"(출 17:8-13).

하나님은 르비딤에서 이스라엘 백성들이 아말렉과 싸워 승리를 거두게 하셨습니다. 아말렉은 가나안 남부 광야의 유목민족인데, 이후로도 이스라엘 민족을 괴롭히는 대표적인 민족입니다.

르비딤은 이스라엘과 르비딤 두 민족이 함께 거하기에는 자원이 부족한 땅이었으므로 두 민족 간의 전쟁은 필연적이었습니다.

여기서 우리가 주목할 것은 이곳에서 처음으로 여호수아의 이름이 등장한다는 사실입니다. 젊고 신실한 여호수아는 모세의 선택을 받고 싸움에 나가서 열심히 싸웠습니다. 여호수아는 그때부터 지도자로서 자질을 길렀습니다. **지도자는 어느 날 문득 갑작스럽게 출현하는 것이 아니라 오랜 시간을 거쳐 준비하고 단련한 후 만들어집니다.**

이스라엘 민족은 첫 전쟁에서 독특한 형태로 승리하였습니다. 모세는 하나님의 지팡이를 잡고 두 손을 머리 위로 올려 이스라엘 민족이 하나님의 권능을 의지하고 있음을 상징적으로 보여주었습니다. 이 승리는 하나님의 승리였던 것입니다.

하나님은 아말렉과의 전쟁을 책으로 기록할 것을 말씀하셨습니다. 특별히 하나님은 여호수아가 이 전쟁의 승리를 정확하게 기억하고 있기를 원하셨습니다. 이때 이미 하나님께서는 여호수아를 다음 세대의 지도자로서 준비시키셨습니다.

"여호와께서 모세에게 이르시되 이것을 책에 기록하여 기념하게 하고 여호수아의 귀에 외워 들리라 내가 아말렉을 도

말하여 천하에 기억함이 없게 하리라 모세가 단을 쌓고 그 이름을 여호와 닛시라 하고 가로되 여호와께서 맹세하시기를 여호와가 아말렉으로 더불어 대대로 싸우리라 하셨다 하였더라"(출17:14-6).

출애굽기 17장 14절은 하나님께서 자기의 '말씀을 기록하라'고 명하셨던 최초의 성경 기록입니다. 모세에게 성경을 기록하라고 하신 하나님의 말씀에 의하여 우리는 모세 오경이 모세의 저작임을 알 수 있습니다.

아말렉과의 전쟁에서 승리한 모세는 이 승리를 기념하는 단을 쌓아 하나님께 영광을 돌리고 그 단의 이름을 '여호와 닛시'라고 불렀습니다. 이것은 **여호와는 나의 깃발**이라는 뜻입니다. 모세가 산꼭대기에서 손을 들었을 때 하나님의 권능이 깃발처럼 높이 들려 이스라엘에게 승리를 가져다 주셨다는 신앙 고백입니다.

우리 역시 고난이 다가올 때 우리의 손을 하나님께 높이 듭시다! 우리가 세상에서 싸울 때 모세처럼 깃발을 높이 들고 모세의 하나님을 의뢰합시다. 그러면 우리의 깃발이신 하나님께서 우리로 하여금 승리하게 하십니다. 우리 하나님은 우리와 함께 하시는 하나님이심을 나타내 보여주십니다.

간증은 신앙을 강하게 한다

출애굽기 18장에는 모세의 장인 이드로가 모세를 방문하는 장면입니다. 이드로는 모세의 간증을 통해서 여호와 하나님을 만나게 되었습니다. 장인과 사위 사이였지만 하나님의 가르침 앞에서는 인간적 서열을 떠나 하나님을 겸손하게 영접하였습니다. 모세는 자신이 직접 하나님을 만나게 된 간증을 하였고 그 간증의 힘은 장인인 이드로에게까지 미치었습니다.

> "모세의 장인 미디안 제사장 이드로가 하나님이 모세에게와 자기 백성 이스라엘에게 하신 일 곧 여호와께서 이스라엘을 애굽에서 인도하여 내신 모든 일을 들으니라"(출 18:1).

간증의 힘은 한 개인의 체험이 다른 사람에게 영향을 끼침으로써 그를 거듭나게 할 뿐만 아니라, 하나님을 함께 체험하는 계기를 만들어줍니다. 예수 그리스도를 영접한 사람은 반드시 개인의 체험을 통해서 그것을 확실한 자기의 신앙고백으로 구체화하는 과정이 있어야 합니다. 만일 이런 과정을 거치지 않으면 그 사람의 신앙은 성장하기 어렵습니다.

저는 스물 다섯 살이 될 때까지 제나름대로 신앙생활을 아주 열심히 한 사람이었습니다. 처음 어머니에게서 물려받은 신앙을 따라서, 열정을 가지고 교회 일을 많이 했습니다. 그러나 근본적으로 구원의 확신이 없으니까 믿음이 더이상 성장하지를 않았습니다.

스물 다섯이 넘어서 하나님에 대한 인격적인 체험을 하고 나서야 하나님에 대한 믿음이 흔들리지 않고 안정적으로 신앙 생활을 할 수 있었습니다. 이것이 각 개인 신앙의 첫번째 단계입니다.

한 사람이 하나님을 만나 거듭남으로써 구원받는 변화의 시간을 겪었다면, 그 다음 필요한 것은 하나님께 기도하고 교제를 나누는 경건의 시간입니다. 신앙이 일정한 궤도에 오르면 자신의 신앙을 하나님 앞에서 하루하루 점검하고 다시 세우는 경건의 시간이 절대적으로 필요합니다.

그 다음, 세번째 단계가 바로 간증입니다. 어떤 특별한 간증의 형식을 취하지 않더라도 자신이 언제 어디서 어떤 형식으로 하나님을 만나게 되었는지를 다른 사람들 앞에서 자신의 입으로 간증하게 되면, 그 사람의 신앙은 체험을 했을 때와 비슷한 정도로 성장하고 견고해집니다.

간증에도 여러 가지가 있겠지만, 한 사람이 입으로 하나님을 시인한다는 것은 그 사람이 다른 사람 앞에서 공개적으로 하나님의 살아계심과 하나님께서 자기의 하나님 되심을 시인함을 의미합니다. 다른 사람들 앞에서의 간증은 그 사람의 신앙을 공개함으로써 서로 은혜를 나누게 될 뿐만 아니라, 자신에게는 체험을 항상 되살리는 기회를 만들어 주어 신앙 성장을 돕는 것이기 때문입니다.
따라서 간증은 다른 사람은 물론이고 자기 자신에게까지 힘을 주는 믿음의 행위입니다. 간증은 그 체험이 주로 자신이 예수를 처음 믿었을 때의 첫사랑 이야기이기 때문에, 듣는 사람들에게로 첫사랑을 되살리고 회복시키는 역할을 합니다.

우리 교회 어느 집사님이 자신이 경영하는 사업장에 관한 체험을 간증했더니, 자기 사업을 하는 교인들이 자극을 받아서, 어떻게 자신도 그런 체험을 할 수 있을까를 하나님 앞에 구하는 사람이 많아졌습니다.

바로 이것이 간증이 주는 힘입니다. 간증은 하나님과 나와의 문제이기 때문에 다른 사람이 그것이 옳다 그르다 판단하여 말할 수 없습니다. 하나님과 나와의 사랑에는 어느 누구도 개입할 수 없기 때문입니다.

다시 본문을 살펴봅시다.

> "모세의 장인 이드로가 모세가 돌려보내었던 그의 아내 십보라와 그 두 아들을 대렸으니 그 하나의 이름을 게르솜이라 이는 모세가 이르기를 내가 이방에서 객이 되었다 함이요 하나의 이름은 엘리에셀이라 이는 내 아버지의 하나님이 나를 도우사 바로의 칼에서 구원하셨다 함이더라"(출 18:2-4).

이드로는 그때까지 자기가 보호하고 있던 딸 십보라와 두 손자 게르솜과 엘리에셀을 데려왔습니다. 모세의 아들 '게르솜'은 '추방'의 의미를 가진 말입니다. 이 이름에는 모세가 "내가 이방에서 객이 되었다"고 한 고백이 들어있습니다. '엘리에셀'은 '하나님은 나의 도움'이란 뜻인데, 모세는 이 이름을 통해 "내 아버지의 하나님이 나를 도우사 바로의 칼에서 나를 도우셨다"는 신앙을 고백했습니다.

사위인 모세의 간증을 들은 이드로는 18장 9-11절의 찬양을 하나님께 돌립니다. 이드로는 여호와가 모든 신 가운데 가장 위대한 신이라는 사실을 이제는 알겠다고 고백하며 노래합니다.

> "모세가 나가서 그 장인을 맞아 절하고 그에게 입맞추고 그들이 서로 문안하고 함께 장막에 들어가서 모세가 여호와께서 이스라엘을 위하여 바로와 애굽 사람에게 행하신 모든 일과 길에서 그들의 당한 모든 고난과 여호와께서 그들을 구원하신 일을 다 그 장인에게 고하매 이드로가 여호와께서 이스라엘에게 모든 은혜를 베푸사 애굽 사람의 손에서 구원하심을 기뻐하며 가로되 여호와를 찬송하리로다 너희를 애굽 사람의 손에서와 바로의 손에서 건져 내시고 백성을 애굽 사람의 손 밑에서 건지셨도다 이제 내가 알았도다 여호와는 모든 신보다 크시므로 이스라엘에게 교만히 행하는 그들을 이기셨도다 하고"(출 18:7-11).

진리를 판단하는 데는 몇 가지 기준이 있습니다. 그런 기준 중의 하나가 실용주의입니다. 진리라고 하는 것은 언제나 그 효과를 드러내게 되어 있습니다. 따라서 효과가 있는 것이 진리입니다. 진리의 길로 들어섰는데도 아무런 실제적 변화가 없다면 그것은 진리라고 말할 수 없습니다.

어떤 면에서 예수 그리스도를 적용하고 연결시켜도 설명이 가능하고 사실적인 검증이 나타나기 때문에 예수님의 말씀이 진리가 되는 것입니다. 그래서 우리는 '말씀'이라는 척도를 가지고 하나님 앞에서 자신을 재어보고 측정을 할 수 있습니다.

인간을 움직이는 것은 과학이나 마술의 힘이 아니라 진리의 힘입니다. 그래서 전혀 의학을 모르고 물리학을 모르는 사람이 말씀을 가르쳐도 현대과학을 공부하고 연구한 사람들을 움직일 수 있는 것은, 하나님의 말씀이 과학으로 측량되고 학위를 받은 것이라서 그런 것이 아닙니다.

하나님의 말씀은 누가 들어도 진리의 말씀이기 때문입니다. 그 말씀에는 인간의 심성이나 순리를 거스르지 않는 법칙이 있기 때문입니다. 하나님의 말씀이 이미 자신의 삶 속에 녹아들어 있기 때문에 거부할 수 없는 것입니다. 자기의 체험과 진리가 일치될 때 거기서 강한 신뢰와 에너지가 생기게 됩니다.

이드로는 모세의 간증을 들었습니다. 그 간증은 사랑하는 사위 모세가 직접 겪은 생생한 간증이었습니다. 그것도 대제국 애굽을 상대로 싸워 바로 왕과 애굽의 군사들을 물리친 역사적인 간증이요, 반석에서 물이 나오게 하고 홍해를 갈라 건너는 초자연적인 위대한 역사였습니다.

모세의 이 놀라운 간증은 이방 미디안의 제사장이었던 장인 이드로의 삶을 바꾸어 놓았습니다. 하나님을 모르고 우상을 섬겼던 사람이 "이제 내가 알았도다 여호와는 모든 신보다 크시므로 이스라엘에게 교만히 행하는 그들을 이기셨도다"라고 찬양하며 여호와 하나님을 경배하게 되었습니다. 그리고 모세의 간증을 들은 이드로는 여호와 하나님께 번제물을 드렸습니다.

"모세의 장인 이드로가 번제물과 희생을 하나님께 가져오매 아론과 이스라엘 모든 장로가 와서 모세의 장인과 함께 하나님 앞에서 떡을 먹으니라"(출 18:12).

하나님을 찬양하고 난 이드로는 번제물과 희생을 가지고 와서 하나님 앞에서 모세와 장로들과 함께 앉아서 먹었습니다. 미디안의 제사장이었던 이드로는 사위를 통해 간증을 듣고, 그 때서야 진정한 하나님을 알고 만났던 것입니다.

하나님의 사람들을 세우라

이드로에게는 노인들이 가질 수 있는 경륜에서 우러나오는 지혜가 있었습니다. 그래서 아직 젊고 경험이 부족한 지도자인 모세에게 여러 사람을 효과적으로 다스릴 수 있는 방법을 가르쳐 주었습니다.

모세는 이스라엘 백성에게 한 사람밖에 없는 지도자였기 때문에 모든 법적인 문제들을 처리하는 데 모세의 판단이 필요했습니다. 그래서 모세는 재판해야 할 사람들을 만나는 데 하루종일이 걸렸습니다. 혼자서 처리해야 할 일들이 너무 많아 아침부터 저녁까지 일하다보니 모세는 피곤하여 견딜 수 없었습니다.

"이튿날에 모세가 백성을 재판하느라고 앉았고 백성은 아침부터 저녁까지 모세의 곁에 섰는지라 모세의 장인이 모세가 백성에게 행하는 모든 일을 보고 가로되 그대가 이 백성에게 행하는 이 일이 어찜이뇨 어찌하여 그대는 홀로 앉았고 백성은 아침부터 저녁까지 그대의 곁에 섰느뇨 모세가 그 장인에게 대답하되 백성이 하나님께 물으려고 내게로 옴이라 그들이 일이 있으면 내게로 오나니 내가 그 양편을 판단하여 하나님의 율례와 법도를 알게 하나이다"(출 19:13-16)

그런 모습을 지켜본 이드로는 모세에게 재판 방법이 잘못되었다는 것을 가르쳐 주었습니다.

"모세의 장인이 그에게 이르되 그대의 하는 것이 선하지 못하도다 그대와 그대와 함께한 이 백성이 필연 기력이 쇠하리니 이 일이 그대에게 너무 중함이라 그대가 혼자 할 수 없으리라 이제 내 말을 들으라 내가 그대에게 방침을 가르치리니 하나님이 그대와 함께 계실지로다 그대는 백성을 위하여 하나님 앞에 있어서 소송을 하나님께 베풀며 그들에게 율례와 법도를 가르쳐서 마땅히 갈길과 할 일을 그들에게 보이고 그대는 또 온 백성 가운데서 재덕이 겸전한 자 곧 하나님을 두려워하며 진실무망하며 불의한 이를 미워하는 자를 빼서 백성 위에 세워 천부장과 백부장과 오십부장과 십부장을 삼아 그들로 때를 따라 백성을 재판하게 하라 무릇 큰일이면 그대에게 베풀 것이고 무릇 작은 일이면 그들이 스스로 재판할 것이니 그리하면 그들이 그대와 함께 담당할 것인즉 일이 그대에게 쉬우리라 그대가 만일 이 일을 하고 하나님께서도 그대에게 인가하시면 그대가 이 일을 감당하고 이 모든 백성도 자기 곳으로 평안히 가리라"(출 18:13-23).

이드로의 원리는 조직을 만들고 그 조직의 우두머리에게 권한을 위임해서 사람들을 재판하고 다스리는 것이었습니다. 그러면 한 사람이 모든 백성들 하나 하나의 일에 매달려 있을 필요가 없게 됩니다. 모세는 모든 일을 자기 손을 거쳐서 행하려고 했기 때문에 피곤했던 것입니다.

지도자는 자신의 권한을 어떻게 타인에게 위임하느냐에 따라 능력을 인정받습니다. 요셉을 신뢰한 바로 왕이 권한을 위임하자 요셉이 충성을 다해 더욱 열심히 일을 했던 것처럼, 사람은 자신에게 윗사람의 권한이 위임되었다고 생각하면 그 신뢰와 권위에 맞게 행동하려고 노력합니다.

교회에서나 사회에서나 지도자 위치에 있다고 생각하는 사람은 이드로의 경영 원리를 잘 파악하여 배워야 합니다.

이드로의 경영 원리

첫째 원리, 권한을 위임하라

모든 일을 혼자서 도맡아 하려는 사람은 더 큰일을 못할 뿐더러 다른 사람의 일할 기회를 빼앗게 되어서 미래의 지도자를 육성하는 일에 실패하고, 자기 밑에 좋은 참모를 기를 수도 없습니다.
지도자는 자기가 모든 일을 하는 사람이 아니라 다른 사람들이 일을 할 수 있도록 돕고 길을 만들어 주고 섬기는 사람이어야 합니다. 그리고 이렇게 일을 나누어서 하면 아무리 큰 일이라도 충분히 감당할 수 있게 되는 것입니다.

둘째 원리, 고기 잡는 법을 가르치라

또 하나의 경영 원리는 자신이 직접 고기를 잡아서 여러 사람들에게 나누어 주지 말고, 각 조직의 리더들에게 고기잡는 방법을 가르쳐주라고 권했습니다.

이드로의 충고는 분산해서 일 하는 방법을 가르쳐 주는 것이었습니다. 자신의 일은 자신이 해결할 수 있도록 해 주어야 합니다. 반드시 누군가가 있어야 하는 의존적인 사람을 만들어서는 안 되기 때문입니다.

교회의 일도 마찬가지입니다. 목회자 혼자서 목회를 하려고 해서는 안됩니다. **목회는 성도들과 함께 하는 것입니다.** 그래서 목회자는 성도들이 다함께 목회에 참여할 수 있는 프로그램을 만드는 것이 사역에 있어서 중요한 일 중 하나입니다.

신약에서의 전도방법도 그러하였습니다. 초기에는, 적은 숫자의 사도들이 직접 각 지방으로 나가서 전도를 했습니다. 그러나 사도들의 수가 한정되어 있었기 때문에, 나중에는 사도들 이외의 다른 성도들을 훈련한 후 그들이 짝을 지어서 전도하는 방식을 취했습니다.

그랬기 때문에 예수님의 복음이 그렇게 짧은 시간에 많은 지역까지, 그리고 먼 곳까지 퍼져나갈 수 있었습니다. 심지어 집사인 빌립이 세례를 베풀기도 했습니다(행 8:38). 그래서 초대 교회가 그렇게 빨리 성장할 수 있었던 것입니다.

셋째 원리, **지도자를 기르라**

평신도 목회자를 기르는 것도 목회자가 해야 할 중요한 일입니다. 오늘날 교회는 평신도 목회의 중요성이 커지고 있습니다.

여기에 대해 이드로는 이렇게 말했습니다.

> "그들에게 율례와 법도를 가르쳐서 마땅히 갈 길과 할 일을 그들에게 보이고"(출 18:20).

우리 나라의 교회 조직 중 구역조직과 그 활동이 평신도 목회를 대신할 수 있는 부분입니다. 평신도로서 구역의 책임을 맡았으면 그 구역의 '작은 목회자'라는 사명감을 가지고 하나님의 일에 임해야 합니다.

구역의 일이 아니더라도 목회를 돕는 일은 여러 가지 있습니다. 전도를 잘 하는 사람은 언제 어디서 누구를 만나도 전도해서 목회를 도울 수 있고, 성경을 잘 가르치는 사람은 전도되어 교회에 나온 새신자에게 복음의 내용을 쉽게 잘 가르쳐서 그 사람이 복음을 영접하고 잘 성장할 수 있도록 양육합니다.

사람들마다 은사가 각각 다 다르기 때문에 전도를 하는 사람이 가르치는 일까지 하기는 어렵습니다. 복음을 전하는 은사와 성경을 가르치는 은사들을 확인하고 각자의 은사에 따라서 따로 교육하여 임무를 맡기면 더욱 효과적입니다.

이렇게 평신도 목회자와 보조자들을 많이 길러내면 그들이 교회 안에서 작은 단위의 조직력을 가지고 목회할 수 있게 됩니다. 또, 구역의 단위가 커지다 보면 장로님들을 정점으로 교구가 생기게 됩니다.

거기에 부목사님이나 전도사님들이 그 교구를 돌보게 되고, 주일에는 한 자리에서 한 목사님의 설교를 통해서 하나의 교회에 대한 소속감과 정체성을 갖게 됩니다. 그러면 목사님 혼자 힘으로는 도저히 감당할 수 없는, 많은 사람들을 한 교회에서 목회할 수 있는 기반이 마련되는 것입니다.

> "이에 모세가 자기 장인의 말을 듣고 그 모든 말대로 하여 이스라엘 무리 중에서 재덕이 겸전한 자를 빼서 그들로 백성의 두목 곧 천부장과 백부장과 오십부장과 십부장을 삼으매 그들이 때를 따라 백성을 재판하되 어려운 일은 모세에게 베풀고 쉬운 일은 자단하더라 모세가 그 장인을 보내니 그가 자기 고향으로 돌아가니라"(출 18:24-27).

모세가 이드로의 말을 듣고 행한 것은 피라미드 형식의 조직입니다. 십부장은 열 명을 거느리고 있었지만, 천부장이 자기 혼자 천 명을 거느린 것은 아니었습니다. 그도 역시 백부장 열 명을 거느렸을 뿐입니다. 그런데 그가 거느린 열 명은 자기 밑으로 또 백 명을 거느린 사람이었고, 그 백 명을 거느린 사람들도 사실은 한 사람에 각각 열 명을 거느린 열 사람이라서 백 명을 거느리는 것과 같은 권한을 지니게 된 것입니다.

오늘날 우리 군대 제도도 마찬가지 아닙니까?

일을 나누고 그 나누어진 일을 맡길 사람을 잘 선택해서 세우는 것이 어떤 조직이든지 가장 중요한 경영의 원리입니다.

교회에는 외형상 조금 부족한 듯 보여도 그 속사람의 가능성을 믿고 격려해서 맡기면, 얼마든지 맡은 일을 충실하게 해낼 수 있는 사람들이 많이 있습니다. 앞으로의 교회는 그런 평신도들을 잘 훈련해서 함께 목회하는 방향으로 나아가야 합니다.

이드로의 경영 원리는 오늘날에 있어서도 적용할 수 있는 실제적인 원리입니다.

넷째 원리, 너무 많은 짐을 지우지 말라

그런데 이렇게 일을 분배하는 데 있어서 중요한 것은 그들이 감당할 수 있는 일을 맡겨야지 도저히 감당할 수 없는 일을 맡겨서는 안된다는 점입니다.

누구에게나 단점이 있지만, 자기 나름대로 감당할 수 있는 일이 있습니다. 아무리 잘하는 일이라고 해도, 한 사람이 다룰 수 있는 분량에는 한계점이 있습니다. 자신의 한계성을 넘어서서 일하게 되면 몸과 마음에 무리가 올 뿐만 아니라, 계속 그 일을 하는 데 장애가 따릅니다.

그래서 한 사람이 할 수 있는 일의 양을 정하고 일한 후에는 적당한 휴식을 취하는 것도 아주 중요한 경영 원리 중의 하나입니다.

제 경우에는 일이 너무 많아 피곤이 쌓여 몸이 한계점에 다다르면 기침이 나기 시작하는 증상이 있습니다.

사람의 몸은 민감해서 무리가 오면 반드시 증상이 나타나게 되어 있습니다. 그 때 적당한 조치를 취해 주지 않으면 나중에 더 큰 병과 큰 일로 번지게 됩니다. 한 번 쓰러지고 난 뒤 다시 일어나서 일을 하려면 적당히 쉬었을 때보다 회복하는 데에 훨씬 많은 시간을 필요로 하게 되어 있습니다.

그래서 몸의 리듬을 생각해서 일을 알맞게 하는 것도 지혜입니다.

작은 교회일수록 한 사람이 감당해야 할 일의 분량이 많아서 그런 교회에서 몇 년 봉사하다 나중에는 너무 지쳐서 다른 교회로 옮기는 사람까지 간혹 생깁니다. 그리고 옮긴 교회에서는 아무 일도 안하려고 하고 가만히 앉아서 예배만 드리고 축도가 끝나자마자 **빠져나갑니다.** 혹시 누군가가 자신을 붙들고 교회 봉사를 권유할까봐 겁을 내기 때문입니다.

그런 분들은 자기에게는 아무 일도 시키지 말아 달라고 신신당부를 합니다. 사람에게 하나님 일을 맡겼다가 이런 식으로 피곤하게 끝나게 해서는 안됩니다. 일은 기쁘고 즐겁게 해야 하고 반드시 재충전하는 시간이 필요합니다. 내적인 성장이 없이는 절대로 오랫동안 힘겨운 일을 할 수 없습니다.

다섯째 원리, 이런 사람을 선택하라.

이드로의 다섯째 경영 원리는 21절에 기록된 것처럼 사람을 잘 선택하는 기준입니다.

> "그대는 또 온 백성 가운데서 재덕이 겸전한 자 곧 하나님을 두려워하며 진실무망하며 불의한 이를 미워하는 자를 빼서 백성 위에 세워 천부장과 백부장과 오십부장과 십부장을 삼아."

이드로는 온 백성 가운데서 재덕을 겸전한 자, 곧 하나님을 두려워하며 진실무망하며 불의한 일을 미워하는 자를 불러서 지도자를 삼으라고 권면합니다.

무엇보다 하나님을 두려워하고 또 사랑하는 사람이 하나님의 일에 기쁨과 성의를 가질 수 있습니다. 하나님을 두려워하고 사랑하는 사람이어야 자신의 자랑 때문에 일하거나 자신의 유익을 위하여 일하는 사람이 되지 않습니다.

하나님을 두려워하지 않는 사람은 일을 꾸준히 오래 할 수 없습니다. 하나님의 일은 돈을 주고 받는 일이 아니기 때문에 명령을 내리거나 일방적으로 시켜서 되는 일 또한 아닙니다.

자기 신앙에 대한 고백이 있는 사람이라야 일하기 때문에 하나님을 사랑해서 하는 마음이 더욱 요구되는 것입니다. 그런 사람만이 교회와 자기 자신을 드러내기 위해서가 아니라 오직 하나님을 위해서 일을 하게 됩니다.

그리고 하나님의 일을 하는 사람은 진실한 사람이어야 합니다. 누구나 그 사람의 말을 신뢰하고 믿을 수 있는 사람에게 하나님의 일을 맡겨야 합니다.

그 다음에는 불의한 이를 미워하는 사람 즉, 사적인 욕심이 없는 사람이어야 합니다. 마음에 탐심을 가진 사람은 자신이 하는 일에 대한 본질적인 목적을 잃어버리고 재물을 얻는 데 마음을 쏟을 수 있기 때문입니다.

모세는 이와같은 이드로의 다섯 가지 경영원리를 받아들여 하나님의 사람들을 세웠습니다. 이드로의 경영원리에 따라 하나님의 사람들을 세우고 체계적인 조직을 만들어 놓은 다음부터는 아주 큰 문제가 아니면 직접 모세가 관여하지 않게 되었습니다.

하나님의 율례를 따라서 재판 할 수 있는 사람들을 세웠기 때문에 그들 재판장 스스로 판결하여 처리를 하고, 힘든 일들만 모세가 직접 나서서 재판했습니다. 이제 모세는 하루종일 백성들과 함께 재판하는 일에 붙들리지 않았고 백성들 역시 쉽게 빨리 자기 일을 처리하고 편안히 돌아갈 수 있게 되었던 것입니다.

제10장

십계명은 사랑의 율법

"…하나님이 이 모든 말씀으로 일러 가라사대 나는 너를 애굽 땅 종 되었던 집에서 인도하여 낸 너의 하나님 여호와로라 너는 나 외에는 다른 신들을 네게 있게 말지니라 너를 위하여 새긴 우상을 만들지 말고 또 위로 하늘에 있는 것이나 아래로 땅에 있는 것이나 땅 아래 물속에 있는 것의 아무 형상이든지 만들지 말며 그것들에게 절하지 말며 그것들을 섬기지 말라 나 여호와 너의 하나님은 질투하는 하나님 인즉 나를 미워하는 자의 죄를 갚되 아비로부터 아들에게로 삼사 대까지 이르게 하거니와 나를 사랑하고 내 계명을 지키는 자에게는 천대까지 은혜를 베푸느니라 너는 너의 하나님 여호와의 이름을 망령되이 일컫지 말라 나 여호와는 나의 이름을 망령되어 일컫는 자를 죄없다 하지 아니하리라…"(출 19:1-20:26).

십계명은 사랑의 율법

이스라엘 자손들은 드디어 시내 산에 도착했습니다. 이스라엘 자손들이 시내 산에 도착하기까지는 무려 3개월이란 시간이 걸렸습니다. 그 3개월 동안 이스라엘 자손들은 많은 어려운 일들을 겪었습니다.

홍해를 가르고 건너왔고, 만나와 메추라기를 보내주시는 하나님을 만났고, 그리고 반석에서 물을 내시는 하나님의 놀라운 능력을 목격하였습니다. 그들은 하나님께서 애굽 군대를 홍해 바닷속에 수장시키시는 것을 보았고, 독수리가 날개로 업어내듯 이스라엘 자손을 인도하여 내시는 하나님의 기적의 손길을 보았습니다.

그래서 애굽 땅에서 나온 지 3개월만에 이스라엘 자손이 시내 광야에 도착하여 장막을 쳤을 때 하나님은 이렇게 말씀하셨습니다.

"모세가 하나님 앞에 올라가니 여호와께서 산에서 그를 불러 가라사대 너는 이같이 야곱의 족속에게 이르고 이스라엘 자손에게 고하라 나의 애굽의 사람에게 어떻게 행하였음과 내가 어떻게 독수리의 날개로 너희를 업어 내게로 인도하였음을 너희가 보았느니라"(출 19:3,4).

하나님은 이스라엘 백성들을 출애굽시키는 과정을 통해 온 세계가 다 하나님께 속하였음과, 이스라엘 백성들이 다른 백성들에 대하여 제사장 나라요 거룩한 나라가 될 언약을 말씀하셨습니다.

출애굽의 전 과정을 통하여 하나님은 이스라엘 자손들에게는 하나님이 어떤 분이신가에 대한 인식과 하나님을 신뢰하는 신앙을 심어 주셨습니다. 동시에 이방 민족들에게는 이스라엘 민족이야말로 열방 가운데에서 하나님께 선택된 민족이라는 것을 알려주셨습니다.

모세의 언약

하나님의 인도하심으로 이스라엘 자손들은 시내 산에 도착하여 하나님의 계명을 받았습니다. 이스라엘 자손들이 시내 산에 도착해서 계명받는 장면이 출애굽기 19장을 중심으로 나옵니다.

먼저, 출애굽기 19장 5절에서 8절 사이에서 하나님께서 모세를 통해 이스라엘 자손들에게 주시는 언약에 대해 구체적 내용이 기록되어 있습니다. 이 언약은 **'모세의 언약'**(Mosaic Covenant)이라고 불리는 언약입니다.

"세계가 다 내게 속하였나니 너희가 내 말을 듣고 내 언약을 지키면 너희는 열국 중에서 내 소유가 되겠고 너희가 내게 대하여 제사장 나라가 되며 거룩한 백성이 되리라 너는 이 말을 이스라엘 자손에게 고할지니라 모세가 와서 백성의 장로들을 불러 여호와께서 자기에게 명하신 그 모든 말씀을 그 앞에 진술하니 백성이 일제히 응답하여 가로되 여호와의 명하신 대로 우리가 다 행하리이다 모세가 백성의 말로 여호와께 회보하매"(출 19:5-8).

이 언약의 내용은 두 가지로 구성되어 있습니다.
첫째는 언약의 전제 조건이고, 둘째는 하나님의 약속입니다.

첫째, "너희가 내 말을 잘 듣고 내 언약을 지키면"이라는 조건입니다(19 : 5).
영어성경에는 이 말씀이 이렇게 번역되어 있습니다.

"If you will obey my voice, indeed, and keep my covenant,"

개역 한글판 성경에서는 영어성경의 'indeed'를 '잘'이라고 번역하였는데, '참으로'가 보다 정확한 번역입니다.
하나님께서 이스라엘 백성들과 언약을 맺을 때에 하나님께서 제시하신 조건은 단 하나입니다. 그것은 하나님의 음성을 듣고 그 백성들이 '참으로' 순종하라는 것입니다.
이 '참으로'라는 단어는 예수께서 요한복음 8장 36절에서 "아들이 너희를 자유케 하면 참으로 자유케 되리라"하셨을 때 사용하신 '참으로'와 같은 단어입니다.

이스라엘 민족이 '참으로' 하나님의 말씀을 듣고 순종하겠다고 하면 이스라엘 백성들과의 계약이 성립되는 것이고, 만일 이스라엘 백성들이 하나님 말씀에 순종하지 않으면 이 계약은 결코 성립될 수 없는 것입니다.

이 조건을 전제로 할 때에만 이스라엘 백성은 하나님의 거룩한 백성으로 구별될 수 있는 것입니다. 이스라엘 백성과 하나님과의 관계는 언약으로 묶여져 있는 언약공동체이기 때문입니다.

둘째, "너희는 열국 중에서 내 소유가 되겠고 너희가 내게 대하여 제사장 나라가 되며 거룩한 백성이 되리라"는 약속입니다.

이 말씀은 이스라엘 민족이 하나님의 언약을 지키면 "너희는 나에게 있어 세상의 모든 인류를 능가하는 특별한 보물이 될 것이다. 온 땅은 나의 것이니 너희는 나에게 있어 제사장 나라가 되고 세상에 있어 거룩한 민족이 될 것이라"는 축복입니다.

이러한 하나님의 조건과 약속을 모세가 이스라엘 백성의 장로들에게 전하였을 때 백성들은 일제히 "여호와의 명하신 대로 우리가 행하리이다"라고 응답했습니다.

이렇게 해서 하나님과 이스라엘 민족 사이에 언약이 체결되어 특별한 관계가 성립되었습니다. 곧 최초의 언약공동체가 시작된 것입니다. 하나님은 이 계약에 의해 이스라엘이라는 언약공동체를 젖과 꿀이 흐르는 땅 가나안으로 인도하십니다.

그러나 이 언약은 갱신되었습니다. 만일 이스라엘 민족이 언약에 합당하게 하나님의 말씀에 순종하며 살았다면 하나님의 언약은 지속되었을 것입니다. 이스라엘 민족이 하나님으로부터 떠나 범죄했을 때 그 언약은 파기되었고 이스라엘 민족에게는 심판이 임했습니다. 그러다가 이스라엘 민족이 다시 회개하고 하나님께로 돌이키면 하나님은 새롭게 언약을 갱신하셨습니다. 그것이 신명기에 기록되어 있습니다.

중요한 것은 하나님의 언약을 '지금 현재' 순종하며 사는 삶입니다. 하나님께서 아무리 좋은 축복과 언약을 약속하여 주셨을지라도 그 축복을 받은 사람이 거기에 합당하지 못한 삶을 산다면 그 언약은 아무런 소용이 없이 파기됩니다.

그래서, 이스라엘 백성이 현위치의 유대 땅을 차지할 권리가 있느냐 없느냐 하는 문제로 미국의 학자들 사이에는 지금까지 많은 논란이 있었습니다.

가나안 땅이 하나님께서 이스라엘 백성들에게 허락하신 땅이기는 하지만, 하나님과의 언약이 깨어져 세계 각처로 흩어진 지금 시오니즘이 성립될 수 있느냐 하는 것이 쟁점입니다. 세계 각국에 흩어져 있던 사람들이 2000년이 지난 지금에 와서, 아랍 사람들이 엄연히 자기 땅으로 알고 정착해 살고 있는 땅을, 시오니즘을 이루어야 한다는 이유로 쫓아낼 권한과 자격이 있는가 하는 문제입니다.

팔레스타인 지역에는 지금도 전쟁의 위험이 끊이지 않고 계속되고 있는데 그것을 하나님의 이름을 위한 '거룩한 전쟁', 곧 성전(聖戰)이라고 할 수 있느냐 하는 것도 문제가 되고 있습니다. 지금의 이스라엘 민족이 하나님이 구별한 '거룩한 민족인가' 하는 것이 서방에서는 계속적인 논란 거리로 남아 있는 것입니다.

모세가 다시 하나님을 만나는 데 3일 동안 기다리는 기간이 필요했습니다. 뿐만 아니라 이 3일 동안 이스라엘 백성들은 그들의 옷을 빨고 스스로를 정결케 하여야 했습니다. 이스라엘 백성들에게는 제사장 나라에 합당한 성결이 요구되었습니다. 이 중에서도 특별히 하나님은 모세를 택하여 제사장적 직분을 감당하게 하셨습니다.

3일 후 모세가 하나님을 대면하기 위해 시내 산으로 올라갈 때에도 하나님은 경계를 정하시고 그것을 범하는 자는 누구든지 죽임을 당할 것이라고 경고하셨습니다. 모세는 하나님이 명하신 대로 시내 산의 사면에 경계를 정하여 산을 거룩하게 구분한 후, 우레와 번개와 빽빽한 구름과 나팔소리로 둘러싸인 시내 산으로 혼자 올라갔습니다.

이 장면은 훗날 솔로몬 성전이 완성된 후 일 년에 단 한 차례 성전 안의 지성소로 들어갈 수 있었던 대제사장을 연상시킵니다. 이렇게 시내 산으로 올라간 모세는 하나님을 만나 십계명을 받았습니다.

십계명에 대한 오해

출애굽기 20장은 십계명에 대한 설명이 있는 장면입니다. 오랫동안 교회에서 자라고 생활한 사람은 십계명이 마치 신앙 생활의 체크 리스트처럼 느껴질 것입니다. 무엇이든 십계명에 맞추어서 생각하게 되기 때문에 때로는 갈등이 되고, 십계명이 없으면 자유로워질 것이라고 생각하게 됩니다.

저는 주일학교 때부터 늘 십계명에 어긋나는 행동을 하게 될까봐 강박관념에 시달렸습니다. 저를 가르쳤던 주일학교 전도사님은 "죄라는 것은 시한폭탄과 같아서 언젠가는 터지게 되어 있다"고 가르쳤기 때문에, 조금만 나쁜 일이 생겨도 '내가 지난번에 범한 계명 때문에 이런 일이 생겼구나' 하는 두려움에 시달리기도 했습니다.

저는 어떻게 해서든 늘 십계명을 암송하고 빈틈없이 지키려고 애를 썼습니다. 제 기억엔 교회에서 늘 "…하면 안된다", "…하면 벌 받는다"만 가르친 것 같습니다. 그래서 늘 죄책감에 시달리고 율법에 매여서 자유롭지 못했습니다.

진리는 알게 되면 자유해야 함에도 불구하고 저는 갈수록 오히려 억압만 더 많이 받게 되었던 것입니다. 때로는 하나님을 모르고 교회에 다니지 않기 때문에 자유롭게 마음대로 사는 사람들이 매우 부러웠습니다.

그러나 지금 생각해 보면 기독교의 진리가 그렇게 억압적인 것이 아닌데, 가르치는 사람들이 율법화해서 잘못 전달했었다는 것을 알게 됩니다.

그분들이 저에게 가르쳐 준 것은 율법을 강조하는 유대 율법주의였습니다. 진정한 기독교는 그런 것이 아닙니다. 하나님의 구원

안에는 진정한 자유가 있습니다.
　이 자유는 방종과는 다른 것입니다. 구원 안에 있는 자유함은 율법을 결코 무시하지 않습니다. 오히려 그 **자유는 율법을 초월합니다. 율법은 의무감 때문에 지키게 되지만, 자유는 사랑하기 때문에 율법을 지키게 합니다. 그래서 사랑은 율법의 완성입니다.**

　예수님의 십자가 보혈로 구원받은 하나님의 자녀들은 예수님에 대한 사랑 때문에 계명을 자연스럽게 지키게 되어야 하는데, 율법주의적인 잘못된 가르침 때문에 벌 받을 것이 두려워서 계명을 지켜야 한다는 강박관념에 시달리는 것입니다.

　지금 저는 하나님이 주신 은혜의 눈으로 성경을 보기 때문에 성경 말씀이나 십계명이 무서운 율법으로 생각되지 않습니다. 하나님의 사랑을 깨닫고 성령님의 은혜를 깨닫고 난 후 제게 있어서 하나님의 말씀은 율법이 아니라 연애 편지를 읽는 것처럼 느껴집니다.
　이것을 보면 가르치는 사람의 역할이 얼마나 중요한지 새삼 깨닫게 됩니다. 하나님의 사랑과 은혜를 먼저 가르치고, 그 안에서 하나님을 사랑하는 사람이라면 기꺼이 지켜야 할 것들을 가르쳐야 합니다. 그러나 그 전후가 바뀌어서 율법과 형벌을 먼저 가르침으로써 기독교를 '멀고 두려운 율법'으로 인식하게 됩니다.

　하나님은 이스라엘 백성들에게 세 번이나 십계명을 주셨습니다. 처음 20장 1-17절은 그저 말씀으로만 주셨습니다.

"하나님이 이 모든 말씀으로 일러 가라사대 나는 너를 애굽 땅 종되었던 집에서 인도하여 낸 너의 하나님 여호와로라 너는 나 외에는 다른 신들을 네게 있게 말지니라 너를 위하여 새긴 우상을 만들지 말고 또 위로 하늘에 있는 것이나 아래로 땅에 있는 것이나 땅 아래 물 속에 있는 것의 아무 형상이든지 만들지 말며 그것들에게 절하지 말며 그것들을 섬기지 말라 나 여호와 너의 하나님은 질투하고 하나님인즉 나를 미워하는 자의 죄를 갚되 아비로부터 아들에게로 삼사 대까지 이르게 하거니와 나를 사랑하고 내 계명을 지키는 자에게는 천대까지 은혜를 베푸느니라 너는 너의 하나님 여호와의 이름을 망령되이 일컫지 말라 나 여호와는 나의 이름을 망령되어 일컫는 자를 죄 없다 하지 아니하리라 안식일을 기억하여 거룩히 지키라 엿새 동안은 힘써 네 모든 일을 행할 것이나 제 칠 일에는 너의 하나님 여호와의 안식일인즉 너나 네 아들이나 네 딸이나 네 남종이나 네 여종이나 네 육축이나 네 문 안에 유하는 객이라도 아무 일도 하지 말라 이는 엿새 동안에 나 여호와가 하늘과 땅과 바다와 그 가운데 모든 것을 만들고 제 칠 일에 쉬었음이라 그러므로 나 여호와가 안식일을 복되게 하여 그 날을 거룩하게 하였느니라 네 부모를 공경하라 그리하면 너의 하나님 나 여호와가 네게 준 땅에서 네 생명이 길리라 살인하지 말지니라 간음하지 말지니라 도적질하지 말지니라 네 이웃에 대하여 거짓 증거하지 말지니라 네 이웃의 집을 탐내지 말지니라 네 이웃의 아내나 그의 남종이나 그의 여종이나 그의 소나 그의 나귀나 무릇 네 이웃의 소유를 탐내지 말지니라."

그리고 24장 12-18은 하나님께서 친히 돌을 깎아서 그 손가락으로 두번째 십계명을 새겨주셨음을 기록하고 있습니다.

그런데 그 돌판은 금송아지를 숭배하는 이스라엘 백성들을 보고 흥분한 모세가 내동댕이쳐 깨뜨려 버렸습니다. 그래서 34장에 세번째 십계명을 주실 때는 다시 모세가 돌을 깎아서 하나님이 말씀하시는 것을 받아 십계명을 쓰는 장면이 나옵니다.

십계명은 두 개의 돌판에 새겨졌습니다.

십계명은 또 그 대상에 따라 두 가지의 내용으로 나뉘어집니다. 제1계명에서 제4계명까지는 하나님에 대한 의무이고, 제5계명부터 제10계명까지는 인간에 대한 의무를 기록하였습니다.

하나님에 대한 의무를 기록한 계명은 다른 신을 섬기지 말라, 우상을 섬기지 말라, 하나님의 이름을 망령되게 부르지 말라, 안식일을 지키라는 계명입니다. 인간에 대한 의무를 기록한 계명은 부모를 공경하라, 살인하지 말라, 간음하지 말라, 도적질하지 말라, 거짓 증거하지 말라, 네 이웃의 소유를 탐내지 말라는 계명입니다.

어느 유대 법관이 예수님께 "모세의 율법 중 어느 계명이 가장 중요하냐"고 물었습니다. 그때 예수님께서는 '**하나님과 이웃을 사랑하는 것이라**'고 대답하셨습니다. 이 두 가지 예수님의 답변에서 십계명을 크게 요약할 수 있습니다.

"예수께서 사두개인들로 대답할 수 없게 하셨다 함을 바리새인들이 듣고 모였는데 그 중 한 율법사가 예수를 시험하여 묻되 선생님이여 율법 중에 어느 계명이 크니이까 예수께서 가라사대 네 마음을 다하고 목숨을 다하고 뜻을 다하여 너의 하나님을 사랑하라 하셨으니 이것이 크고 첫째 되는 계명이요 둘째는 그와 같으니 네 이웃을 네 몸과 같이 사랑하라 하셨으니 이 두 계명이 온 율법과 선지자의 강령이니라"(마 22:34-40).

어떻게 보면 기독교는 이렇게 간단하게 요약할 수 있는 종교입니다. 뭔가 복잡하고 지켜야 할 것도 많고, 해야 할 것도 많고, 하지 않아야 할 것도 많아서 어려워 보이지만 사실 그렇지가 않습니다.

계명이라는 것도 이렇게 간단합니다. **위로는 하나님을 사랑하고 땅으로는 이웃을 사랑하는 것이 계명입니다.** 그리고 두 말씀은 쉽게 하나로 통합될 수 있습니다. 하나님을 사랑하는 것이 곧 사람을 사랑하는 것이기 때문입니다.

하나님을 사랑하는 사람이 하나님의 형상으로 만들어졌을 뿐만 아니라, 하나님께서 직접 구속하신 사람들을 어떻게 사랑하지 않을 수 있겠습니까? 당연히 하나님을 사랑하는 사람이 사람도 사랑하게 되어 있는 것입니다. '보이는 형제를 사랑하지 않으면서 보이지 않는 하나님을 사랑할 수는 없다'고 요한이 단정지어 말씀하시지 않았습니까?

하나님을 사랑하면 그 분에게 순종하는 것이 그렇게 어려운 일이 아닙니다. 사랑하는 분을 기쁘게 해드리는 일인데 무엇이 어렵겠습니까? 더구나 하나님을 사랑해서 그 분께 순종하기만 하면 저절로 모든 것이 다 잘 되는 축복이 뒤따르는데 순종하는 것이 왜 어렵겠습니까?

하나님의 사랑을 믿지 못하거나, 하나님보다 다른 것을 더 사랑하기 때문에 문제가 생깁니다. 그런 사람에게는 율법이 두렵고 귀찮은 걸림돌로 느껴집니다.

소극적 의무와 적극적 의무

십계명은 우리가 지켜야 할 것 중에도 가장 중심이 되는 내용을 정해 놓은 것입니다. 신앙생활에 있어서 가장 중요한 지침이 되는 내용이기 때문에 따로 긴 설명을 필요로 하는 것은 아닙니다. 그저 한 번 읽거나 듣기만 해도 쉽게 당연히 알 수 있는 내용입니다.

그러나 그렇다고 해서 십계명이 그렇게 단순한 것만은 아닙니다. 겉으로 드러난 것 말고 내부적인 것들을 살펴보면, 십계명은 아주 깊은 뜻을 함축하고 있다는 것을 알게 됩니다.

'부모를 공경하라'는 계명만 보더라도 단순히 부모이기 때문에 공경하라고 하셨다기보다는, 부모를 공경하고 부모와 사이가 좋은 사람은 나중에 사회에 나가서 어떤 사람을 만나도 좋은 인간관계를 맺을 수 있는 사람이 된다는 것이 암시되어 있습니다. 가장 가까운 부모님과의 관계가 원만하지 못한 사람이 어떻게 사회에서 만나는 각기 다른 기질을 가진 사람들과 원만한 관계를 맺을 수 있겠습니까?

인생의 성공은 그 80퍼센트가 인간관계에 달려 있다고 해도 과언이 아닌데, 부모와의 관계가 어려운 사람은 그만큼 다른 사람과의 관계도 어렵습니다.

그리고 이와 더불어, 부모도 자식들이 납득할 수 있는 행동을 해야 하고, 존경받을 만한 행동을 보여야 합니다. 자녀들이 세상에서 가지는 첫번째 인간관계가 부모로부터 형성됩니다.

무조건 '부모니까 순종하라'는 방식으로 아이들을 키우면 부모는 물론이거니와 다른 사람들과도 좋은 관계를 가질 수 없습니다. 처음에 맺는 부모와의 인간관계가 좋아야 다음에 맺는 다른 인간관계도 잘 맺을 수 있게 됩니다.

학교에서도 학생들을 하나의 온전한 인격체로 대우해야 합니다. 그런 대우를 받고 자란 아이들이 다른 사람들을 인격적으로 대할 줄 알게 됩니다. 교사와 어른의 명령이면 무조건 복종해야 한다는 식으로 교육하는 것은 권위주위와 겉치레와 불신을 가르치는 것에 불과합니다.

그런 교육을 받고 자란 사람들에게는 정의와 정직을 기대할 수 없게 되고, 자연히 이 사회는 믿을 수 없는 불신으로 가득 찬 사회가 될 수밖에 없습니다. 어른의 권위는 분명히 세워져야 하지만 결코 권위는 나이 때문이 아니라 그 어른들의 정당함과 옳은 행동 때문에 자연스럽게 인정받아야 합니다.

예수님도 공생애 3년 동안 제자들에게 "이렇게 하라 저렇게 하라"가르치시기 이전에 친히 삶으로 본을 보이심으로써 제자들이 예수님의 삶을 닮아가도록 훈련시키셨습니다. 중요한 것은 무조건 복종시키는 것이 아니라 자발적으로 권위에 순종하게 하는 것입니다.

지난 번에 어떤 교계 잡지에 목회자를 신뢰할 수 없는 이유에 대해서 나온 것을 보았는데,
그 첫째 이유가 언행이 일치하지 않기 때문이라고 합니다.
두번째 이유는 권위주의와 독선적인 태도 때문이라고 합니다.
이런 현상은 비단 교계뿐만이 아닙니다. 우리 사회의 각 분야에 이런 불만과 불신이 누적되어 있습니다. 앞으로의 젊은 세대들의 눈에는 더욱 그렇게 보일 것입니다.
자신이 신분적으로 위에 있다는 이유로 무조건적으로 군림하려고 해서는 참된 권위를 인정받을 수 없습니다. 누르는 압력 때문에 강제로 생긴 권위나 질서는 조그만 틈이 생기면 금방 무너지게 되어 있습니다.
그래서 사람 사이의 권위의 처음이라고 할 수 있는 부모와의 사이가 원만하고 부드러우면 다른 사람과의 관계도 자연스럽게 풀 수 있는 바탕이 이미 마련되는 것입니다.

제5계명 하나를 잘 지키면 다른 사람과 그외의 계명은 다 잘 지킬 수 있으리라 봅니다. 부모를 사랑하고 공경하는 사람은 자연히 다른 사람을 무시하거나 간음하거나 이웃을 해치거나 하지 않기

때문입니다.

도적질하는 것이나 거짓 증거하는 것이나 남의 것을 탐내는 것들은 사람을 사랑하는 사람이라면 하지 않을 일입니다.

기본적이고 포괄적인 계명을 지키는 사람에게 다른 세부적인 사항을 일일이 나열하는 것은 무의미한 일입니다. 사람을 사랑하는 사람이라면 자연히 그 다음 계명은 지키게 되어 있기 때문입니다.

살인하지 말라의 의미

십계명에는 소극적이고 부정하는 표현으로 되어 있는 의무들이 있습니다. '무엇 무엇을 하지 말라'는 것이 그것입니다.

먼저, '살인을 하지 말라'는 계명을 지키는 문제를 살펴봅시다. 우리는 보통 살인하지 말라는 계명에 대해 우리가 평생 살인을 하지 않았다면 그 계명을 온전히 지켰다고 생각합니다.

그러나 성경은 그것만으로는 부족하다고 이야기합니다. 명시된 문자에 국한된 행동을 하지 않는 것만으로는 불충분합니다. 적극적인 의무를 다해야 진정으로 계명을 지킨 것입니다. 예수님은 이렇게 말씀하셨습니다.

> "옛 사람에게 말한 바 살인치 말라 누구든지 살인하면 심판을 받게 되리라 하였다는 것을 너희가 들었으나 나는 너희에게 이르노니 형제에게 노하는 자마다 심판을 받게 되고 형제를 대하여 라가라 하는 자는 공회에 잡히게 되고 미련

한 놈이라 하는 자는 지옥 불에 들어가게 되리라"(마 5:21,22).

여기에서 우리는 살인이 일반적인 고정관념을 넘어서는 행위임을 알 수 있습니다. 그러면 십계명에서 살인이라고 할 때 그 살인이 포괄하는 의미에 대해서 자세히 살펴보도록 합시다.

첫째, 생명이 있는 것을 파괴하는 행위

살인은 단지 사람을 죽이는 것만을 의미함이 아니라 생명을 죽이는 모든 행위를 말합니다. 생명이 있는 것을 파괴하는 것은 모두 살인의 형태와 관련되어 있습니다. 가장 대표적인 것이 직접 사람을 죽이는 것입니다.

그리고 살인이라고 하는 것은 그 결과만을 놓고 말하는 것은 아닙니다. 그것을 행하기까지의 전과정을 모두 놓고 살인이라고 할 수 있는 것입니다.

둘째, 악한 분노

살인의 두번째 모습은 악한 분노입니다. 사람은 화가 나기 때문에 파괴하고 살인합니다. 그런데 특별히 성경에서 '악한 분노'라고 기록한 것은 분노에도 서로 다른 종류가 있음을 암시합니다.

성경에 보면 분노가 반드시 악한 것으로 나타나지는 않습니다. 성경 전체를 통해서 하나님의 분노는 350번쯤 나타납니다. 선지사들도 이스라엘 백성들을 향해 분노를 발한 적이 한두 번이 아닙니다. 예수님도 예루살렘 성 안에서 분노의 채찍을 휘두른 일이 있지 않았습니까?

분노 자체가 죄는 아닙니다. 중요한 것은 분을 내되 범죄하지 않아야 합니다.

> "분을 내어도 죄를 짓지 말며 해가 지도록 분을 품지 말고 마귀로 틈을 타지 못하게 하라"(엡 4:26,27).

분을 내어도 죄를 짓지 않는 것이 얼마나 어려운 일이겠습니까? 인격이 훈련되지 않은 보통 사람이라면 참으로 하기 어려운 일을 하나님께서는 우리에게 요구하십니다.

분노는 사람의 에너지 가운데 가장 강한 에너지입니다. 한 번 폭발하면 사람을 죽일 수도 있는 것이 분노입니다. 또한 분노는 사람의 이성을 마비시키는 작용까지도 합니다.

그렇지만 이 분노의 에너지를 잘 사용하면 어떤 에너지보다 효과적이고 생산적인 결과를 가져올 수 있습니다. 그래서 분노도 악한 분노와 선한 분노로 나눌 수 있습니다.

셋째, 증오

살인의 세번째 모습은 증오입니다. 증오에서부터 출발한 분노는 가시적이고 물리적인 폭력으로 나타나 사람을 해치게 되고, 급기야 사람을 죽이는 데까지 가게 됩니다.

증오의 에너지를 밖으로 분출해서 다른 사람을 상하게 하는 사람이 있는가 하면 그러지 않고 내부로 향하게 해서 자기 자신을 상하게 하는 사람도 있습니다. 그런 사람들은 마음의 질병을 일으키게 되고 급기야는 죽음에 이르게 됩니다.

증오는 일종의 자해 행위에 해당합니다. 극한 경우 자살하는 경우도 있기 때문에 증오도 일종의 살인 행위에 해당된다고 하는 것입니다.

그래서 이러한 증오와 분노의 에너지를 생산적인 방법으로 활용할 수 있는 방안을 마련하는 것이 중요합니다. 마음에 분노가 생겼을 때 중요한 일을 결정해서는 안됩니다. 마음을 애써 가라앉히고 증오와 분을 어느 정도 삭힌 후에 다음의 일을 시작 하는 것이 현명한 방법입니다.

가슴에 쌓인 것을 하나님 앞에서 통성기도하며 해결하는 방법도 있습니다. 하나님 앞에서 자신의 심정을 토론하고 거기에 힘을 쏟으면 내부에 쌓였던 것이 풀리는 한편, 하나님께 간절히 고하는 계기도 되기 때문에 통성기도는 아주 좋은 방법이 될 수 있습니다. 혹은 평소에 좋아하던 운동을 하는 것도 좋고, 가까운 곳으로 여행을 하면서 자신의 주변을 되돌아보는 것도 건전한 해결 방법들입니다.

다윗의 경우 그는 전쟁을 하는 전사였지만 원수에 대한 분노의 마음을 글로 써서 풀었습니다. 그래서 그것이 오늘날까지 애송되는 다윗의 시편이 되었습니다. 신학자들은 이것을 '다윗의 보복 시편'이라고 칭합니다.

저는 어떤 사람에게 너무나 화가 나서 그 사람에게 편지를 썼습니다. 그 사람에게 하고 싶은 말을 아주 자세하게 쓰고 나서 그 다음날 찢어 버렸습니다. 그랬더니 마음이 좀 가라앉고 시원해지는 것 같았습니다. 글로 써서 증오와 분노를 해결하는 방법도 좋은 방법입니다.

넷째, 시기, 복수심, 근심

그 밖에도 시기와 복수심, 그리고 과격한 감정도 살인을 일으킬 수 있는 요인입니다. 또 늘 떠나지 않는 근심이나 과식, 과음, 과로, 분을 일으키는 말 등, 생명을 북돋우지 않는 모든 것이 생명을 죽이는 결과를 가져옵니다.

얼마 전에 발표된 한 보고서에 따르면 암 환자들의 기질을 분석한 결과 마음이 어둡고 부정적인 생각을 하는 사람들에게 암의 발병 확률이 높다는 결과가 나왔다고 합니다.

마음을 어둡게 하는 모든 근심은 그 사람의 생명을 약화시키고 생동감을 약화시키기 때문에, 단번에 생명이 없어지는 것은 아니지만, 서서히 생명의 기운을 잃게 합니다. 그래서 하나님께서는 '모든 염려를 주께 맡기라'고 말씀하십니다.

"아무 것도 염려하지 말고 오직 모든 일에 기도와 간구로,

너희 구할 것을 감사함으로 하나님께 아뢰라 그리하면 모든 지각에 뛰어난 하나님의 평강이 그리스도 예수 안에서 너희 마음과 생각을 지키시리라"(빌 4:6,7).

다섯째, **과음, 과식, 과로**

과음, 과식, 과로 등도 생명을 위협하는 살인입니다. 요즘에는 과속도 생명을 위협하는 것 중의 하나인 것 같습니다. 과속은 자기의 생명뿐 아니라 남의 생명도 상하게 할 수 있으므로 명백한 살인 행위가 되는 것입니다.

타인이 분을 내도록 하는 말도 살인의 무기가 될 수 있습니다. 몸에 난 상처보다 말로 인해서 마음에 난 상처는 더 깊고 더 오래도록 통증이 있습니다. 때문에 사람 사이의 관계를 상하게 하고 한 사람을 파멸의 길로 몰아갈 수도 있습니다. 그래서 성경에도 "입은 열린 무덤"이라고 묘사하지 않았습니까?

말은 될 수 있는 대로 듣기 좋고 축복되는 말을 하려고 노력합시다. 단어와 소리는 단지 그것이 뜻하고 있는 의미보다도 훨씬 큰 파급 효과를 가지고 있습니다. 특히, 소리라고 하는 것은 그 의미보다도 더 섬세하게 감정을 전달하는 역할을 하곤 합니다. 따라서 같은 단어를 사용하더라도 어조와 목소리의 톤에 따라서 아주 강한 감정을 불러일으킬 수 있습니다. 그러므로 같은 말을 하더라도 다른 사람들을 자극시키는 방법은 피해야 합니다.

여섯째, 억압과 착취

사람을 억압하는 것도 살인의 한 방법입니다. 자신의 권위를 살리는 방법으로 다른 사람을 숨도 제대로 못 쉬게 억압하는 사람들이 있습니다. 권위란 다른 사람들을 억압해서 생기는 것이 아닙니다.

교인들이 교회의 목사님들을 신뢰할 수 없고 권위가 서지 않는다고 생각하는 이유를 조사했더니 그 첫번째로 많이 나온 것이 말과 행동의 불일치였다는 사실을 이미 앞에서 언급했습니다.

강단에 서서는 옳은 말만 하지만 일단 강단을 떠난 다음에는 다른 사람들보다 더 못한 행동을 한다면 존경하는 마음과 권위가 생길 수 없습니다.

위에 있는 사람이 명령하면 그 아래 사람들은 하고 싶지가 않아도 해야만 하게 되어 있는 것이 우리의 풍토입니다. 그렇게 억지로 일하다보면 나중에는 슬그머니 화가나고 억울한 생각이 들게 되어 있습니다. 비록 상사가 의도하지 않았다고 할지라도 지나친 권위주의는 다른 사람의 삶을 억압하는 것으로 발전할 수 있습니다.

일곱째, 언쟁, 구타, 상해

눈에 보이는 물리적인 것으로는 언쟁과 구타, 상해 같은 것들도 살인하지 말라는 제6계명에 해당될 수 있습니다. 이렇게 생각한다면, '무엇을 하지 말라'는 것이 그렇게 소극적인 계명이 아니라는 것을 알 수 있습니다.

'무엇을 하지 말라'는 것이 소극적인 계명이라면, 그것을 다시 생각해서 적극적인 계명으로 바꾸어 생각해 볼 수도 있습니다. 우리와 이웃이 생명을 보호하고 보존하기 위한 모든 합법적인 노력과, 생명을 앗아가는 일에 대한 항거, 폭력에 대한 정당방위 등도 제6계명을 적극적으로 실천하는 일입니다.

소극적인 의무는 인간이 지켜야 할 최소한의 책임입니다. 그러므로 **십계명을 지킨다는 것은 소극적인 의무를 넘어 그 계명을 적극적으로 이행하는 것을 말합니다.**

제 6계명을 지키기 위해서 우리 개인들은 자신의 생명을 건강하게 유지하는 일도 중요합니다. 그러기 위해서는 조용히 하나님 말씀에 묵상하는 시간을 정기적으로 가질 필요가 있습니다.

여기에 대해, 남가주 캘리포니아 대학 심리학과에서 직접 실험을 해서 발표한 것이 있습니다.

60명의 학생들을 두 그룹으로 나누어서 한 쪽은 평상시대로 생활하게 하고 다른 한 쪽은 오후 2시에 한 번씩 15분 동안 명상을 하는 시간을 규칙적으로 갖게 하면서, 두 그룹 다 매일 혈압을 비롯한 여러 가지 건강 체크를 했다고 합니다. 그렇게 6주가 지나자 규칙적으로 명상의 시간을 가진 그룹은 모든 신체 기능이 상승되었다는 결과가 나왔습니다.

명상을 했던 사람들의 그룹은 기억력이 40퍼센트, 관찰력과 통찰력이 40퍼센트 좋아졌고, 외부의 자극에 반응하는 정도가 3분의1, 그리고 피부 반응도가 10퍼센트 좋아져서 섬세하고 부드러워졌다는 것입니다. 그리고 인체 내의 항체가 강해져서 약을 많이 먹지 않거나, 투여하는 양을 줄여도 차도가 나타났고 불안지수도 현저하게 줄었다고 합니다.

자신을 차분히 묵상하는 훈련을 하여 나타나는 효과가 과학적으로 입증된 한 예입니다.

소극적인 방법처럼 보이는 묵상도 사실 훈련하지 않으면 할 수 없는 것입니다. 마음을 항상 기쁘게 하고 긍정적으로 가지라는 말씀은 신약성경에도 기록되어 있습니다.

> "항상 기뻐하라 쉬지 말고 기도하라 범사에 감사하라 이는 그리스도 예수 안에서 너희를 향하신 하나님의 뜻이니라" (살전 16-18).

이것은 성도들이 마음을 차분히 하고 평화롭고 기쁘게 살도록 하나님께서 원하신 말씀입니다. 이런 것들이 바로 십계명을 지키는 모습들입니다.

삶에 의미를 갖고 행복한 일과 즐거운 생각을 갖는 것은 제6계명에 대한 적극적인 순종입니다. 적절한 양의 음식을 먹고 적절한 양의 운동과 휴식을 갖는 것도 우리 삶의 질을 향상시키는 것이기 때문에 우리는 제6계명에 적극적으로 순종할 필요가 있습니다.

십계명은 속박이나 굴레가 아니라, 하나님의 사람들에게 축복으로 주어진 것입니다. 따라서 성도들이 십계명을 성실히 이행하기만 하면

풍성한 삶을 살 수가 있습니다.
　십계명은 원만한 삶을 위한 최소한의 규범입니다. 규범이 없이는 죄의식을 느낄 수 없고, 죄의식을 느끼지 않으면 하나님 앞에 회개할 것도 없고 겸손할 필요도 못 느끼게 됩니다. 규범이 없는 사회, 규범이 무너진 개인은 혼란과 비생산적인 삶에 빠지게 마련입니다.

　십계명은 하나님의 거룩한 성품의 표현입니다. 십계명은 인간이 하나님의 거룩한 삶의 속성을 닮을 수 있는 최선의 방법입니다. 그래서 십계명은 모든 인류를 위한 보편적인 생활의 기준임에 틀림없습니다.

　십계명의 핵심은 '사랑'입니다. 로마서 13장 10절에 기록된 것처럼 '사랑은 율법의 완성입니다'. 사랑의 성품만 계발이 된다면 다른 계명이 아무리 많아도 그 사람에게 세세하게 따질 필요 없습니다. 왜냐하면 사랑으로 모든 것이 해결되기 때문입니다.

> "피차 사랑의 빚 외에는 아무에게든지 아무 빚도 지지 말라 남을 사랑하는 자는 율법을 다 이루었느니라 간음하지 말라, 살인하지 말라, 도적질하지 말라, 탐내지 말라 한 것과 그 외에 다른 계명이 있을지라도 네 이웃을 네 자신과 같이 사랑하라 하신 그 말씀 가운데 다 들었느니라 사랑은 이웃에게 악을 행치 아니하나니 그러므로 사랑은 율법의 완성이니라"(롬 13:8-10).

제11장

백성 앞에 세울 율례

"네가 백성 앞에 세울 율례는 이러하니라 네가 히브리 종을 사면 그가 육 년 동안 섬길 것이요 제 칠 년에는 값 없이 나가 자유할 것이며 그가 단신으로 왔으면 단신으로 나갈 것이요 장가들었으면 그 아내도 그와 함께 나가려니와 상전이 그에게 아내를 줌으로 그 아내가 남녀간 낳았으면 그 아내와 그 자식들은 상전에게 속할 것이요 그는 단신으로 나갈 것이로되 종이 진정으로 말하기를 내가 상전과 내 처자를 사랑하니 나가서 자유하지 않겠노라 하면 상전이 그를 데리고 재판장에게로 갈 것이요 또 그를 문이나 문설주 앞으로 데리고 가서 그것에다가 송곳으로 그 귀를 뚫을 것이라 그가 영영히 그 상전을 섬기리라 사람이 그 딸을 여종으로 팔았으면 그는 남종같이 나오지 못할지며 만일 상전이 그를 기뻐 아니하여 상관치 아니하면 그를 속신케 할 것이나 그 여자를 속임이 되었으니 타국인에게 팔지 못할 것이요 만일 그를 자기 아들에게 주기로 하였으면 그를 딸같이 대접할 것이요 만일 상전이 달리 장가들지라도 그의 의복과 음식과 동침하는 것은 끊지 못할 것이요 이 세 가지를 시행하지 아니하면 그는 속전을 내지 않고 거저 나가게 할 것이니라"(출 21:1-11).

백성 앞에 세울 율례

이스라엘의 역사 가운데 가장 큰 사건 중의 하나가 바로 하나님의 율법을 받은 사건입니다. 하나님의 율법은 그것을 어겼을 때 심판을 받기 위해 주어진 것이 아니라, 율법을 지켰을 때 하나님의 축복을 받기 위해 주어진 것입니다. 율법은 인류에게는 하나님이 얼마나 거룩하시고 의로우신지를 보여주고, 하나님의 거룩하고 의로운 율법에 비추어 볼 때 우리가 얼마나 죄인인가를 보여줍니다.

모세에게 주신 하나님의 율법은 크게 세 부분으로 구성되어 있습니다.

첫째는 십계명입니다. 우리는 앞서 10장에서 십계명에 대해 살펴보았습니다. 10계명 한 구절 한 구절에 대해 그 역사적 배경과 영적 의미에 대해 살펴보지는 않았지만, 제 5계명과 제 6계명을 통해 십계명에는 문자적으로 드러난 것보다 훨씬 깊은 의미가 있다는 것을 알게 되었습니다.

십계명에는 소극적인 의무와 적극적인 의무가 있는데, 소극적인 의무는 인간이 지켜야 할 최소한의 책임에 지나지 않습니다. 우리가 적극적인 의무를 다했을 때에야 십계명을 지킨 것이라고 할 수 있습니다.

십계명은 하나님의 거룩하신 성품을 표현한 것이어서 모든 인류를 위한 생활의 표준이 됩니다. 십계명은 하나님께서 축복으로 주신 것입니다. 따라서 성실히 하나님의 율법을 지키면 더 풍성한 삶을 누릴 수 있습니다.

둘째는 민사적, 종교적 법령입니다. 이것은 주로 20장 22절에서 24장 11절에 기록되어 있습니다. 여기에는 노예 제도, 살인과 과실 치사에 관한 법, 민사 및 형사적 책임, 인간을 해치는 범죄, 고리대금과 재물에 대한 법, 정당한 생활의 규범, 토지와 안식일, 세 가지 명절 등에 관한 내용이 포함되어 있습니다.

셋째는 의식적인 규례에 관한 것입니다. 이것은 출애굽기 24장 12절에서 31장 18절에 기록되어 있는데, 예물과 증거궤, 성막, 번제단, 제사장의 옷 등에 대한 규례가 포함되어 있습니다.

개인의 법과 국가의 법

지금부터 출애굽기 21장 이후에 나타난, 십계명 이외의 기타 법령들에 대해 살펴봅시다.

그런데 여기에서 주지해야 할 것은, 여기에 나타나 있는 법들은 한 국가의 입법이라는 사실이 전제되어 있다는 점입니다. 그 법령들 중에는 "눈에는 눈으로 이에는 이로"라는 잔인한 내용이 있어서, 한때 구약의 법들이 너무 잔인하다는 논란이 있기도 했습니다. 그러나 이것은 국가의 법인 구약의 율법을 개인의 법으로 오해를 했기 때문에 비롯된 문제입니다.

특히 예수님의 산상수훈 중에는 "옛날에 눈은 눈으로 이는 이로 갚으라 했지만 이제는 그것이 아니고 다른 것으로 행하라"고 하신 부분이 있는데, 그것을 마치 예수님이 구약의 율법을 부인하는 것처럼 오해를 하기도 했습니다.

> "또 눈은 눈으로, 이는 이로 갚으라 하였다는 것을 너희가 들었으나 나는 너희에게 이르노니 악한 자를 대적치 말라 누구든지 네 오른편 뺨을 치거든 왼편도 돌려대며"(마 5:38,39).

제가 인디애나에 살 때 NCC에서 임원 일을 하고 있던 분이 "구약과 신약의 율법은 다를 뿐 아니라 예수님께서 구약의 율법을 다 제거시키셨으니 이제는 예수님의 사랑의 법으로만 다스려야 한다"는 주장을 신문에 크게 실었습니다.

그래서 제가 그 주장에 대한 반론을 같은 신문에 실었는데 그 내용의 핵심은 "구약의 율법은 국가의 준법이요, 개인의 윤리가 아니라"는 것이었습니다. 국가의 법과 개인의 신앙적인 법의 기준은 달라야 합니다. 이 두 가지를 혼돈하면 문제가 생기게 되어 있습니다.

미국에서는 한때, 사회주의적인 경향이 있는 교회의 목사님들과 신학자들이 구약의 율법을 아주 잔인하고 잘못된 것으로 몰아붙이는 바람에 사회적으로 큰 문제를 일으킨 적이 있었습니다.

공적인 법은 어느 때나 공의로워야 합니다. 그러나 개인적인 신앙의 법은 개인의 신앙고백에 따라 다를 수 있습니다.

국가의 법으로는 남을 해치는 사람을 용서할 수 없습니다. 그러나 개인적으로는 자신을 해친 사람도 신앙고백에 따라 용서할 수 있습니다. 피해를 당한 사람이 그 사람의 처벌을 원하지 않고 오히려 그 사람에게 더 좋은 것으로 갚을 수 있습니다.

그런데 이것을 한 가지로 판단해서 동일하게 처리할 때 문제시 됩니다.

어떤 집에 불을 지른 사람이 있다면 국가는 그 사람에게 방화죄를 적용하여 반드시 처벌해야 합니다. 그러나 피해를 입은 당사자는 개인적으로 얼마든지 그 방화자를 용서하고 처벌을 원하지 않을 수 있습니다.

그런 실제적인 예로들 수 있는 분이 우리가 잘 아는 손양원 목사님입니다. 손양원 목사님은 한국전쟁 중에 두 아들을 그 아들의 친구였던 공산주의자에 의해 잃었습니다. 하지만 그는 자신의 신앙으로 그 젊은이를 용서했을 뿐 아니라, 그 사람을 양자로까지 삼았습니다. 개인적인 신앙이 국가의 윤리보다 앞설 수 있음을 보여주는 대표적인 예입니다.

물론 그렇다고 해서 국가에서 그 살인죄를 용서할 수는 없습니다. 살인한 사람을 그대로 사회적으로 용서한다면 법이 존재할 필요가 없는 것입니다. 제 역할을 감당하지 못하는 법이 무슨 필요가 있겠습니까?

국가적으로는 사형제도가 있을 수 있습니다. 그러나 우리 신앙인들의 양심으로는 아무리 자신에게 잘못을 저지른 사람일지라도 그 사람을 죽게 해서는 안되는 것입니다. 이렇게 국가의 법과 개인적인 신앙의 법을 제대로 구분할 줄 모르면 신앙의 법에 국가의 법을 적용하고, 국가의 법에 신앙의 법을 적용하는 경우가 생길 수 있게 됩니다.

예수님의 법은 개인의 신앙 윤리에 관해 말씀하신 법입니다. 개인의 법을 그대로 국가에 적용해서는 국가를 운영해 갈 수 없습니다. 따라서 국가는 질서있게 다스릴 수 있는 나름대로의 규범이 필요한 것입니다.

법은 누구에게나 공평하게 집행되어야 합니다. 그래서 법은 만인 앞에서 평등합니다. 그런데 그것이 평등하게 적용되지 못하기 때문에 법에 대한 불신이 생기는 것입니다.
정부의 말을 고분고분하게 들으면 특혜를 주고 그렇지 않으면 세무사찰을 하는 방식으로 법을 집행하면 국민들이 법과 정부를 신뢰하지 않습니다.

미국에는 비교적 입법, 사법, 행정의 삼권 분립이 잘 되어 있어서 아무리 대통령이라 할지라도 법을 어기면 국민들과 언론으로부터 가차없이 비난당하고 자리를 잃게 되어 있습니다. 그런 문제로 인해서 대통령에서 물러나야 했던 닉슨 같은 사람이 실제로도 있지 않았습니까?

국가의 법이란 이렇게 사람의 신분에 관계없이 공의롭게 집행되어야 권위를 가질 수 있는 법치국가가 되는 것입니다. 모든 국민이 안심하고 살려면 국가는 구약의 법처럼 공평하고 엄격하게 법을 집행해야 합니다.

사실, 구약의 법들은 아주 옛날의 법들 중 애굽의 법이나 바벨론의 법들과 비교를 해보면 아주 공정하였습니다. 무엇보다 구약의 율법은 인간을 존중하는 정신이 스며 있는 법으로서 이방의 법들과는 너무 달랐습니다.

예를 들어서, 구약에서는 여자가 간음을 했다는 의혹이 있을 때는 그 여자에게 번제를 드리고 난 재를 물에 타서 마시게 했습니다. 그리고 만약 그 여자에게 죄가 있으면 몸이 부어서 죽게 될 것이라고 했습니다. 그러나 이것은 하나의 상징적인 행위로서, 재를 타서 먹었다고 해서 몸이 부어 죽는 경우는 거의 없습니다. 이것은 하나님께 거짓말을 하면 몸에 이상을 일으켜서 죽게 되는 것을 의미합니다. 사람은 속일 수 있어도 하나님은 속일 수 없다는 것을 스스로 깨닫고 확인하게 하는 법이었습니다.

그런데 이방의 법은 간음한 의혹이 있는 여자에게 독을 먹였습니다. 그러면서 만약 그 여자가 결백하면 독을 먹어도 죽지 않을 것이라고 했습니다. 이것을 보면 구약의 법과 이방의 법이, 근본적으로 사람을 살리기 위해 만든 것이냐 아니면 죄를 물어서 책망하기 위해서 만든 것이냐 하는 근본적인 차이를 알 수 있습니다.

하나님의 법은 사람을 책망하기 위해서 있는 것이 아니라 살리기 위해서 만든 규범입니다. 그래서 서양의 법들은 그 기본적인 틀을 구약성경에서 기초하고 있습니다. 그래서 서양에서는 사람을 먼저 생각하는 법이 발전하게 되었습니다. 또한 구약의 법은 인간에 대한 공의와 정의를 기본 정신으로 하였습니다.

종에 관한 율례

지금부터 출애굽기에 나타난 여러 가지 율법들을 하나씩 살펴봅시다.

21장 1-11절을 보면 노예제도에 대한 법이 나옵니다. 성경에 노예제도가 있다는 사실에 대해서 비기독교국이나 사회주의 국가들에서 많은 비난을 했고 공격을 해왔습니다. 그러나 성경을 바르게 이해하기 위해서는 시대적인 배경을 먼저 살펴보는 것이 필요합니다.

성경을 이해하는 방법은 세 가지가 있습니다. 문법적으로 이해하는 방법과 역사적으로 이해하는 방법, 그리고 신학적으로 이해하는 방법입니다.

문법적인 방법은 성경에 씌어진 문장을 이해하는 방법입니다. 주어와 동사와 전치사들을 분석해서 그 문장의 정확한 뜻을 살피는 것입니다.

그리고 **역사적으로 이해하는 방법**은 그 당시의 역사적인 상황에 비추어서 이해하는 방법입니다. 구약은 3500년 전의 이야기입니다. 그런데 그 때의 일을 지금의 기준으로 해석해서는 안 됩니다. 당시의 사회와 문화 사상의 이해를 가지고 설명해야 하므로 그 당시의 원리를 반드시 찾아보아야 합니다.

신학적인 방법은 성경의 해석할 때 성경의 한 구절만 가지고 해석하는 것이 아니라 성경 전체의 맥락을 찾아서 그 뜻을 해석하는 방법입니다. 그래서 그 앞뒤 문맥을 보고 생각한 후에 성경 전체와 동일한 저자가 쓴 다른 성경과의 관계를 살펴보고 해석을 하는 것이 신학적인 방법니다.

이렇게 성경을 해석하면 이단이 생기는 것을 막을 수 있습니다. 대개의 경우 이단들이 하는 성경해석은 성경의 어느 한 구절을 확대 해석하거나 절대화하는 경향이 강합니다. 그리고 나서 다른 성경의 구절들을 다 한 구절에 끌어다 맞추는 것입니다.

통일교도 창세기의 선악과 따먹은 사건을 달리 해석하는 데서 출발해서 그런 이단 교단이 생기게 된 것 아닙니까?

또 한 가지 이단의 특성은 모호한 구절을 분명하게 해석하는 것입니다. 많은 세월 동안 학자들의 연구에 의해서도 풀리지 않던 부분을 아주 정확하게 해석하는 체하여 자기들만의 편협한 해석으로 사람을 미혹시키는 자들은 이단이 될 가능성이 짙습니다.

성경의 노예제도는 구약에서뿐 아니라 신약의 사도 바울도 인정하고 있습니다. 그래서 사도 바울을 비판하는 신학자들은 바울의 노예제 인정을 강도 높게 비난했습니다.

그러나 오늘날 현대 사회에서도 '노예제도'는 없지만 '노예제도의 원리'는 여전히 존재하고 있습니다. 고용된 사람은 어쩔 수 없이 고용한 사람이 하라는 대로 하게 되어 있습니다. 직장인은 그 사장의 개인적인 일 때문에 고용된 것은 아니지만 어쩔 수 없이 그의 명령에 따라서 일하기 때문입니다. 주인이 필요하기 때문에 고용을 했으니 그렇게 될 수밖에 없습니다. 다만 계급적으로 한 개인에게 속한 것이 아니라 계약관계라는 것이 노예제도와 다를 뿐입니다.

그런데 구약의 율법에 있는 노예제도는 영구적인 것이 아니었습니다. 21장 1,2절은 그 사실을 증명해 줍니다.

> "네가 백성 앞에서 세울 율례는 이러하니라 네가 히브리 종을 사면 그가 육년 동안 섬길 것이요 제 칠 년에는 값 없이 나가 자유할 것이며."

노예들 중의 히브리 사람들이나 이방인 노예들은 영구적인 노예로 태어난 것이 아니라 자유인으로 살다가 다음 몇 가지 이유로 인해서 노예가 된 사람들입니다.

첫째, 전쟁에서 붙잡힌 사람을 노예로 삼는 경우입니다. 이것은 전쟁에서 가능한한 사람을 죽이지 않고 사로잡아 오기 위해서 그런 제도를 만들었던 것입니다. 적군이라도 생명을 보존할 수 있도록 하기 위해 생긴 법입니다.

두번째, 자기 자신이 너무 가난해서 자신을 노예로 파는 경우입니다. 자신을 노예로 팔아서 주인의 보살핌 가운데에서 생명을 보존할 수 있게 되는 것입니다. 노예를 데려올 때 주인은 반드시 의식주를 해결해 주어야 했습니다.

세번째, 자기 자식을 양육할 수가 없어서 파는 경우입니다.

그러나 어떤 이유로 노예가 되었든지 간에 구약의 율법에 따르면 6년이 지나고 7년째 되는 해에는 그 사람을 자유롭게 만들어 주어야 했습니다.
그리고 50년째가 되는 희년이 오면 노예가 된 그 사람을 놓아주는 것은 물론이고 빚으로 잡혔던 농토까지도 전부 되돌려주어야 했습니다.
구약의 법은 사람을 보호하는 법, 특히 약자들을 보호하는 법이었기 때문에 이런 제도들이 있었습니다.

21장 3, 4절에 보면 처음 노예가 되었을 때부터 결혼을 한 상태에 있던 사람은 가족을 데리고 나갈 수 있었지만, 노예로 들어와서 결혼을 하고 6년이 지났을 경우에는 자유인이 되어 나갈 때 자기 혼자만 나갈 수 있게 되어 있었습니다.

"그가 단신으로 왔으면 단신으로 나갈 것이요 장가들었으면 그 아내도 그와 함께 나가려니와 상전이 그에게 아내를 줌으로 그 아내가 남녀간 낳았으면 그 아내와 그 자식들은 상전에게 속할 것이요 그는 단신으로 나갈 것이로되."

그 이유는 주인의 소유인 노예는 그 주인에게 노동력을 제공해 주는 재산이기 때문에 그렇게 하는 것이 정상적이었습니다. 야곱도 라헬을 얻기 위해서 7년을 일해야 하지 않았습니까? 그것은 여자를 데려오기 전에는 반드시 지참금을 지불해야 했었는데, 야곱은 지참금 대신 노동력을 제공했던 것입니다.

지참금은 그 여자가 자기 집에서 일생 동안 있으면서 자기 아버지에게 제공할 수 있었을 만큼의 노동력을 돈으로 주고 사 가지고 간다는 의미가 있는 법이었습니다. 사람은 곧 노동력이었기 때문에 3,500년 전 그 당시로서는 당연한 제도였습니다.

따라서 자기 주인이 결혼을 시킨 노예는 결혼을 했더라도 자기 가족을 함께 데리고 갈 수 없었습니다. 그런데 만약에 그 종이 자기 아내를 사랑해서 나가서 자유하게 되지 않겠다고 하거나, 종이 자기 주인을 사랑해서 자진해서 노예로 남겠다는 경우는 6년이 지나도 그 집에서 계속 노예로 머물 수 있었습니다.

그 경우에는 노예를 데리고 재판장에게 가서 승인을 얻어야 했는데 승인의 표시는 문지방에 귀를 대고 구멍을 뚫는 것이었습니다.

요즘 여자들은 멋으로 귀고리를 하기 위해서 귀에 구멍을 뚫는데, 그 유래는 여기서부터 시작된 것입니다.

> "종이 진정으로 말하기를 내가 상전과 내 처자를 사랑하니 나가서 자유하지 않겠노라 하면 상전이 그를 데리고 재판장에게로 갈 것이요 또 그를 문이나 문설주 앞으로 데리고 가서 그것에다가 송곳으로 그 귀를 뚫을 것이라 그가 영영히 그 상전을 섬기리라"(출 21:5,6).

그러나 이렇게 자원한 노예라 할지라도 종이 된 지 50년째가 되는 희년에는 의무적으로 풀어 주어야 했습니다. 구약의 율법은 인간을 존중하고 사랑하는 정신에서 만들어진 법률이기 때문입니다.

구약의 노예제도는 이러한 구약시대의 특징을 이해하면서 해석해야 하며 오늘날 시각으로 일방적으로 해석해서는 안됩니다.

노예의 귀에 구멍을 뚫는 것을 오늘날 우리 성도들의 신앙에 비추어서 생각을 해본다면, 우리 성도들은 모두 하나님 앞에서 귀에 구멍을 뚫고 하나님께 대한 충성을 맹세한 사람이 되어야 합니다. 그래서 주님께서 하라고 하시는 일이면 무엇이든지 순종할 준비가 되어 있다는 표시로 생각할 수 있습니다. 따라서 우리 그리스도인들은 하나님에 대한 순종을 표시하는 상징으로서 영적인 귀에 구멍 뚫은 사람이라고 할 수 있습니다.

저는 1967년에 하나님께 사로잡혀서 "주여, 나를 영원히 주님의 종으로 삼아주옵소서" 하고 귀에 구멍을 뚫은 후 지금까지 하나님의 말씀에 순종하고 섬기면서 살고 있습니다. 어쩌다가 정말 하기 힘든 순종을 요구하실 때도 있지만 하나님께서 원하시는 대로 하고 사는 사람이 정말 행복한 사람이라는 것을 알고 있기 때문에, 귀에 구멍 뚫은 것을 한 번도 후회한 적이 없고 지금도 감사하게 생각하며 앞으로도 그럴 것입니다.

이제 7절에서 11절 말씀을 보십시오.

"사람이 만일 그 딸을 팔았으면 그는 남종같이 나오지 못할지며 만일 상전이 그를 기뻐하지 아니하여 상관치 아니하면 그를 속신케 할 것이나 그 여자를 속임이 되었으니 타국인에게 팔지 못할 것이요 만일 그를 자기 아들에게 주기로 하였으면 그를 딸같이 대접할 것이요 만일 상전이 달리 장가들지라도 그의 의복과 음식과 동침하는 것은 끊지 못할 것이요 이 세 가지를 시행하지 아니하면 그 속전을 내지 않고 거저 나가게 할 것이라."

누군가가 와서 딸과 결혼을 하고 싶다고 하여 그 아버지가 돈을 받고 딸을 주었는데, 그 사람이 딸을 데리고 가서도 자기의 아내로 삼지 않았을 경우에라도 그 여자를 이방 사람에게 넘겨줄 수는 없게 되어 있었습니다. 이 역시 노동력의 문제이기 때문에 돈이 오고 간 것이고, 혈통의 문제가 있기 때문에 이방인에게는 줄 수 없었습니다.

그리고 그 여자를 자기 아들에게 주는 것은 허용되었는데, 만약 그렇게 하지 않았더라도 그 여자를 먹여살릴 의무가 있었습니다. 만일 두 가지 중에 아무것도 하지 않은 경우에 그 여자는 자기 아버지가 받은 돈을 다시 돌려주지 않아도 자유롭게 될 수 있었습니다.

어떤 경우에도 구약의 율법에는 종들의 권리를 최대한 보장하는 제도적 장치가 마련되어 있었습니다. 이것은 구약의 율법이 인간을 존중하는 바탕 위에서 만들어진 것이기 때문입니다.

하나님께서 모세를 통해 백성 앞에 세우신 율례는 사람을 심판하거나 정죄하기 위한 것이 아니었습니다. 오늘날의 시점에서 보면 부당한 것 같은 노예제도조차 자세히 살펴보면 거기에는 사람을 존중하고 사랑하는 하나님의 세심한 배려가 숨어있음을 발견할 수 있습니다.

하나님이 백성 앞에 세우신 율례는 하나님의 자녀를 향한 하나님의 사랑의 표현이었던 것입니다.

제12장

인간을 존중하라

"사람을 쳐 죽인 자는 반드시 죽일 것이나 만일 사람이 계획함이 아니라 나 하나님이 사람을 그 손에 붙임이면 내가 위하여 한 곳을 정하리니 그 사람이 그리로 도망할 것이며 사람이 그 이웃을 짐짓 모살하였으면 너는 그를 내 단에서라도 잡아내려 죽일지니라 자기 아비나 어미를 치는 자는 반드시 죽일지니라 사람을 후린 자가 그 사람을 팔았든지 자기 수하에 두었든지 그를 반드시 죽일지니라 그 아비나 어미를 저주하는 자는 반드시 죽일지니라 사람이 서로 싸우다가 하나가 돌이나 주먹으로 그 적수를 쳤으나 그가 죽지 않고 자리에 누웠다가 지팡이를 짚고 기동하면 그를 친 자가 형벌은 면하되 기간 손해를 배상하고 그로 전치되게 할지니라 사람이 때로 그 여종이나 남종을 쳐서 당장에 죽이면 반드시 형벌을 받으려니와 그가 일 일이나 이 일을 연명하면 형벌을 명하리니 그는 상전의 금전임이니라…"(출 21:12-22:31).

인간을 존중하라

우리가 성경을 읽으면서 생각해야 할 것은, 성경 문장과 단어의 뜻을 아는 것도 중요하지만 그것보다 더 중요한 것은 그 말씀이 가지고 있는 원리라는 점입니다.

간혹 그 말씀이 왜 나오게 되었는가 하는 배경이 그 말씀이 가진 직접적인 뜻보다 중요할 때도 있습니다. 왜냐하면 아무런 근거가 없이 나오는 말씀은 없기 때문입니다. 역사적이고 문화적인 근거를 알지 못하면 성경을 해석하는 데에 충분한 이해를 갖지 못하게 됩니다.

지금 우리에게 직접적으로 성경 말씀을 적용시키기 위해서는 문법적인 방법과 역사적인 방법, 신학적인 방법을 모두 이용해서 성경을 이해하는 태도가 필요합니다.

이렇게 여러 가지 방법을 통해서 말씀을 해석한 후 말씀 속에 있는 영원한 원리를 찾아야 합니다.

진리에는 한정적인 진리가 있고 보편적인 진리가 있습니다. 한정적인 진리는 그 때, 그 사람들에게만 적용되는 것이고 보편적인 진리는 언제든지 어떤 사람들에게든지 다 적용됩니다.

이 두 가지 중에서 우리가 필요로 하는 것은 보편적인 진리입니다. 왜냐하면 성경 말씀이 몇 천년 전에 씌어진 것이기 때문에 그것을 오늘날의 우리에게 적용하려면 공간과 시간이 지나도 변하지 않는 보편타당한 진리이어야 하기 때문입니다. 그래서 말씀을 듣는 사람들에게 언제나 적용할 수 있는 그 말씀이어야만 비로소 생명이 있는 말씀으로 되살아나는 것입니다.

살인에 관한 율례

출애굽기 21장 12-14절의 말씀은 살인의 문제를 다룬 것입니다.

> "사람을 쳐 죽인 자는 반드시 죽일 것이나 만일 사람이 계획함이 아니라 나 하나님이 사람을 그 손에 붙임이면 내가 위하여 한 곳을 정하리니 그 사람이 그리로 도망할 것이며 사람이 그 이웃을 짐짓 모살하였으면 너는 그를 내 단에서라도 잡아내려 죽일지니라."

살인에 대한 성경의 원리는 비교적 간단합니다. 살인에는 과실로 사람을 죽이는 경우와 고의적으로 사람을 죽이는 경우가 있습니다.

고의적인 살인의 경우에는 반드시 사형에 처하게 되어 있었습니다. 이 원리는 창세기 9장 6절부터 시작이 됩니다. 많은 사람들이 살인에 대한 규정이 모세의 율법에서 출발한다고 하지만 노아시대에 벌써 살인에 대한 법이 있었습니다.

하나님은 다른 사람의 피를 흘리는 자는 반드시 자신의 피도 흘려야 된다고 말씀하시면서 그 이유를 사람은 하나님의 형상으로 만들어졌기 때문이라고 말씀하십니다.

> "내가 반드시 너희 피 곧 너희 생명의 피를 찾으리니 짐승이면 그 짐승에게서, 사람이나 사람의 형제면 그에게서 그의 생명을 찾으리라 무릇 사람의 피를 흘리면 사람이 그 피를 흘릴 것이니 이는 하나님이 자기 형상대로 사람을 지었음이니라."(창 9:6,7).

하나님께서는 당신의 형상을 따라서 만든 사람을 '작은 하나님'으로 보십니다. 그래서 사람을 죽이는 것은 하나님을 죽이는 것과 마찬가지입니다. 살인은 그만큼 하나님과 직결되어 있는 범죄였습니다.

사람은 하나님의 형상을 닮았기 때문에 함부로 욕을 할 수도 없는 존재인데 하물며 고의적인 계획을 한 후 살인을 했으면 그 사람은 마땅히 죽어야 했던 것입니다. 예수님은 "네가 네 형제를 보고 '라가'(바보)라는 말을 해도 지옥에 갈 수 있다"고 말씀하셨습니다.

> "나는 너희에게 이르노니 형제에게 노하는 자마다 심판을 받게 되고 형제에 대하여 라가라 하는 자는 공회에 잡히게 되고 미련한 놈이라 하는 자는 지옥 불에 들어가게 되리라"(마 5:22).

"한 사람의 생명은 우주보다 귀하다"는 말씀을 이렇게 말씀하신 것입니다. 인간을 죽이고, 인간을 저주하는 것에 대해 하나님께서는 철저하게 그 대가를 요구하셨습니다.

이것이 바로 기독교의 인간관인 것입니다. **기독교야말로 인권을 가장 존중하는 정신을 가진 신앙입니다.**

그러나 만일 실수로 인한 과실치사였을 경우는 달랐습니다. 하나님은 그런 사람들이 도망갈 도피성 6개를 만들어서 몸을 피할 수 있는 길을 열어 주셨습니다.

하나님은 살인한 사람일지라도 과실일 경우에는 목숨을 구할 수 있도록 도피성이라는 피할 길을 주신 것입니다. 과실로 살인을 한 사람은 도피성으로 도망가서 제단의 뿔을 잡으면 누구도 그 사람이 판결을 받기 전까지는 잡아가거나 죽이지 못하였습니다. 그래서 만약 실수로 살인한 것일 경우, 그 사람은 대제사장이 살아있는 동안에는 도피성 안에서 안전하게 살 수 있었고 대제사장이 죽고 난 후에는 자기의 살던 곳으로 돌아갈 수 있었습니다.

고의적으로 살인을 한 사람은 아무리 도망을 가서 제단의 뿔을 잡아도 끌어다가 재판하고 사형을 시킬 수 있습니다. 물론 이런 경우에도 그 자리에서 사형을 할 수는 없었습니다. 반드시 재판장에게 데리고 가서 재판을 받아야 하고 두 사람 이상의 증인이 그 범죄 사실을 증언할 수 있어야 사형에 처할 수 있었습니다. 이는 억울하게 누명을 쓰고 모함을 당할 가능성을 생각한 것입니다. 참으로 인도주의적 제도였습니다.

부모상해에 관한 율례

15절과 17절은 부모를 상해했을 때에 관한 율법입니다.

"자기 아비나 어미를 치는 자는 반드시 죽일지니라…그 아비나 어미를 저주하는 자는 반드시 죽일지니라."

여기서도 하나님의 법은 단호합니다. 자기 부모를 저주하거나 욕한 자는 반드시 죽이게 되어 있었습니다. 이 법을 적용하면 많은 사람들이 죽을 것입니다. 이 법에 나타난 절대적 원리는, '부모는 하나님을 대신하는 사람'이라는 것입니다. 따라서 부모를 욕하거나 해치는 것은 하나님을 욕하거나 해치는 것이 되므로 절대로 용납하지 않으십니다.

부모에게 잘못하는 자는 최고 형벌인 살인으로 다스리라 명령하실 만큼, 부모에게는 반드시 순종하고 잘 모셔야 하는 것이 자식의 의무였습니다.

이렇게 부모에 대한 공경을 잘하는 사람이라야 사회에 나가서도 다른 사람들을 잘 섬기고 순종할 수 있는 사람으로 자랄 수 있기 때문에 특별히 사형으로 엄하게 다스리신 것입니다.

그러나 부모에 대한 율법도 부모를 공경의 중요성에 초점이 있을 뿐, 사형에 그 자체에 초점이 있는 것이 아니었습니다. 살인한 자나 부모를 학대한 자를 벌하는 하나님의 율법 속에도 동일하게 인간을 존중하는 하나님의 의도가 드러나 있습니다.

하나님이 원하신 것은 하나님의 백성들이 의롭고 거룩한 삶을 사는 것이지 그 백성들을 벌하고 심판하시기 위한 것이 아니었습니다. 하나님이 백성 앞에 세우신 율례는 자녀를 향한 하나님의 사랑의 표현이었습니다.

16절에는, 사람을 인신매매한 사람도 사형에 처하길 명하십니다.

"사람을 후린 자가 그 사람을 팔았든지 자기 수하에 두었든지 그를 반드시 죽일지니라."

이것도 역시 하나님의 형상에 따라 만들어진 인간에 대한 존엄성을 바탕으로 한 중형이었습니다. 합법적으로 노예를 사고 팔기 위해 돈이 오갈 수 있었지만, 그렇지 못한 방법으로 사람을 납치해서 팔거나하여 자기 수하에 두지 못하게 합니다.

사람을 납치한다는 것은 그 사람뿐 아니라 그 가족들까지 상하게 하는 인권 유린 행위입니다. 하나님께서는 이런 행동 역시 살인과 마찬가지로 생각하시고 엄하게 다스리셨습니다.

상해에 관한 율례

18, 19절에는 싸움을 하다가 상해가 나는 경우에 대해서 말씀하고 있습니다.

"사람이 서로 싸우다가 하나가 돌이나 주먹으로 그 적수를 쳤으나 그가 죽지 않고 자리에 누웠다가 지팡이를 짚고 기동하면 그를 친 자가 형벌은 면하되 기간 손해를 배상하고 그로 전치되게 할지니라."

처음부터 의도하지 않았으나 싸우다 보니 상대방을 상하게 만든 경우 그는 사형을 면하고 그에 대한 기간 손해를 배상하는 한편, 그가 완전히 나을 때까지 치료할 의무를 갖습니다.
성경은 아주 공정한 판단을 원하기 때문에 단순히 결과뿐만 아니라 그 원인에 따라 벌을 내리고, 자신이 한 행위에 적절하다고 생각되는 범위 내에서 손해 배상하도록 합니다. 바로 이것이 공의입니다.

20, 21절은 노예를 때려서 죽음에 이르게 했을 때의 법입니다.

"사람이 매로 그 여종이나 남종을 쳐서 당장에 죽이면 반드시 형벌을 받으려니와 그가 일 일이나 이 일을 연명하면 형벌을 명하리니 그는 상전의 금전임이니라."

이 내용의 근본 원리는 노예 역시 사람으로서 인권을 갖음을 의미합니다. 비록 종이라 할지라도 주인이 가혹하게 대우하여 종이 죽게 하면 형벌을 피할 수 없었습니다. 그러나 종이 매를 맞다가 다쳐서 곧 회복이 된다면 주인은 형벌을 피할 수 있었습니다.
왜냐하면 종이 다쳐서 일을 못하는 동안 노동력 상실로 손해를 보게 되는 것은 바로 주인이기 때문입니다. 또한 종은 주인의 재산이기 때문입니다.

요즈음 산업재해란 공장에서 일하다가 다칠 경우 그 사용자가 치료하고 보상해 주는 제도가 있으나, 실제 사용자는 그 의무를 행하지 않아서 사회적으로 문제가 되곤 합니다.

자기에게 속한 사람은 자기의 가족으로 생각하는 정신이 필요합니다. 그렇지 않고 단순히 돈을 주고 부리는 사람으로만 생각할 때 월급이나 산재 문제로 인한 법정소송 사태가 발생합니다.

오래 전 구약에도 주인의 소유나 다름없는 종을 매질하다가 죽게 되면 반드시 형벌을 받게 할 만큼 종들의 인권을 존중해 주었는데, 현대 사회에서 산재 보장을 해주지 않는다면 오히려 과거보다 퇴보한 생각을 가지고 있는 것입니다. 자신의 재산이나 다름없는 노예도 함부로 다룰 수 없는데 하물며 자신에게 계약으로 고용된 사람을 어떻게 함부로 할 수 있겠습니까?

계속해서 26절과 27절에서는 이렇게 말씀하고 있습니다.

> "사람이 그 남종의 한 눈이나 여종의 한 눈을 쳐서 상하게 하면 그 눈 대신에 그를 놓을 것이며 그 남종의 한 이나 여종의 한 이를 쳐서 빠뜨리면 그 이 대신에 그를 놓을지니라."

만약 주인이 종의 눈이나 이를 다치게 한 경우에 주인은 형벌을 받지는 않지만 그 대신 그 종을 자유롭게 해주어야 했습니다. 비록 종이 주인의 재산이기는 하지만, 종의 눈이나 이를 다쳤다면 그는 그 고통의 대가로 자유를 찾았습니다.

종을 주인이 아무렇게나 할 수 있는 완전한 소유물이 아니라 하나의 인격체로 인정한 것입니다.

22-25절 기록은 임산부에 상해를 입힌 경우와 일반 원리를 말하고 있습니다.

> "사람이 서로 싸우다가 아이 밴 여인을 다쳐 낙태케 하였으나 다른 해가 없으면 그 남편의 청구대로 반드시 벌금을 내되 재판장의 판결을 좇아 낼 것이니라 그러나 다른 해가 있으면 갚되 생명은 생명으로 눈은 눈으로 이는 이로 손은 손으로 발은 발로 데운 것은 데움으로 상하게 한 것은 상함으로 때린 것은 때림으로 갚을지니라."

만일 싸움을 하다가 임산부를 다쳐 낙태하게 했으면 그 남편의 요구에 따라 반드시 벌금을 내되 재판장의 판결을 따르게 했습니다. 남편이 개인적으로 요구하는 것을 그대로 따르는 것이 아니라 반드시 법의 판결을 거쳐서 해결을 해야 했습니다. 남편과의 합의가 이루어지지 않으면 재판관의 판결에 따르도록 한 것은 오늘날과 유사합니다.

그런데 요사이 낙태 문제가 너무 가볍게 다루어지고 있습니다. 아무런 죄의식 없이 생명을 죽이고 있습니다. 게다가 이제는 아내가 낙태를 결정을 하는 데 남편의 동의가 없어도 가능하게 되어 있습니다. 아이는 여자에게 속해 있다고 생각해서 그런 제도가 생긴 것입니다.

옛날에는 아이가 아버지에게 속해 있다고 생각했는데 여성의 지위가 높아진 오늘날에 와서는 태아를 여성에게 속한 것처럼 생각합니다.

그러나 사실 아이는 어느 누구의 소유가 아닙니다. **근본적으로 생명은 하나님께 있는 것입니다.** 만약 생명이 사람에게 있다면 자기 마음대로 생명을 조절할 수 있어야 합니다. 그러나 태아는 부모가 원한다고 생기고 원하지 않는다고 생기지 않는 것은 아니지 않습니까?

생명을 자기 마음대로 생각하는 사람은 하나님의 형상을 자기 마음대로 생각하는 사람입니다. 성경은 가족과 아이를 철저하게 하나님께 속한 것으로 기록하고 있습니다. 가족을 자의적으로 깨뜨리거나 태아의 생명을 자기 마음대로 하려고 하는 사람은 하나님의 정하신 법에 대항하는 사람입니다.

소유주의 책임에 관한 율례

28-32절은 가축에 의한 인명 피해를 기록하고 있습니다.

"소가 남자나 여자를 받아서 죽이면 그 소는 반드시 돌에 맞아 죽을 것이요 그 고기는 먹지 말 것이며 임자는 형벌을 면하려니와 소는 본래 받는 버릇이 있고 그 임자는 그로 인하여 경고를 받았으되 단속하지 아니하므로 남녀간에 받아 죽이면 그 소는 돌로 쳐 죽일 것이고 임자도 죽일 것이며 만일 그에게 속죄금을 명하면 무릇 그 명한 것을 생명의 속으로 낼 것이요 아들을 받든지 딸을 받든지 이 율례대로 그 임자에게 행할 것이며 소가 만일 남종이나 여종을 받으면 소 임자가 은 삼십 세겔을 그 상전에게 줄 것이요 소는 돌에 맞아 죽을지니라."

소가 사람을 받아 죽였을 때에는 그 소를 반드시 돌로 쳐서 죽여야 하며 그 고기는 먹지 말 것이나, 소 주인은 형벌을 면하게 됩니다. 사람을 죽게 한 고기를 먹지 못하게 한 것은 사람에 대한 하나님의 특별한 사랑과 인간 존엄성을 지키는 차원에서 나온 법입니다.

그리고 만일 그 사람을 죽게 한 소가 원래 사람을 상하게 할 우려가 있을 정도로 난폭하다고 이미 소문이 나 있을 경우에는 그 소를 죽이는 것은 물론 그 주인도 죽이거나 속죄금을 내는 등 형벌을 받아야 했습니다. 사람들에게 상해를 입힐 수 있는 자기 소유를 철저하게 관리하지 않은 책임을 그 주인에게도 엄하게 묻는 것입니다.

아주 철저하고 공의롭게 법을 집행하는 것을 보여줍니다.

미국의 법은 철저하게 그 책임을 그 소유주에 지우는 법입니다. 어떤 집 앞을 지나다가 큰 돌부리에 걸려 넘어지면 집 주인이 그것을 치우지 않은 책임을 지고 손해배상을 해야 합니다. 눈이 많이 왔는데 그것을 쓸지 않아서 사람이 미끄러져 다쳤다면 그 주인은 그것에 대한 책임을 지도록 되어 있습니다. 그래서 미국에는 고소 사건이 말할 수 없을 정도로 많이 있습니다. 우리는 그저 사람들끼리 말 한마디로 해결하는 문제가 미국인들에게는 법정에서 해결한 문제가 되는 것입니다. 그래서 어떤 때는 아주 비정하고 냉정한 사람들로 보이지만 남에게 피해를 주어서는 안된다는 것이 그들의 기본적인 생각입니다.

33절에서 36절도 마찬가지로 자기 소유인 가축에게 소홀해서 사람에게 상해를 입히거나 경제적 손해를 입혔을 때에 처리하는 방법을 설명해 놓았습니다.

> "사람이 구덩이를 열어 두거나 구덩이를 파고 덮지 아니함으로 소나 나귀가 거기 빠지면 그 구덩이 주인은 잘 조처하여 짐승의 임자에게 돈을 줄 것이요 죽은 것은 그의 차지가 될지니라 이 사람의 소가 저 사람의 소를 받아서 죽이면 산 소를 팔아 그 값을 반분하고 죽은 것도 반분하려니와 그 소가 본래 받는 버릇이 있는 줄을 알고도 그 임자가 단속하지 아니하였으면 그는 소로 소를 갚을 것이요 죽은 것은 그의 차지가 될지니라."

우물을 잘못 관리하여 사람이 빠졌을 때에도 그 우물의 주인에게 책임을 물었습니다. 이것이 바로 자기 이웃에게 자신의 소유로 인하여 해를 입히지 않도록 한 법의 한 예입니다. 구약에서부터 자기의 이웃을 괴롭히거나 손해가 나게 하거나 상해 입히는 것을 철저히 처벌하는 정신이 있었습니다. 이것이 이웃을 사랑하는 첫걸음이었습니다.

그것은 제사장도 예외가 될 수 없었습니다. 그래서 6개의 도피성으로 가는 길목에 있는 돌을 치우는 것은 제사장의 일이었습니다. 만약 그 길에 있는 돌멩이가 장애물이 되어 도피성에 들어가지 못해 잡혀 죽은 사람이 있다면 그 책임을 제사장에게 물었습니다.

그리고 만약 소와 소끼리 싸우다 죽으면 그 소를 팔아 그 값을 반분하고 죽은 것도 반분했습니다. 난폭한 성질이 있었던 소가 다른 소를 죽였으면 그 소는 팔아서 값을 치러야 할 뿐만 아니라, 이미 죽은 소도 원래 주인의 차지가 되게 했습니다.

이 정도의 법을 지킨다면 지금 세상은 아마 훨씬 살기 좋은 세상일 것입니다. 오히려 구약시대보다 낙후되지 않나 생각이 들 정도로 요즘 세상은 오히려 자기 것을 찾는 데 급급했지 남을 생각할 줄은 모르는 것 같습니다.

이웃 사랑하는 적극적 생각은 고사하고라도 절대 이웃에게 해 끼치지 않겠다는 생각만 해도 세상은 지금보다 훨씬 잘 사는 세상이 될 것입니다. 더욱이 정말 적극적으로 이웃을 돕는 행동까지 한다면 더 이상 바랄 일이 없을 것입니다.

율법의 한 구절 한 구절에는 철저하게 인간을 존중하고 이웃을 사랑하라는 하나님의 자상하심이 스며있습니다. 현대를 살아가는 우리 역시 남에게 피해를 입히기보다는 이웃을 먼저 생각하고 이웃을 사랑하는 사람들이 되어야겠습니다.

우리가 하나님을 사랑하고 이웃을 사랑할 때 비로소 모든 율법은 사랑 안에서 완성이 됩니다. 예수님께서도 '하나님을 사랑하고 이웃을 사랑하는 것이 모든 율법의 완성'이라고 말씀하시지 않으셨습니까?

민사적, 형사적 책임에 관한 율례

22장 1절에서 15절 사이의 말씀은 민사적, 형사적 책임에 관한 법률을 설명합니다.

그 중에서도 1절에서 4절 말씀은 도둑질에 관한 법률입니다.

> "사람이 소나 양을 도적질하여 잡거나 팔면 그는 소 하나에 소 다섯으로 갚고 양 하나에 양 넷으로 갚을지니라 도적이 뚫고 들어옴을 보고 그를 쳐 죽이면 피 흘린 죄가 없으나 해 돋은 후이면 피 흘린 죄가 있으리라 도적은 반드시 배상할 것이나 배상할 것이 없으면 그 몸을 팔아 그 도적질한 것을 배상할 것이요 도적질한 것이 살아 그 손에 있으면 소나 나귀나 양을 무론하고 갑절을 배상할지니라."

남의 소나 양을 훔쳐 죽이거나 팔면 소는 다섯 배, 양은 네 배 수로 갚아야 했습니다. 그러나 짐승이 아직 살아있으면 두 배로 그 값을 갚아야 했습니다. 훔친 것보다 훨씬 무거운 보상은 당연히 도둑질을 줄이는 결과를 가져왔습니다.

얼마 전 인천과 부천 등에서 세금 도둑들이 잡혔는데, 그들이 재산을 은닉하여 훔쳐간 세금조차도 전액 회수하기가 힘들다는 뉴스 보도가 있었습니다. 만약에 우리 나라의 법이 이런 세금 도둑들에게 훔쳐간 재산 전액을 몰수할 뿐만 아니라 모세의 율법처럼 두 배, 네 배, 다섯 배의 보상을 물게 된다면 그런 세금 도둑질은 꿈도 꾸지 못했을 것입니다. 훔쳐간 돈보다 벌금이 작으니 도둑질을 감행하게 되는 것입니다.

지금 현대의 법률이 3,500년 전의 법률을 따라가지 못하는 것입니다.

그런데 도둑질에 관한 법률 중 우리가 주목할 구절은 3절 말씀입니다.

2절에 보면 밤중에 들어온 도둑은 죽여도 주인에게 아무런 죄가 없었습니다. 정당방위를 인정한 것입니다. 그런데 3절에서 낮에 들어온 도둑을 죽였을 경우에는 집 주인에게 살인죄를 물었습니다. 왜냐하면 낮에 들어온 도둑은 금방 들킬 수 있고 낮에는 다른 이웃들의 도움을 받을 수 있기 때문입니다. 하나님의 율법은 비록 도둑이라 할지라도 그의 생명을 귀하게 여기고 인간을 존중하는 원리가 적용되고 있습니다.

22장 5절과 6절 말씀은 배상에 대한 율례를 다루고 있습니다.

"사람이 밭에서나 포도원에서 먹이다가 그 짐승을 놓아서 남의 밭에서 먹게 하면 자기 밭의 제일 좋은 것과 자기 포도원의 제일 좋은 것으로 배상할지니라 불이 나서 가시나무에 미쳐 낟가리나 거두지 못한 곡식이나 전원을 태우면 불 놓은 자가 반드시 배상할지니라."

하나님의 율법은 고의로 한 일에 대하여, 또 사람의 실수가 아니라 짐승들이 일으킨 문제에 대해서도 세심하게 배상 방법을 밝혀 놓았습니다. 집에서 기르는 짐승이 남의 밭에서 열매를 먹거나, 실수로 이웃의 곡식을 태우는 경우에도 하나님은 그 피해를 보상하도록 하심으로써 타인의 재산이 보호받도록 하셨습니다.

계속 22장 7절에서 15절 말씀은 다른 사람의 재산을 보관할 때나 다른 사람의 가축을 빌려왔다가 손해를 입혔을 때의 문제에 대한 율례입니다.

"사람이 돈이나 물품을 이웃에게 맡겨 지키게 하였다가 그 이웃의 집에서 봉적하였는데 그 도적이 잡히면 갑절을 배상할 것이요 도적이 잡히지 아니하면 그 집 주인이 재판장 앞에 가서 자기가 그 이웃집 물품에 손댄 여부의 조사를 받을 것이며 어떠한 과실에든지 소에든지 나귀에든지 양에든지 의복에든지 또 아무 잃은 물건에든지 그것에 대하여 혹이 이르기를 이것이 그것이라 하면 두 편이 재판장 앞에 나아갈 것이요 재판장이 죄 있다고 하는 자가 그 상대편에게 갑절을 배상할 것이니라 사람이 나귀나 소나 양이나 다른 짐승을 이웃에게 맡겨 지키게 하였다가 죽거나 상하거나 몰려가도 본 사람이 없으면 두 사람 사이에 맡은 자가 이웃의 것에 손을 대지 아니하였다고 여호와에게 맹세할 것이요 그 임자는 그대로 믿을 것이며 그 사람은 배상하지 아니 하려니와 만일 자기에게 봉적하였으면 그 임자에게 배상할 것이며 만일 찢겼으면 그것을 가져다가 증거할 것이요 그 찢긴 것에 대하여 배상하지 않을지라 만일 그 이웃에게 빌어온 것이 그 임자가 함께 하지 아니할 때에 상하거나 죽으면 반드시 배상하려니와 그 임자가 그것과 함께 하였으면 배상하지 않을지며 세 낸 것도 세를 위하여 왔은즉 배상하지 않을지니라."

　요즈음 편리한 은행 제도가 있어서 돈이나 귀중품을 보관할 수 있지만, 구약 당시에는 은행이 없었으므로 장기간 여행 할 경우에 귀중품은 이웃에게 맡기는 수밖에 없었습니다. 그런데 그 맡겨둔 물건이 없어져 버릴 경우 이웃 사이가 정말 곤란하게 되어버립니다.
　하나님은 이런 경우에 일차적인 책임을 물품을 보관한 이웃에게 요구하게 합니다. 만약 훔쳐간 도둑이 잡히면 아무런 문제가 없지만 그렇지 못할 경우에 물품을 보관하던 사람은 도둑맞은 것을 적극적으로 증명해야 했습니다. 만약 재판에서 도둑맞은 것이 증명된다면 그는 아무런 책임이 없지만 그렇지 못할 경우에는 두 배로 갚아야 했습니다.

또, 이웃에서 빌려온 짐승이 다치거나 죽으면 빌려온 사람이 거기에 따른 보상을 해야 했습니다. 그에게는 빌려온 짐승을 안전하게 보호할 의무가 있기 때문입니다. 그러나 만약 임자가 함께 있을 때 그렇게 되었다면 빌려온 사람은 손해를 보상할 필요가 없었습니다. 왜냐하면 임자가 같이 있다면 보호에 대한 책임은 당연히 임자에게 있기 때문입니다.

인간을 해치는 범죄에 관한 율례

22장 16절에서 31절의 말씀은 인간관계에 대한 율법을 다루고 있습니다. 16절과 17절은 성적 유혹과 혼인에 관계된 율례입니다.

> "사람이 정혼하지 아니한 처녀를 꾀어 동침하였으면 빙폐를 드려 아내로 삼을 것이요 만일 그 아비가 그로 그에게 주기를 거절하면 그는 처녀에게 빙폐하는 일례로 돈을 낼지니라."

이 계명은 "간음하지 말라"는 제7계명을 구체적으로 보여줍니다. 결혼이나 약혼하지 않은 처녀가 처녀성을 잃었을 경우 남자는 여자의 아버지에게 보상금을 지불해야 했습니다. 이 경우 여자의 아버지는 딸을 그 남자와 결혼시킬 수도, 결혼시키지 않을 수도 있었습니다. 그러나 어떤 경우라 해도 남자는 보상금을 지불해야 했습니다.

그러나 약혼한 처녀가 간음을 하였을 경우에는 남자와 여자 모두를 돌로 쳐죽였습니다.

그 다음에 언급되는 세 가지의 죄는 사형에 처할 만큼 중대한 범죄입니다.

"너는 무당을 살려 두지 말지니라 짐승과 행음하는 자는 반드시 죽일지니라 여호와 외에 다른 신에게 희생을 드리는 자는 멸할지니라"(출 22:18-20).

하나님은 우상을 숭배하는 자를 가장 미워하시며, 우상 숭배자는 반드시 벌하십니다. 무당은 마귀의 힘을 빌어서 미래를 예언하거나 남을 조종하는 사람입니다. 심지어 무당은 마귀와 접신하는 등 대표적인 우상 숭배자입니다. 하나님은 이런 무당을 살려두지 말라 명하십니다.

하나님은 이런 무당을 살려두지 말라고 명하심에도 불구하고 심지어 현대 신앙인들 중에는 무당을 찾아가는 사람이 있습니다. 남편의 사업운을 보기 위해서, 대학입시생 자녀를 어느 대학교에 원서를 넣으면 합격할지 알기 위해서, 며느리감과 사윗감의 궁합을 보기 위해서 무당을 찾아갑니다.

이런 사람들은 하나님을 섬기는 사람이 아니라 우상을 섬기는 사람임을 알아야 합니다. 사업과 진학과 결혼, 인생의 모든 것을 주관하는 분은 하나님이신데 하나님께 의뢰하지 않고 무당을 의뢰한다는 것은 명백한 우상숭배입니다.

하나님은 우상숭배하는 사람은 살려두지 말라고 명하셨습니다. 따라서 무당을 찾는 사람들 역시 영적으로 죽은 사람이란 것을 알아야 합니다. 그러나 우리가 무당을 찾아가는 경우는 단 한 번밖에 없습니다. 그것은 무당을 전도하여 구원을 얻게 할 때 뿐입니다.

하나님은 짐승과 행음하는 자도 반드시 죽이라고 하십니다. 짐승과 행음하는 사람은 하나님의 창조 섭리를 의도적으로 거스르고, 자기 속에 있는 '하나님의 형상'을 파괴하는 사람입니다. 더욱이 이 당시 짐승과 행음하는 것은 가나안의 바알 숭배 행위 중의 하나였습니다. 그러므로 하나님은 이런 행음자, 우상 숭배자를 "반드시 죽일지니라"고 말씀하십니다.

나그네와 과부와 고아에 대한 율례

나그네와 고아, 그리고 과부에 대한 하나님의 사랑과 돌보심은 극진하십니다. 나그네와 고아와 과부라 함은 이스라엘 민족 중에서 '자신의 기업이 없는' 사람들이라는 의미이기도 했습니다.

후일 출애굽이 완료되고 가나안 땅을 정복한 후에 여호수아는 각 지파와 가족들에게 가나안 땅을 기업으로 나누어 주었습니다. 그러나 이 기업은 남자들에게 상속되는 것이어서 기업을 무를 남자가 없는 고아나 과부들은 농경사회에서 생산의 기초가 되는 토지를 소유하지 못하므로 생존 자체가 위협을 받았습니다. 기업을 무를 자격이 없는 나그네인 이방인 역시 마찬가지입니다.

그래서 출애굽기 21절에서 24절에 하나님은 고아, 과부, 나그네들에 대한 율례를 밝히십니다.

"너는 이방 나그네를 압제하지 말며 그들을 학대하지 말라 너희도 애굽 땅에서 나그네이었었음이니라 너는 과부나 고아를 해롭게 하지 말라 네가 만일 그들을 해롭게 하므로 그들이 내게 부르짖으면 내가 반드시 그 부르짖음을 들을지라 나의 노가 맹렬하므로 내가 칼로 너희를 죽이리니 너희 아내는 과부가 되고 너희 자녀는 고아가 되리라."

하나님은 나그네를 돌보시는 분입니다. 이스라엘 민족도 한때는 애굽에서 나그네된 민족이었습니다. 그러므로 나그네 시절을 경험한 이스라엘 민족에게는 반드시 나그네를 선대해야 할 의무가 있었습니다.

이스라엘 민족은 과부와 고아를 위해 추수하는 동안에도 이삭을 남겨놓아 과부와 고아들이 주워 먹을 것을 마련해 주어야 합니다. 룻기에서 이방인 며느리 룻이 보아스를 만난 것도 바로 이삭을 주울 때였습니다.

이스라엘 민족은 나그네와 고아와 과부를 위해 밭 모퉁이의 곡식을 전부 거두지 않고 일부를 남겨두어야 했으며, 삼 년마다 고아와 과부들을 위한 십일조를 바쳐야 했습니다. 또한 안식년 동안에는 고아와 과부들은 쉬는 밭을 갈아서 농사를 지을 수 있도록 했습니다.

만약 이스라엘 민족 중에서 누군가가 과부나 고아를 해롭게 하여 그들의 울부짖음이 하나님께 들리는 날에는 하나님께서 맹렬한 노로 그 사람을 죽이고 그의 아내는 과부가 되고 그의 자녀는 고아가 되도록 만드신다고 하셨습니다.

이렇게 표현된 나그네와 고아와 과부를 향한 하나님 사랑의 각별함은 연약한 자를 사랑하는 하나님의 사랑의 구체적 표현입니다.

고리대금과 제물에 대한 율례

22장 25절에서 27절 말씀에는 돈을 빌려주었을 때에 대한 율례입니다.

> "네가 만일 너와 함께 한 나의 백성 중 가난한 자에게 돈을 꾸이거든 너는 그에게 채주하지 말며 변리를 받지 말 것이며 네가 만일 이웃의 옷을 전당잡거든 해가 지기 전에 그에게 돌려보내라 그 몸을 가릴 것이 이 뿐이라 이는 그 살의 옷인즉 그가 무엇을 입고 자겠느냐 그가 내게 부르짖으면 내가 들으리니 나는 자비한 자임이니라."

이스라엘 민족은 재정적으로 궁핍한 이웃에게 돈을 빌려줄 때는 이자를 받지 말아야 했습니다. 거기다 가난한 사람들이 돈을 빌릴 때는 담보로 옷이나 다른 것을 맡겼는데, 이럴 때에도 그 사람이 밤에 춥지 않게 잠을 잘 수 있도록 해가 지기 전에 그 옷을 돌려주어야 했습니다. 그 당시의 옷은 지금과 같은 바지 저고리가 아니라 한 장의 큰 천으로 이루어진 것이어서, 벗어서 덮으면 이불처럼 덮을 수 있었습니다.

이스라엘 민족이 돈을 빌려주는 것은 이자를 받아 재산을 증식하는 개념이 아니라 가난한 이웃의 형제를 돕는 개념이었습니다. 그러므로 이자를 받지도 않았고, 담보로 잡은 옷도 해가 지기 전에 돌려주었습니다.

예수님께서도 여기에 대해 이렇게 말씀하셨습니다.

> "너희가 받기를 바라고 사람들에게 빌리면 칭찬 받을 것이 무엇이뇨 죄인들도 의수히 받고자 하여 죄인에게 빌리느니라 오직 너희는 원수를 사랑하고 선대하며 아무것도 바라지 말고 빌리라 그리하면 너희 상이 클 것이요 또 지극히 높으신 이의 아들이 되리니 그는 은혜를 모르는 자와 악한 자에게도 인자로우시니라 너희 아버지의 자비하심 같이 너희도 자비하라"(눅 6:34-36).

출애굽기에서 하나님은 가난한 자에게 거저 빌려주라고 하신 후 "나는 자비한 자임이니라"고 말씀하셨는데, 누가복음에서 예수님 역시 "너희 아버지의 자비하심 같이 너희도 자비하라"고 말씀하십니다.

마지막으로 28절에서 31절은 제물에 대한 율례를 말씀하고 있습니다.

"너는 재판장을 욕하지 말며 백성의 유사를 저주하지 말지니라 너는 너의 추수한 것과 너의 짜낸 즙을 드리기에 더디게 말지며 너의 처음 난 아들들을 내게 줄지며 너의 소와 양도 그 일례로 하되 칠일 동안 어미와 함께 있게 하다가 팔일만에 내게 줄지니라 너희는 내게 거룩한 사람이 될지니 들에서 짐승에게 찢긴 것의 고기를 먹지 말고 개에게 던질지니라."

재판장과 백성들을 욕하거나 저주하지 말라는 의미는 그들이 하나님의 대리인들이기 때문입니다. 또 이스라엘 민족은 아들들 중에 첫아들과 짐승들 중의 초태생을 하나님의 것으로 구별하여 드려야 했습니다.

이것은 모든 생명이 하나님의 소유이며, 생명을 주관하시는 분이 하나님이심을 잊지 말라는 것을 의미합니다. 마치 지금 우리가 소득의 십분의 일을 십일조로 하나님께 바치는 것이 그 십분의 일만 하나님의 소유이고 나머지 십분의 구는 우리 소유인 것이 아니라 십분의 십 모두가 하나님의 소유라는 의미와 마찬가지입니다.

그래서 첫아들이나 짐승의 초태생이 났을 때 8일 안에 하나님께 드려야 했는데, 아들은 난 지 8일만에 할례를 행하여 하나님의 백성임을 표시하고 아들을 대신하여 속전을 바치고, 소나 양의 첫 새끼는 희생물로 드렸습니다.

이스라엘 자손은 이방 중에서 하나님 앞에 드려진 거룩한 민족이었습니다. 그러므로 이스라엘 자손은 부정한 짐승과 접촉해서는 안되었습니다. 이런 거룩함은 자신의 모든 것을 하나님의 것으로 인정하고 가장 귀한 것으로 하나님께 드리는 행위와, 모든 부정한 것에서 스스로 구별하여 지키는 것으로 얻어졌습니다.

우리도 자신을 둘러싼 세속적이고 부정적인 것들로터 구별되어 있는지, 속에 더러운 탐욕과 온갖 부정한 생각들을 버리고 하나님의 거룩하심에 합당한 생각과 말과 행동 속에 살고 있는지 돌아봅시다!

우리 하나님은 거룩한 하나님이십니다. 우리도 하나님의 거룩하심과 같이 거룩하여져야 하겠습니다.
우리 하나님은 자비하신 하나님이십니다. 그 자비하신 하나님 앞으로 나아갑시다. 하나님의 자비하심과 같이 우리도 우리의 이웃에게 자비로워야 하겠습니다.

엄한 율법을 지으실 때에도 연약한 자와 가난한 자를 잊지 않으신 하나님, 종과 도둑의 인권까지도 세심하게 헤아리시고 그들을 보호하신 하나님을 생각하며 하나님과 그분의 율례 앞에, 자신의 모습을 비추어보고 자녀로서 합당한 삶을 살아가시길 기도합니다.

제13장

가난한 자를 보호하라

"너는 허망한 풍설을 전파하지 말며 악인과 연합하여 무함하는 증인이 되지 말며 다수를 따라 악을 행하지 말며 송사에 다수를 따라 부정당한 증거를 하지 말며 가난한 자의 송사라고 편벽되이 두호하지 말지니라 네가 만일 네 원수의 길 잃은 소나 나귀를 만나거든 반드시 그 사람에게로 돌릴지며 네가 만일 너를 미워하는 자의 나귀가 짐을 싣고 엎드려짐을 보거든 삼가 버려 두지 말고 그를 도와 그 짐을 부리울지니라 너는 가난한 자의 송사라고 공평치 않게 하지 말며 거짓 일을 멀리하며 무죄한 자와 의로운 자를 죽이지 말라 나는 악인을 의롭다 하지 아니하겠노라 너는 뇌물을 받지 말라 뇌물은 밝은 자의 눈을 어둡게 하고 의로운 자의 말을 굽게 하느니라 너는 이방 나그네를 압제하지 말라 너희가 애굽 땅에서 나그네되었었은즉 나그네의 정경을 아느니라…"(출 23:1-33).

가난한 자를 보호하라

구약의 원리는 3,500년 전의 것이지만 특수한 몇몇을 제외하고 그 원리는 오늘날에도 정확하게 적용될 수 있습니다. **하나님은 창세부터 지금까지 변함없는 하나님이시요, 창세 이전부터 영원까지 시간을 초월해 계시는 하나님이십니다.** 따라서 이 하나님이 말씀하신 원리는 시간과 함께 변하거나 바뀌지 않습니다.

물론 하나님은 인간에게 말씀하실 당시 우리가 속한 시대와 환경을 무시하고 말씀하시지는 않습니다. 하나님은 시간의 제약을 받지 않으시는 분이지만 우리는 시간과 환경의 제약을 받으며 살기 때문입니다.

그러므로 하나님의 말씀은 우리가 속한 시대와 문화와 환경에 적합한 말씀으로 주십니다. 그러나 그렇다고 해서 그 이면에 흐르는 하나님의 기본 진리와 원리가 변하는 것은 아닙니다.

노예제도와 같은 것이 대표적인 예입니다. 모세에게 율법을 주실 때나 바울이 성경을 기록할 신약 당시만 하더라도 노예제도는 보편적인 제도였습니다. 그렇지만 20세기 노예제도를 하나님이 주신 원리라고 주장할 사람은 아무도 없습니다.

그러나 하나님은 이 노예제도를 설정할 당시 노예에게는 하나님이 창조하신 인간의 인권과, 비록 그 주인이라 할지라도 노예의 인권을 무시할 수 없다는 것을 말씀하셨습니다. 이 노예제도의 이면에 인간을 존중하고 사람을 사랑하는 하나님의 원리가 숨어 있었습니다.

정당한 생활 규범

출애굽기 23장 1-3절 사이에서 언급되는 말의 정직성과 재판의 공정성도 시간을 초월한 하나님의 원리 중의 하나입니다.

1절은 말에 대한 법들입니다.

> "너는 허망한 풍설을 전파하지 말며 악인과 연합하여 무함하는 증인이 되지 말며."

얼마 전 미국에서 만난 어느 집사님은 제게 "한국에 돌아가서 누가 자기를 만났느냐고 물으면 그런 적이 없다"고 대답하라 당부했습니다. 그 분은 자기 혼자만 거짓말 한 것이 아니라 다른 사람까지 거짓말을 하게 만들고자 한 것입니다.

이런 사람은 다른 사람들을 돕는 것은 고사하고 전혀 도움이 되지 않는 사람입니다. 자신이 부정직한 것에 대해서 전혀 문제 의식이 없는 사람이기 때문에 남에게도 그런 부탁을 할 수 있는 것입니다. 이런 일이 자주 생기면 근본적으로 그 사람의 말을 신뢰할 수 없을 뿐만 아니라, 아무리 콩으로 메주를 쑨다고 해도 믿을 수 없습니다.

'거짓말은 누구나 할 수 있는 작은 잘못'이라고 생각하지 마십시오. 하나님은 거짓 증거하는 것이나 거짓말하는 것에 대해서 엄히 책망하실 뿐만 아니라 '거짓 증거하지 말라'는 것을 십계명에 넣으셨습니다.

이 세상의 예수 믿는 많은 사람들은 '자기를 통해서 예수님이 어떤 분이신가 하는 것을 보여주는 사람들'입니다. 그래서 말에 더욱 특별히 조심해야 합니다. 우리들이야말로 하나님의 진실성을 세상에 반영하기 때문에 세상 사람들은 우리들의 삶의 모습에서 하나님을 발견하게 됩니다.

거짓말을 하는 것도 그렇지만, "허망한 풍설을 전파하지 말며 악인과 연합하여 무고한 말을 하는 증인"이 되는 것도 엄히 다스려야 할 죄에 해당한다는 것을 1절 말씀은 가르쳐 줍니다.
사람의 말이 가진 위력은 매우 큽니다. 더구나 악인과 연합하여 하는 말은 사람들을 상하게 하는 것에서 그치는 것이 아니라 악인을 돕는 역할까지 하는 것입니다.

계속해서 2절 말씀을 보십시오.

"다수를 따라 악을 행하지 말며 송사에 다수를 따라 부정당한 증거를 하지 말며."

옳은 이야기를 할 때 사람 수의 많고 적음에 상관이 없어야 합니다. 대부분의 사람들은 다수에 속하면 안정감을 느끼고, 그렇지 않으면 불안해서 자신의 생각과 달라도 다수를 따라가려고 합니다.

옳은 일에 자기 소신이 있어야 합니다. 그런 사람이 리더가 될 수 있는 사람입니다. 자기자신에 대한 소신이 없는 사람은 그저 다른 사람을 뒤따라다닐 수밖에 없는 사람입니다.

유행을 쫓을 때 자신에게 어울리는지 상관치 않고 다른 사람들이 하는 대로 따라선 안됩니다. 사람의 소신이 다수의 유행에 따라 변해서는 안됩니다.

3절 말씀은 가난한 사람의 송사를 편벽되게 해서는 안 된다는 것에 대해서 말하고 있습니다.

"가난한 자의 송사라고 편벽되이 두호하지 말지니라."

만약 부자와 가난한 사람이 송사를 하게 되면 대부분의 사람들은 세력이 있고 부를 가진 사람의 편을 들어주는 수가 많습니다. 그러나 성경은 여러 내용들 중에서 가난한 사람의 편에 서서 이해해 주도록 성도들을 권면합니다.

재판의 공정성을 위해서는 재판관은 정직성과 공의를 가지고 판단을 해야지, 원고와 피고의 부의 정도에 따라서 편파적인 판결을 해서는 안됩니다.

그러나 과거 뿐만 아니라 현대에 이르기까지 세상은 그렇지 못한 면이 많음을 보게 됩니다. 수십 억의 돈을 횡령하거나 수억 원의 뇌물을 받은 사람은 한동안 언론의 집중적인 초점이 되었다가 시간이 갈수록 흐지부지되어 집행유예로 풀려납니다. 반면 먹을 것이 없고 일자리가 없어 남의 집 담을 넘었다가 몇 년씩 실형을 사는 사람들의 기사를 가끔씩 신문에서 보게 됩니다. 이것은 지나치게 형평에 어긋난 일이라고 하지 않을 수 없습니다. 물론 남의 물건을 훔친 사람이 잘했다는 이야기는 아닙니다.

가난한 사람이 부자나 대기업을 상대로 소송을 벌일 때 그 결과가 돈 있는 사람들에게 유리하게 진행되는 것을 가끔 보게 됩니다. 그래서 우리는 의로운 재판장이신 하나님을 더욱 고대하게 됩니다.

4절과 5절을 보면, 하나님은 자기가 미워하는 사람의 짐승일지라도 일단 어려움에 처한 것을 보면 구해주라고 말씀하시고 있습니다.

"네가 만일 네 원수의 길 잃은 소나 나귀를 만나거든 반드시 그 사람에게로 돌릴지며 네가 만일 네 원수의 길 잃은 소나 나귀를 만나거든 반드시 그 사람에게로 돌릴지며 네가 만일 너를 미워하는 자의 나귀가 짐을 싣고 엎드려짐을 보거든 삼가 버려 두지 말고 그를 도와 그 짐을 부리울지니라."

원수를 사랑하는 것이 쉬운 일은 아닙니다. 그러나 하나님께서는 개인의 사적인 잘못 때문에 그 사람의 어려움을 돌아보지 않는 것은 잘못되었다고 말씀하십니다. 그 사람이 미운 것은 미운 것이고, 그 미움 때문에 그 사람이 어려움에 빠져 있는 것을 가만히 보고 있거나 내버려 두어서는 안됩니다.

정직하게 살고 옳은 일을 해야 하는 것은 당위성의 문제입니다. 정직한 것이 우리에게 도움이 되든지 안 되든지 우리는 옳은 일에는 정직해야 합니다.

어떤 사람들은 "구약의 하나님은 이에는 이로, 눈에는 눈으로 갚는, 공의의 하나님이요, 신약의 하나님은 네 원수를 사랑하라는 사랑의 하나님이다"라고 이야기합니다. 그러나 **하나님은 신약에서나 구약에서 동일하게 공의와 사랑을 모두 갖추신 하나님이십니다.** 4절과 5절 말씀이 그것을 증명합니다.

6-8절은 뇌물 때문에 공의를 흐리지 말라는 말씀입니다.

> "너는 가난한 자의 송사라고 공평치 않게 하지 말며 거짓 일을 멀리하며 무죄한 자와 의로운 자를 죽이지 말라 나는 악인을 의롭다 하지 아니하겠노라 너는 뇌물을 받지 말라 뇌물은 밝은 자의 눈을 어둡게 하고 의로운 자의 말을 굽게 하느니라."

이유 없이 주는 물건을 받는 것은 위험한 일입니다. 그리고 자신이 어떤 일을 결정하는 중요한 위치에 있는데 그것에 연루된 사람이 주는 선물도 마땅히 거절해야 합니다.

어떤 선교단체에서 제게 아무런 관련이 없음에도 불구하고 자꾸 선물을 보내는 것이었습니다. 그래서 이상하다고 내심 생각하고 있었는데, 그 다음에 온 편지를 보니까 자기 선교단체를 도와달라는 것이었습니다.

만약 도움이 필요하면 저에게 직접 이야기를해야 합니다. 그래서 저는 선물을 먼저 보낸 것이, "이미 준 것이 있으니 도와주어야 한다"는 식의 뇌물이라고 생각하게 되었습니다. 그래서 저는 그들을 도와주지 않기로 작정했습니다.

그런 선물은 사람을 얽어매는 것입니다. '내가 선물 때문에 그들을 도와준다'고 생각하면, 그것은 진정으로 하나님을 위한 선교를 하는 것이 아니기 때문입니다.

우리 나라는 '어디든지 뇌물로 통하는 나라'로 되어 있습니다. 심지어는 교단이나 종교계도 뇌물이 통하고 있습니다. 몇몇 교단은 총회장 선거를 할 때 돈봉투가 오고 갑니다.

다른 곳은 다 뇌물이 통해도 교육계와 종교계에만은 뇌물로 일을 해서는 안 됩니다. 어떻게 후손들을 가르치고 하나님의 말씀을 가르치는 사회에서 뇌물과 같은 부정한 방법으로 일을 할 생각을 합니까?

사회를 바르게 이끌어 나가야 하는 사람들이 더욱 청빈하고 정의롭게 살아야 이 나라가 좀 더 나은 나라가 되는 것입니다.

9절에는 이방인을 압제하지 말라는 말씀이 나옵니다.

"너는 이방 나그네를 압제하지 말라 너희가 애굽 땅에서 나그네 되었었은즉 나그네의 정경을 아느니라."

나그네들은 자기 고국을 떠나서 사는 것만으로도 외롭고 고통스러워합니다. 따라서 본토인이 거기에다 더 큰 괴로움을 지워서는 안된다는 것입니다. 특히 이스라엘 사람들은 자신들이 애굽과 광야에서 직접 나그네 생활을 해본 사람들이기 때문에, 그 때를 기억한다면 더욱 나그네를 압제해서는 안됨을 상기시키십니다.

우리 나라에도 많은 외국인들이 살고 있습니다. 제가 만난 사람들 중 한국에서 살다가 미국으로 이민 온 중국화교들이 있었는데 그들의 이야기를 들으면, 우리 나라에서 겪은 고통이 많았습니다. 그들의 이야기로는 한국 정부는 화교들이 한국에서 더이상 살 수 없도록 만든다는 것이었습니다.

저는 그 이야기를 들으면서 무척 마음이 아팠습니다. 우리 나라 사람들도 다른 나라에 이민을 가서 사는 사람들이 많은데 그것을 생각해서라도 이방 화교와 외국인을 잘 대해주어야 하지 않겠는가 생각했습니다. 우리가 그랬던 것처럼 그들도 가난해서 조국을 등진 사람들인데 그런 사람들을 멸시함은 잘못입니다.

외국에서 당하는 억울함은 작은 일이라 할지라도 뼈저리도록 아쁨을 느낍니다. 우리 동포들도 미국에 와서 얼마나 많은 고통을 당하고 있습니까? 일본의 60만 재일교포들이 일본 땅에서 어떤 서러움과 차별을 당하고 있는지 잊었단 말입니까? LA폭동 때 교포들이 겪은 고통을 우리가 벌써 잊었단 말입니까?

하나님은 우리에게 "너희가 나그네의 정경을 아느니라" 말씀하십니다. 이방에서 고통당하는 우리 동포를 생각해서라도 우리는 이 땅의 나그네들을 차별해서는 안 됩니다. 우리도 한때 만주와 일본에서 나그네된 민족이었고, 지금도 많은 동포가 사할린과 러시아와 일본과 미국등 세계 각처에서 나그네로 살아가고 있습니다.
그래서 하나님은 이방인이라 할지라도 꼭 본국인에 준해서 응대할 것을 일찍부터 명하시고 성경에 기록해 두셨습니다.

지금 우리 나라에는 제3세계 외국인 노동자들의 문제가 뉴스의 초점으로 떠오르곤 합니다. 우리는 그들이 처한 처지를 생각해서 그들이 한국을 제2의 고향처럼 느낄 수 있도록 해 주고, 그들을 위로해 주어야 할 것입니다.
하물며 이 작은 나라에서 동포끼리 지방색과 편견 때문에 갈등하는 것을 보면 참으로 마음이 아픕니다. 믿는 사람들 역시 이런 편견을 가지고 있다면 하나님께서 보시기에는 얼마나 한심하고 답답하시겠습니까?
주님은 모든 편견과 차별과 불평등의 벽을 허무시는 분입니다.

"그는 우리의 화평이신지라 둘로 하나를 만드사 중간에 막힌 담을 허시고"(엡 2:14).

진정으로 우리 안에 예수 그리스도가 계신다면 우리는 지방색의 편견, 외국인에 대한 차별 등 모든 불평등의 담을 허물고 화평을 이룰 수 있습니다.

토지와 안식일 법

10-12절까지는 안식의 원리를 말씀하고 계십니다.

> "너는 육 년 동안은 너의 땅에 파종하여 그 소산을 거두고 제 칠 년에는 갈지 말고 묵혀 두어서 네 백성의 가난한 자로 먹게 하라 그 남은 것은 들짐승이 먹으리라 너의 포도원과 감람원도 그리할지니라 너는 육 일 동안 네 일을 하고 제 칠 일에는 쉬라 네 소와 나귀가 쉴 것이며 네 계집종의 자식과 나그네가 숨을 돌리리라."

하나님은 천지를 지으실 때 엿새 동안 일하시고 하루를 쉬셨습니다. 이제 그 '안식일의 원리'를 사람뿐 아니라 땅에도 적용하여 지키라고 말씀하십니다.

이 원리가 지켜지지 않음으로써 농토들이 대부분 산성화되어서 많은 문제를 일으키고 작물의 수확량도 떨어지고 있는 것이 20세기 후반의 실정입니다. '안식의 원리'는 모든 생물에 적용되어야 하며 땅 역시 '안식의 원리'에서 예외일 수 없습니다.

안식년은 단순히 땅의 지력을 잘 보존하기 위한 것만은 아니었습니다. 11절에서 보는 바와 같이 안식년 동안에는 고아와 과부와 같은 가난한 자들이 그 밭에서 나는 것을 먹을 수 있었습니다. 그리고 그들이 먹다 남긴 것은 들짐승들이 먹도록 했습니다.

또 안식일은 사람을 위한 것만은 아니었습니다. 12절을 살펴보면, 안식일 동안에는 소와 나귀, 그리고 종들과 나그네들까지도 쉬었다는 것을 알 수 있습니다. '안식일은 모든 피조물들을 위한 안식의 날'이었던 것입니다.

13절에서 우상을 섬기지 말라는 말씀이 다시 강조되어 나옵니다.

"내가 네게 이른 모든 일을 삼가 지키고 다른 신들의 이름은 부르지도 말며 네 입에서 들리게도 말지니라."

'우상을 섬기지 말라'는 말씀이 안식일에 대한 말씀 바로 뒤에 언급되는 것은 안식일에 우리가 마땅히 해야 할 일이 하나님께 예배드리는 것임을 말해줍니다. 안식일은 일주일 동안 함께 하셨던 하나님을 기억하며, 하나님께서 인도하신 모든 것들에 감사드리는 날입니다.

이런 안식하는 거룩한 날에 다른 신의 이름을 부른다는 것은 전혀 옳지 않습니다! 안식일에 하나님을 정기적으로 예배하는 사람은 우상을 섬길 수 없습니다.

세 가지 축제

그 다음 세 가지 축제에 대한 이야기가 나옵니다. 먼저 14절과 17절에 보면 이스라엘의 모든 남자들은 매년 세 번씩은 축제 때 여호와께 보여야 합니다.

> "너는 매년 삼차 내게 절기를 지킬지니라 너는 무교병의 절기를 지키라 내가 네게 명한 대로 아빕월의 정한 때에 칠일 동안 무교병을 먹을지니 이는 네가 애굽에서 나왔음이라 빈손으로 내게 보이지 말지니라 맥추절을 지키라 이는 네가 수고하여 밭에 뿌린 것의 첫 열매를 거둠이니라 수장절을 지키라 이는 네가 수고하여 이룬 것을 연종에 밭에서부터 거두어 저장함이니라 너의 모든 남자는 매 년 세 번씩 주 여호와께 보일지니라"(출 23:14-17).

이스라엘의 남자들은 누구든지 일 년에 세 번씩 예루살렘에 있는 하나님의 전에 가서 여호와께 경배드려야 했습니다. 여기서 하나님께서 남자의 영적인 리더십을 중요시했던 사실을 알 수 있습니다. 하나님은 남자들이 하나님 앞에 정기적으로 경배하고 영적인 리더십을 충전하시기를 원하셨습니다.

하나님은 생각날 때에 세 번을 마음대로 왔다가라고 하시지 않으셨습니다. 하나님께서 세 번의 절기를 정해 놓으시고 그 때에 오기를 원하셨습니다. 그것은 적어도 그 때가 되면 하나님을 생각하지 않을 수 없도록 만드신 것이었습니다.

사람들은 너무 자율에 맡겨 좋으면 규율이 흐트러지고 엔트로피(무질서)가 증가하게 되어 있습니다. 그래서 일정한 예배와 절기의 시간을 정해 놓는 것이 중요합니다. 그러면 절기 때마다 하나님을 경배하면서 자기 자신의 신앙을 돌아보는 시간을 가질 수 있게 됩니다. 사람에게는 이렇게 적절한 틀이 필요합니다.

하나님께서 정하신 세 가지 절기는 하나님과 이스라엘 민족과의 관계성 속에서 특별한 관련이 있는 동시에 이스라엘의 농사 시기와도 깊은 관련이 있었습니다.

첫번째 절기인 **무교절**은 보리의 추수 시기인 아빕월(3-4월)에 있는데, 무교절은 애굽에서 긴급하게 탈출하느라고 누룩을 넣지 않은 빵인 무교병을 먹었던 것을 기념하는 절기입니다.

두번째 절기인 **맥추절**은 봄 밀의 추수가 시작되는 시기에 드리는 절기인데, 무교절로부터 정확하게 7주 후에 있었습니다. 그래서 맥추절의 다른 이름을 칠칠절(출 34:22)로 불렸고, 신약에서는 오순절이라 불렸습니다(행 2:1). 맥추절에는 곡식의 첫 열매인 햇밀을 가지고 두 개의 떡을 만들어 하나님께 드렸습니다. 이것은 모든 곡식이 하나님께 있음을 고백하며 그 중의 가장 처음 것을 하나님께 드리는 의미입니다.

세번째 절기인 **수장절**은 초가을(9-10월)에 있었습니다. 수장절은 다른 이름은 장막절, 또는 초막절입니다(레 23:33-36). 수장절은 일

년 동안 수고하여 수확한 곡식을 밭에서 거두어 저장하면서 지키는 절기입니다. 이것은 한 해 동안 지켜주시며 추수할 곡식을 주신 하나님께 감사드리는 축제인데, 현대의 추수감사절이 바로 이 수장절입니다.

> "너는 내 희생의 피를 유교병과 함께 드리지 말며 내 절기 희생의 기름을 아침까지 남겨 두지 말지니라 너의 토지에서 처음 익은 열매의 첫 것을 가져다가 너의 하나님 여호와의 전에 드릴지니라 너는 염소 새끼를 그 어미의 젖으로 삶지 말지니라"(출 23:18-19).

18절과 19절은 계속하여 위의 세 절기에 하나님께 드리는 제물에 대해서 설명하고 있습니다.

하나님께 희생 제물의 피를 드릴 때는 누룩이 든 유교병과 함께 드려서는 안되었습니다. 그것은 무교병이 출애굽의 하나님을 상징하는 빵이며, 또한 누룩이 들지 않은 빵이기 때문입니다. 누룩은 불순한 것과 이방의 우상 숭배를 상징했습니다.

그리고 하나님께 드리는 제물이 반드시 곡식 중에서 왜 가장 첫 것이어야만 했을까요? 그것은 '가장 첫 것은 가장 좋은 것'을 의미하기 때문입니다.

한 가지 주목할 것은 "새끼를 그 어미의 젖으로 삶지 말라"는 말씀입니다. 새끼를 어미의 젖으로 삶는 것은 지나치게 잔인한 것이었습니다. 뿐만 아니라, 당시 가나안의 우상숭배 방법 중의 하나가 새끼를 그 어미의 젖에 삶는 것이었습니다. 그래서 하나님은 이스라엘 자손이 어떤 형태의 우상숭배와도 관련이 없기를 원하셨기 때문에 이것을 금하셨습니다.

가나안 땅의 정복에 대한 지시와 약속

20-33절은 간단하게 요약하면 이스라엘의 가나안 땅 정복에 대한 하나님의 지시와 약속입니다.
20절에서 하나님은 '내 천사를 보내겠다'고 말씀하십니다.

> "내가 사자를 네 앞서 보내어 길에서 너를 보호하여 너로 내가 예비한 곳에 이르게 하리니 너희는 삼가 그 목소리를 청종하고 그를 노엽게 하지 말라 그가 너희 허물을 사하지 아니할 것은 내 이름에 그에게 있음이니라"(출 23:20,21).

이 약속은 하나님께서 자기 백성을 인도할 때는 꼭 사자를 보내서 인도하겠다는 말씀입니다. 하나님은 이스라엘 자손을 출애굽 시절 때 불기둥과 구름기둥을 앞서 보내어 그들을 인도하셨습니다. 이제 하나님은 하나님의 사자를 앞서 보내시겠다고 약속하십니다.
저도 역시 설교할 때마다 하나님께서 나를 사자로 삼아 이 많은 성도 앞에서 하나님의 말씀을 전하심을 느낍니다.

그 다음 내용은 하나님께 순종하는 사람에게 주시는 축복들입니다.

첫째, 식량에 대한 축복입니다.

"너의 하나님 여호와를 섬기라 그리하면 여호와가 너희의 양식과 물에 복을 내리고"(출 23:25).

하나님을 진심으로 사랑하는 사람이라면 절대로 먹을 것에 대한 걱정은 하지 않아야 합니다. 하나님을 위해 사는 자녀에게는 결코 먹을 것 때문에 걱정하게 하실 리가 없는 분이십니다.

이 말씀은 예수님께서도 하신 말씀입니다. "공중 나는 새도 먹이시고 들에 백합화도 입히시는데 하물며 하나님의 일을 하는 사람을 먹고 입는 것 때문에 걱정하게 하시겠느냐"는 것이 예수님의 말씀이셨습니다.

"공중의 새를 보라 심지도 않고 거두지도 않고 창고에 모아 들이지도 아니하되 너희 천부께서 기르시나니 너희는 이것들보다 귀하지 아니하냐…오늘 있다가 내일 아궁이에 던지우는 들풀도 하나님이 이렇게 입히시거든 하물며 너희일까 보냐 믿음이 적은 자들아 그러므로 염려하여 이르기를 무엇을 먹을까 무엇을 마실까 무엇을 입을까 하지 말라"(마 6:26, 30-31).

그 때도 그랬듯이 지금도 하나님의 일을 하려고 하는 사람이 양식 때문에 걱정하게 하는 일은 결코 없습니다.

둘째, 건강에 대한 축복입니다.

"너희 중에 병을 제하리니 네 나라에 낙태하는 자가 없고 잉태치 못하는 자가 없을 것이라"(출 23:25하,26)

이것은 이스라엘 백성이 항상 건강하고 오래 살 것이라는 축복된 약속의 말이 아닙니다. 사람 저마다의 유전적인 요인을 완전히 무시할 수 없습니다.

그러나 하나님을 믿고 사는 사람들은 항상 기쁘고 평안한 마음으로 살기 때문에 건강이 자연스럽게 따릅니다. 하나님께 날마다 감사하면서 살면 마음이 날마다 새로워지고 몸도 당연히 건강해집니다.

앞에서 매일 15분씩 묵상의 시간을 가졌던 사람들의 신체적 변화에 대해서 이야기를 했습니다만, 이렇게 하나님을 사랑하고 함께 하려는 사람에게는 신체적으로도 변화가 일어나게 된다는 것은 과학적으로도 입증이 되었습니다.

셋째, 생명에 대한 축복입니다.

"내가 너의 날 수를 채우리라"(출 23:26하)

옛날에는 가족이 늘어나고 민족이 늘어나는 것을 최고의 축복으로 여겼습니다. 그래서 하나님은 말씀에 순종하는 사람은 장수케 하시겠다고 약속하십니다.

여기서 장수란 오래도록 남의 짐이 되는 긴 생명이 아니라, '건강하고 축복된 삶을 사는 장수'를 말합니다. 따라서 장수는 행복한 삶의 상징입니다.

마지막으로, 대적들을 쫓아주시는 축복입니다.
그리고 마지막 축복은 땅을 기업으로 얻을 때까지 적들을 그들 앞에서 조금씩 쫓아내시겠다는 약속입니다.

> "내가 내 위엄을 네 앞서 보내어 너의 이를 곳의 모든 백성을 파하고 너의 모든 원수로 너를 둥지게 할 것이며 내가 왕벌을 네 앞에 보내리니 그 벌이 히위 족속과 가나안 족속과 헷 족속을 네 앞에서 쫓아내리라 그러나 그 땅이 황무하게 되어 들짐승이 번성하여 너희를 해할까 하여 일 년 안에는 그들을 네 앞에서 쫓아내지 아니하고 네가 번성하여 그 땅을 기업으로 얻을 때까지 내가 그들을 네 앞에서 조금씩 쫓아내리라"(출 23:27-30).

여기서 '조금씩 쫓아내겠다'는 단어에 주목합시다. 하나님은 이스라엘 백성들이 어느 날 갑자기 큰 노력도 없이 기업을 이루기를 원하지 않으셨습니다. 해야 하는 만큼의 시간과 노력을 들인 후에야 하나님은 마음껏 축복하시기를 원하셨습니다.

벼락부자는 그 재물을 선한 일에 쓰지 못하고 탕진하여 결국 방탕합니다. 그러나 자기가 열심히 일해서 조금씩 조금식 부를 쌓은 사람은 재물의 귀중함을 알기 때문에 선하게 사용하며, 결코 쉽게 잃지도 않습니다.

하나님께서는 이스라엘 백성들에게 이 원리를 가르쳐주고 싶으셨습니다. 고생해서 얻지 않으면 그것이 귀한 줄을 알지 못할 뿐만 아니라, 부를 주신 하나님의 은혜조차 알지 못합니다.

우리의 삶에 있는 축복은 바로 이렇게 노력해서 조금씩 얻어진 축복이어야 합니다. 그 가치를 아는 축복이야말로 참된 축복이기 때문입니다.

제14장

우리와 세우신 언약의 피

"…여호와께서 모세에게 이르시되 너는 산에 올라 내게로 와서 거기 있으라 너로 그들을 가르치려고 내가 율법과 계명을 친히 기록한 돌판을 네게 주리라 모세가 그 종자 여호수아와 함께 일어나 하나님의 산으로 올라가며 장로들에게 이르되 너희는 여기서 우리가 너희에게로 돌아오기까지 기다리라 아론과 훌이 너희와 함께 하리니 무릇 일이 있는 자는 그들에게로 나아갈지니라 하고 모세가 산에 오르매 구름이 산을 가리며 여호와의 영광이 시내 산 위에 머무르고 구름이 육일 동안 산을 가리더니 제 칠 일에 여호와께서 구름 가운데서 모세를 부르시니라 산 위의 여호와의 영광이 이스라엘 자손의 눈에 맹렬한 불 같이 보였고 모세는 구름 속으로 들어가서 산 위에 올랐으며 사십 일 사십 야를 산에 있으니라…"(출 24:1-30:38).

우리와 세우신 언약의 피

출 애굽기 24장에는 시내 산에 오른 모세의 이야기와 하나님께서 이스라엘 백성과 언약을 맺으시는 이야기가 나옵니다. 그런데 본문에서 언약의 심각성이 특별히 강조됩니다.

> "또 모세에게 이르시되 너는 아론과 나답과 아비후와 이스라엘 장로 칠십 인과 함께 여호와에게로 올라와 멀리서 경배하고 너 모세만 여호와께 가까이 나아오고 그들은 가까이 나아오지 말며 백성은 너와 함께 올라오지 말지니라 모세가 와서 여호와의 모든 말씀과 그 모든 율례를 백성에게 고하매 그들이 한 소리로 응답하여 가로되 여호와의 명하신 모든 말씀을 우리가 준행하리이다"(출 24:1-3).

약속에는 절대성을 가지는 약속과 조건에 따라서 달라질 수 있는 상대적인 약속이 있습니다. 또, 약속에는 언제나 그 약속을 지키는 데에 대한 신용의 문제가 뒤따릅니다.

하나님과 인간 사이에 약속이 되었다면 그것은 절대적인 약속입니다. 하나님은 우리에게 한번 하신 약속은 반드시 지키십니다. 우리 하나님은 신실하신 분이기 때문에 자녀된 우리도 하나님 앞에서 신실해야 합니다.

신앙인은 한번 한 약속은 반드시 지키려고 하는 자세를 가져야 합니다. 아무리 사람이 좋아보여도 그 사람의 약속을 믿을 수 없다면 좋은 사람이라고 말할 수 없습니다. 하물며 우리가 하나님께 드린 약속이야 말할 나위가 없습니다.

하나님의 백성이면서도 전혀 약속을 지키지 않아 신뢰를 할 수 없는 사람이라면 그 사람은 자신이 욕을 먹는 것으로 그치는 것이 아니라 그 사람이 팔고 다닌 하나님까지 욕을 보이게 하는 것입니다.

자기의 불성실 때문에 하나님이 손가락질 당하게 하는 것은 죄입니다. 그러므로 우리는 시간이 걸리고 힘이 드는 것일지라도 한번 한 약속은 꼭 지켜야 하고, 지키지 못할 약속은 처음부터 하지 말아야 합니다.

피로 세운 언약

특히 **하나님과 이스라엘 백성과의 약속은 피로 맺어졌습니다.** 이러한 피의 약속은 상징적인 것일 뿐만 아니라 실제로 짐승을 잡아서 제단에 피를 뿌리고 맺은 언약입니다.

"모세가 여호와의 모든 말씀을 기록하고 이른 아침에 일어나 산 아래 단을 쌓고 이스라엘 십이 지파대로 열두 기둥을 세우고 이스라엘 자손의 청년들을 보내어 번제와 소로 화목제를 여호와께 드리게 하고 모세가 피를 취하여 반은 여러 양푼에 담고 반은 단에 뿌리고 언약서를 가져 백성에게 낭독하여 들리매 그들이 가로되 여호와의 모든 말씀을 우리가 준행하리이다 모세가 그 피를 취하여 백성에게 뿌려 가로되 이는 여호와께서 이 모든 말씀에 대하여 너희와 세우신 언약의 피니라"(출 24: 4-8).

하나님과 언약을 맺을 때는 번제로 드릴 짐승을 잡아 그 피의 반은 제단에 뿌리고 나머지 반은 백성들에게 뿌렸습니다. 이것은 이 언약은 목숨을 걸고 지키겠다는 의미이며, 동시에 하나님과 맺은 약속을 지키지 않는다면 죽음도 각오하겠음을 의미합니다.

이것은 자신의 신앙 양심뿐만 아니라 육체적인 목숨을 걸고 하나님과 언약을 맺는 것을 말합니다. 그만큼 하나님과의 언약은 절대성과 심각성을 지닙니다. 그래서 우리는 하나님의 언약을 믿을 수 있습니다. 그런데 우리들의 모습은 어떠합니까? 언약에 대해서 신실함이 있습니까?

"모세가 와서 여호와의 모든 말씀과 그 모든 율례를 백성에게 고하매 그들이 한 소리로 응답하여 가로되 여호와의 명하신 모든 말씀을 우리가 준행하리이다"(3절)

"언약서를 가져 백성에게 낭독하여 들리매 그들이 가로되 여호와의 모든 말씀을 우리가 준행하리이다"(7절)

이스라엘 백성들은 '하나님께서 명하신 대로 다 하겠다'고 다짐을 했습니다. 그것도 한 번이 아니라 3절과 7절에서 두 번씩 확실하게 다짐합니다. 그러나 맹세했던 백성들은 하나님과의 약속을 그대로 지키지 않았습니다.

여기에 이 부분을 우리가 주의해야 합니다. 오늘날에도 자신이 없으면서 충동적으로 하나님과 약속을 해놓고는 지키지 못하는 사람이 너무나 많습니다.

특히 부흥회를 할 때 우리 한국 교회에서 자주 볼 수 있는 모습입니다. 부흥회를 인도하는 목사님의 설교 말씀을 듣고 감동을 받아 흥분된 상태에서 능력 이상의 것을 덜컥 약속해 버립니다. 부흥회 끝난 후 그것을 지키지 못해 쩔쩔 매는 모습을 봅니다.

사람의 마음은 원하지만 육신이 연약한 존재라서, 아무리 마음으로는 지키고 싶으나 못하게 될 수 있습니다. 그래서 순간적으로 하는 약속은 하나님 앞에 거짓말하는 죄를 범합니다. 우리가 하나님 앞에 무엇인가를 서원할 때 그것이 과연 자기 힘으로 가능한 것인지를 깊이 숙고한 후 결정해야 합니다.

그래서 저는 집회를 인도하고 나서는 성도들에게 "그렇게 하도록 최선을 다해 노력하겠다"고 하게 합니다. 하나님의 말씀을 듣고 한참 고양된 성도들의 마음은 귀중합니다. 그러나 그런 상태에서 성급하게 하는 약속은 실수를 가져올 수 있기 때문에, 우선 최선을 다하겠다고 다짐한 후 오랫동안 깊이 기도한 후에도 변함이 없으면 하나님 앞에 서원하게 합니다.

그런데 가끔 '교회 건축 집회' 등에서 앞뒤 가리지 않고 많은 헌금을 약속하거나, 심지어 집을 팔아서 헌금하겠다고 약속하는 사람들까지 있습니다. 그러나 바로 그 날 밤 생각해보면 자신이 없어지고, 몇 주 동안 걱정하다가 결국 교회를 옮기게 되는 경우까지 생기게 됩니다.

더이상 이런 일이 있어서는 안 되겠습니다. 사람들과 하는 약속도 물론이지만, 하나님과 하는 약속은 아주 냉정한 상태에서 하지 않으면 안됩니다. 정확하게 계산하여 맞추라는 것이 아니라 자신이 할 수 있는 한계와 자기 신앙의 분량을 측정해서 결정해야 합니다. 하나님 앞에 불필요하고 자신없는 약속으로 인하여 범죄하지 않도록 해야겠습니다.

이스라엘 백성은 스스로 지킬 능력이 있는지는 살펴보지 않고 하나님께 두 번이나 약속을 했습니다. 그래서 결국 하나님께 책망 받았습니다.

하나님의 율례를 다 지켜 행할 수 있는 사람은 이 세상에 없습니다. **하나님의 전적인 은혜로만 우리가 하나님의 자녀들이 되고, 구원을 얻고, 하나님의 나라에 들어가는 것뿐입니다.** 따라서 하나님의 율법을 지켜서 그런 일들을 이룰 수 없다는 것은 이스라엘 백성들을 통해서 이미 입증되었습니다.

또한 맹세하지 말라고 예수님도 명령하셨습니다. '하늘로도 말고 땅으로도 말고 예루살렘으로도 하지 말라'고 하셨습니다. 그것들은 모두 하나님의 보좌요 하나님의 발등상이요 하나님의 전이기 때문입니다.

> "또 옛 사람에게 말한 바 헛맹세를 하지 말고 네 맹세한 것을 주께 지키라 하였다는 것을 너희가 들었으나 나는 너희에게 이르노니 도무지 맹세하지 말지니 하늘로도 말라 이는 하나님의 보좌임이요 땅으로도 말라 이는 하나님의 발등상임이요 예루살렘으로도 말라 이는 큰 임금의 성임이요 네 머리로도 말라 이는 네가 한 터럭도 희고 검게 할 수 없음이라 오직 너희 말은 옳다 옳다, 아니라 아니라 하라 이에서 지나는 것은 악으로 좇아 나느니라"(마 5:33-37).

이 세상 어느 것 하나 하나님의 소유가 아닌 것이 있습니까? 그래서 어느 것을 놓고 맹세를 하든지 그것들은 모두 하나님의 것을 놓고 맹세를 하는 것이기 때문에 맹세를 금하신 것입니다. 그저 "그렇다"와 "아니다"라는 말로 충분합니다.

그리고 일단 약속을 한 것은 잘 지키는 것이 당연합니다. 그런데 약속을 했지만 나중 그 약속 자체가 잘못됨을 알았을 때는 아무리 약속한 것일지라도 지키지 않아야 됩니다. 왜냐하면 잘못된 약속 때문에 범죄를 해서는 안되기 때문입니다.

9-18절까지는 모세가 시내 산에서 40일 동안 보낸 경험을 기록해 놓았습니다. 하나님께서는 시내산에 모세와 아론을 비롯한 이스라엘의 지도자들을 불러 모으셨습니다.

> "모세와 아론과 나답과 아비후와 이스라엘 장로 칠십 인이

올라가서 이스라엘 하나님을 보니 그 발 아래에는 청옥을 편 듯하고 하늘같이 청명하더라 하나님이 이스라엘의 존귀한 자에게 손을 대지 아니하셨고 그들은 하나님을 보고 먹고 마셨더라."

그러나 14절을 보면 하나님을 만나는 자리까지 간 사람은 모세 한 사람뿐이었습니다.

"장로들에게 이르되 너희는 여기서 우리가 너희에게로 돌아오기까지 기다리라 아론과 훌이 너희와 함께 하리니 무릇 일이 있는 자는 그들에게로 나아갈지니라 하고."

그런데 10절에는 모세와 이스라엘 장로들이 모두 하나님을 본 것으로 기록되어 있습니다. 이것은 말씀의 의미를 잘 살펴보지 않으면 이해할 수 없는 대목입니다.

그 광경들을 상상해 봅시다. 아마 하나님이 강림하신 시내 산에는 화산이 폭발한 것처럼 산둘레에 어떤 신비한 기운이 보였을 것입니다. 따라서 이스라엘 장로들은 실제로 하나님을 대면한 것이 아니라 하나님의 환상을 보았고, 그것을 하나님이 나타나신 것으로 생각했던 것입니다. 왜냐하면 하나님은 실제 볼 수 없을 뿐만 아니라, 만약 본다면 장로들의 생명을 유지할 수 없기 때문입니다.

"또 가라사대 네가 내 얼굴을 보지 못하리니 나를 보고 살 자가 없음이니라"(출 33:20).

따라서 장로들이 본 것은 하나님의 능력이었다고 보는 것이 옳습니다. 그나마도 하나님의 능력이 워낙 위대하고 놀라워서 그들이 본 것은 하나님의 발 아래뿐이었습니다(출 24:10).

하나님을 진짜로 대면한 사람은 오직 모세 한 사람이었습니다. 하나님께서는 모세를 따로 부르셔서 시내 산으로 올라오게 하셨습니다. 모세가 시내 산에 올라갔을 때 하나님의 영광이 시내산에 머물고 구름이 산을 가려 모세는 거기서 육 일 동안 기다린 다음 제 칠 일에 하나님과 만나게 됩니다.

"여호와께서 모세에게 이르시되 너는 산에 올라 내게로 와서 거기 있으라 너로 그들을 가르치려고 내가 율법과 계명을 친히 기록한 돌판을 네게 주리라 모세가 그 종자 여호수아와 함께 일어나 하나님의 산으로 올라가며 장로들에게 이르되 너희는 여기서 우리가 너희에게로 돌아오기까지 기다리라 아론과 훌이 너희와 함께 하리니 무릇 일이 있는 자는 그들에게로 나아갈지니라 하고 모세가 산에 오르매 구름이 산을 가리며 여호와의 영광이 시내 산 위에 머무르고 구름이 육 일 동안 산을 가리더니 제 칠 일에 여호와께서 구름 가운데서 모세를 부르시니라 산 위의 여호와의 영광이 이스라엘 자손의 눈에 맹렬한 불 같이 보였고 모세는 구름 속으로 들어가서 산 위에 올랐으며 사십 일 사십 야를 산에 있으니라."

성막을 만들라

25장부터는 인내와 절제하는 성령의 능력이 없으면 참으로 읽기가 곤란한 부분입니다. 그래서 이 부분을 읽을 때는 지혜가 필요합니다.

이 부분은 35장에 가면 또 그대로 다시 한 번 반복이 되어 나타납니다. 하나하나 강해하자면 한없이 계속될 것이지만, 그것은 낱낱이 기억할 수 없을 뿐더러 그렇게 일일이 영적인 의미를 붙이는 것은 올바른 성경 해석의 방법이라고 할 수 없습니다.

따라서 이 내용 중에서 전체적으로 중요한 모형만을 살펴보겠습니다.

성막

25장부터 설명되는 것들은 주로 성막을 짓는 것과 성막에 갖추어 놓아야 할 것들입니다.

> "너는 성막을 만들되 앙장 열 폭을 가늘게 꼰 베실과 청색 자색 홍색실로 그룹을 공교히 수 놓아 만들지니"(출 26:1).

그런데 성막이라는 단어는 요한복음 1장 14절과 연관성이 있습니다.

> "말씀이 육신이 되어 우리 가운데 거하시매 우리가 그 영광

을 보니 아버지의 독생자의 영광이요 은혜와 진리가 충만하더라."

"이 말씀이 성막과 무슨 관계가 있는가?" 하고 의문을 가질 것입니다. 그러나 '거하시매'라는 단어의 명사형이 바로 '성막'이라는 단어임을 아신다면 그 의문이 풀릴 것입니다.

성막 자체가 하나님은 아닙니다. **성막은 하나님이 '거하시는' 바로 하나님 임재의 상징입니다.** 예수님께서도 자기 백성들 가운데 오셔서 하나님으로서 '거하셨습니다'(요 1:4).

'말씀이 육신이 되어 우리 가운데 거하시는 그분'이 바로 하나님의 아들 예수 그리스도였던 것처럼, 백성 가운데 거하실 하나님의 모형으로 형상화된 것이 바로 '성막'입니다.

여기서 쓰이는 모형이라는 말은 신약시대에 나타나게 될 것이 구약에 미리 보일 때에 사용합니다. 예수님께서 "모세가 광야에서 뱀을 든 것 같이 인자도 들리리라" 하신 말씀은 구리뱀이 예수님께서 십자가에 달리실 것을 미리 말해 주는 예표로 나타났다는 것을 알려 주신 것이었습니다. 광야에서 들리운 놋뱀은 예수님의 모형 가운데 하나입니다.

그런데 이 모형이라는 말을 너무 자주 쓰고 너무 많이 수식함으로써 의미를 오히려 축소시키는 경향이 있습니다. 이것은 옳은 성경해석 방법이라 할 수 없습니다. 하나님께서 정말 모형으로 보여 주신 것만을 모형이라 할 때 모형의 의미가 진정 깊어집니다.

그런 의미에서 성막은 아주 중요한 의미를 가진 모형입니다. 또한 실제 나타나는 실상은 모형보다 훨씬 가깝고 구체적이라는 것을 알아야 합니다.

구약의 하나님은 '우리 가운데' 계셨지만 신약 시대의 하나님은 '내 안에' 계시는 하나님이 되셨습니다. 이것은 엄청난 차이입니다.

예수 믿는 사람의 가장 큰 표징은 바로 주님의 내재에 대한 확신입니다. 이 확신 하나가 엄청난 삶의 결과를 맺게 합니다.

주님께서 자기 안에 내재해 있다는 확신이 없다면 자신에 대해서도 전혀 자신을 가질 수 없습니다. 늘 주님과의 사이에서 거리감을 느끼며 살 뿐입니다.

그런데 주님께서 내 안에 내재해 계신다는 확신 있는 성도들은 어떤 어려운 상황이 와도 상관하지 않습니다. 이미 자신 안에 보화가 있다는 사실은 자신의 가치를 높혀 줍니다. 주님이 영원히 함께 하신다는 확신이 삶을 아름답고 자신 있게 만듭니다.

우리 나라 교인들의 약점은 꼭 교회에 가야, 꼭 사람들이 함께 모여 있어야 기운이 나고 신앙인의 자세를 갖게 되고, 그렇지 않을 경우에는 나약하다는 것입니다. 그래서 무슨 일이든 교회에서 해야 하고 꼭 목사님이 있어야만 일이 됩니다.

그러나 그것은 잘못된 생각입니다. 목사님이 없어도 신앙적으로 일할 수 있는 사람들이 진짜 신앙을 가진 사람이라고 할 수 있습니다. 하나님이 항상 내 안에서 동행하시는데 왜 교회당이라는 장소가 아니면 안 되고, 목사님이 안 계시면 안 됩니까?

하나님의 내재하심에 대한 확신이 있으면 언제 어느 곳에서든지, 하나님과 동행하면서 기쁨에 넘친 삶을 살 수 있습니다.

저는 개인적으로 우리 교인들이 제가 없어도 신앙생활을 잘 할 수 있게 되었다면 그것이 가장 훌륭한 목회의 결과라고 생각합니다. 신앙적으로 성숙해지면 언제 어디서 누구와도 하나님의 의를 드러내며 하나님의 일을 할 수 있는 사람이어야 합니다.
자기 혼자 해결할 수 있는 것은 얼마든지 혼자 해결할 수 있어야 진정한 신앙입니다. 그래야 목회자들이 더 약한 교인들을 집중해서 돌볼 시간이 많아집니다.

가장 좋은 목회 방법은 바로 평신도 목회이고, 가장 좋은 전도방법은 자기 생활 속에서 자연스럽게 하는 전도입니다. 성도들이 이런 신앙을 가질 때 교회 문을 나서는 순간 믿지 않는 이들처럼 생활하는 병폐를 고칠 수 있습니다.

예수님은 역시 우리처럼 육체를 가지셨기 때문에 활동이 제한되어 오히려 당시에는 많은 사람들 속에 있을 수 없었습니다. 예수님이 나사렛에 계시면 같은 시간 예루살렘에 있는 사람은 만날 수 없었습니다.
그런데 예수님이 천국으로 승천하심으로 인하여 보혜사 성령이 오셨고 그 성령은 예수님 당시보다 훨씬 많은 사람들 가운데 살아계셔서 함께 하십니다.
예수님께서 하나님과 같은 분이셨듯이 성령님도 예수님과 똑같은 분이십니다. **성령님은 무소부재하신 하나님이십니다. 따라서 성령님이 우리와 함께 하시는 것이 바로 예수님이 함께 계신 것이고 하나님이 함께 계시는 것과 같습니다.**

성막은 하나님이 자기 백성들 가운데 계심의 상징으로서, 성막에서 지도자들과 백성들을 만나셨습니다. 성막 위에는 하나님의 영광이 나타나서 하나님이 임재하심을 보여 주었습니다. 이 성막은 하나님께 예배드리는 장소로서, 자기 백성 가운데 거하시는 예수 그리스도의 모형이었습니다.

이 성막은 세 부분으로 구별됩니다. 먼저, 성막의 바깥 뜰이 있고, 다음으로 성막의 안 뜰과, 가장 안쪽의 지성소로 이루어져 있었습니다. 성막의 울타리는 횡이 50규빗이고 종은 150규빗이었습니다. 성막의 안 뜰에는 번제단이 있었고, 가장 안 쪽에는 지성소가 있어서 증거궤가 놓여 있었습니다.

규빗의 길이는 각각 좀 달랐습니다. 히브리의 규빗은 17.6인치였는데, 애굽에는 왕실의 규빗과 보통 사람의 규빗이 따로 있었습니다. 왕실의 규빗은 시금 단위로 치면 21인치였고, 보통 사람의 규빗은 17.9쯤되는 길이였습니다. 그리고 바벨론의 규빗은 20인치 정도 됩니다. 규빗은 대개 팔꿈치에서 셋째 손가락 끝까지의 길이라고 생각하면 됩니다.

증거궤

지성소 안에 있는 증거궤는 길이가 2.5규빗, 폭이 1.5규빗, 높이가 1.5규빗인 궤인데, 금으로 안팎을 싸고 금고리가 양편에 각각 둘씩 달려 있어서 운반용 채를 끼워 운반했습니다.

> "그들은 조각목으로 궤를 짓되 장이 일 규빗 반 광이 일 규빗 반 고가 일 규빗 반이 되게 하고 너는 정금으로 그것을 싸되 그 안팎을 싸고 윗가로 돌아가며 금테를 두르고 금고리 넷을 부어 만들어 그 네 발에 달되 이편에 두 고리요 저편에 두 고리며 조각목으로 채를 만들고 금으로 싸고 그 채를 궤 양편에 꿰어서 궤를 메게 하며 채를 고리에 꿴대로 두고 빼어 내지 말지며 내가 네게 줄 증거판을 궤 속에 둘지며"(출 25:10-16).

증거궤는 히브리어로 '아론 핫베리트'인데, 증거궤는 '여호와의 궤'(수 3:13), '여호와의 언약궤'(신 10:8), '하나님의 궤'(삼상 3:3), '증거궤'(출 25:22) 등의 이름으로 불리웠습니다.

증거궤는 하나님의 왕좌를 상징하는 것으로 그 궤 안에는 십계명이 씌어진 모세의 돌판과, 만나 항아리, 아론의 지팡이가 들어 있었습니다.

> "첫 언약에도 섬기는 예법과 세상에 속한 성소가 있더라 예비한 첫 장막이 있고 그 안에 등대와 상과 진설병이 있으니

이는 성소라 일컫고 또 둘째 휘장 뒤에 있는 장막을 지성소라 일컫나니 금향로와 사면에 금을 싼 언약궤가 있고 그 안에 만나를 담은 금 항아리와 아론의 싹난 지팡이와 비석들이 있고"(히 9: 1-4).

위의 말씀에서 설명하는 것이 바로 성막과 증거궤입니다.

속죄소

속죄소에 대해 나와 있는 출애굽기 25장 17절에서 22절을 살펴봅시다.

"정금으로 속죄소를 만들되 장이 이 규빗 반 광이 일 규빗 반이 되게 하고 금으로 그룹 둘을 속죄소 두 끝에 쳐서 만들되 한 그룹은 이 끝에 한 그룹은 저 끝에 곧 속죄소 두 끝에 속죄소와 한 덩이로 연하게 할지며 그룹들은 그 날개를 높이 펴서 그 날개로 속죄소를 덮으며 그 얼굴을 서로 대하여 속죄소를 향하게 하고 속죄소를 궤 위에 얹고 내가 네게 줄 증서판을 궤 속에 넣으라 거기서 내가 너와 만나고 속죄소 위 곧 증거판 위에 있는 두 그룹 사이에서 내가 이스라엘 자손을 위하여 네게 명할 모든 일을 네게 이르리라."

여기서 '속죄소'라는 우리말 번역은 좀 잘못된 것 같습니다. '속죄'라는 말은 히브리어로 '카파르'인데 이 말은 '덮다' '보상하다' '속죄하다'는 의미입니다. 따라서 속죄소는 '우리의 죄를 덮어주고 속죄한다'는 의미입니다.

신약에서 속죄소라는 단어는 히브리서 9장 5절에 나타납니다.

"그 위에 속죄소를 덮는 영광의 그룹들이 있으니 이것들에 관하여는 이제 낱낱이 말할 수 없노라."

'속죄소'는 헬라어로 '힐라스테리온'입니다. 그런데 이 단어는 로마서 3장 25절에서는 '화목제물'로 번역되었습니다.

"이 예수를 하나님은 그의 피로 인하여 믿음으로 말미암는 화목제물로 세우셨으니 이는 하나님께서 길이 참으시는 중에 전에 지은 죄를 간과하심으로 자기의 의로우심을 나타내려 하심이니."

'화목제물'은 하나님의 진노를 풀어드리는 '희생제물'을 의미합니다. 따라서 **속죄소는 죄로 인해 하나님으로부터 멀어졌던 사람들이 속죄의 의미로 희생제물을 드리는 하나님과의 화해장소입니다.** 이 속죄소 위에 희생제물의 피를 뿌림으로써 이 피가 이스라엘 백성들의 피를 덮었습니다.

'속죄소'는 정확히 번역하면 '자비의 보좌'라고 번역하는 것이 가장 완전한 의미일 것입니다. 이 곳은 하나님의 자비가 나타나는 곳으로서 '자비의 보좌' 위에는 일 년에 한 번씩 희생 제물의 피가 뿌려졌습니다.

은혜와 자비는 개념의 차이가 있습니다. 은혜는 받을 자격이 없는데도 주어지는 것입니다. 꼭 벌을 받아야 하는데 그 벌을 면해 주는 것이 자비입니다. 이러한 '자비의 보좌'는 일 년에 한 번씩 피를 뿌림으로써 이스라엘 자손들과 하나님이 만나는 장소입니다.

우리는 예수 그리스도의 십자가 아래에서 자비의 하나님을 만날 수 있습니다. 회개하고 십자가 앞으로 나아가는 모든 죄인을 만나 주시고 그의 죄를 사해 주시는 것이 바로 우리에게 주시는 하나님의 은혜요 자비입니다.

우리의 자비의 보좌는 바로 예수 그리스도가 피흘리신 십자가 그늘 밑입니다.

그룹들

천사들은 두 부류가 있는데 하나는 그룹이고 다른 하나는 스랍입니다. 그룹들은 하나님의 거룩하심을 나타내는 천사이고, 스랍은 인간의 부정함을 폭로하는 일을 하는 천사들입니다. 그래서 그룹은 아담과 하와가 쫓겨난 에덴 동산을 지키는 일을 했고(창 3:24), 스랍은 이사야의 부정한 입술을 정하게 지지는 일을 했습니다(사 6:2-6).

여기 하나님의 임재하심을 나타내고자 속죄소 양편에 있는 천사들은 둘 다 그룹이었습니다. 날개가 달린 하나님의 천사 그룹 둘이 날개를 펼쳐서 속죄소를 덮었습니다. 또한 지성소를 가리는 휘장과 성막에도 그룹들을 수놓았습니다.

진설병

진설병은 아주 작고 둥글며 납작한 빵인데, 성소 북쪽 편 휘장 바깥에 있는 순금으로 만든 상에 한 줄에 여섯 개씩 두 줄로 열두 개를 얹어 놓았습니다.

> "너는 조각목으로 상을 만들되 장이 이 규빗 광이 일 규빗 고가 일 규빗 반이 되게 하고 정금으로 싸고 주위에 금테를 두르고 그 사면에 손바닥 넓이만한 턱을 만들고 그 턱 주위에 금으로 테를 만들고 그것을 위하여 금고리 넷을 만들어 그 네 발 위 네 모퉁이에 달되 턱 곁에 달라 이는 상 멜 채를 꿸 곳이며 또 조각목으로 그 채를 만들고 금으로 싸라 상을 이것으로 만들 것이니라 너는 대접과 숟가락과 병과 붓는 잔을 만들되 정금으로 만들지며 상 위에 진설병을 두어 항상 내 앞에 있게 할지니라"(출 25:23-30).

열둘이란 숫자는 이스라엘 백성들을 상징합니다. 진설병은 안식일마다 새 진설병으로 바꾸어 놓았는데 꺼내온 진설병은 제사장들이 성소 안에서만 먹었습니다.

진설병은 일용할 양식을 주시는 분이 하나님이심을 기억하게 하는 떡입니다. 또 진설병은 생명의 떡이신 예수님을 상징하는 것입니다.

요한복음 6장 35절에서 예수님께서 "내가 곧 생명의 떡이다" 하신 것은 이 진설병을 의미하신 말씀입니다.

등대

등대는 장막 안에 있는 유일한 불빛이었습니다. 이 금등대는 언제나 불을 켜 두는 것이었습니다. 이것은 히브리어 '메노라'로서 촛대라는 뜻입니다. 이 촛대의 불빛은 언제나 끊이지 않고 타올라야 합니다.

> "너는 또 이스라엘 자손에게 명하여 감람으로 찧어 낸 순결한 기름을 등불을 위하여 네게로 가져오게 하고 끊이지 말고 등불을 켜되 아론과 그 아들들로 회막 안 증거궤 앞 휘장 밖에서 저녁부터 아침까지 항상 여호와 앞에 그 등불을 간검하게 하라 이는 이스라엘 자손의 대대로 영원한 규례니라"(출 27: 20, 21).

이 촛대는 당연히 유일한 세상의 빛이요, 언제나 꺼지지 않는 빛이신 예수 그리스도를 상징합니다.

또한 예수님은 우리에게 "너희는 세상의 빛이라" 말씀하셨습니다. 그러나 등잔이 등경 위에 있지 않고 말 아래 있으면 소용없다고 말씀하셨습니다.

> "너희는 세상의 빛이라 산 위에 있는 동네가 숨기우지 못할

것이요 사람이 등불을 켜서 말 아래 두지 아니하고 등경 위에 두나니 이러므로 집안 모든 사람에게 비취느니라"(마 5:14,15).

향의 제단

향의 제단은 증거궤 위 속죄소 맞은편에 두고 매일 아침 저녁으로 향불이 끊이지 않고 타올랐습니다. 그리고 일 년에 한 번씩 속죄제의 피가 이 향단 위에 뿌려졌습니다.

"너는 분양할 단을 만들지니 곧 조각목으로 만들되…아론이 아침마다 그 위에 향기로운 향을 사르되 등불을 정리할 때에 사를지며 또 저녁 때 등불을 켤 때에 사를지니 이 향은 너희가 대대로 여호와 앞에 끊지 못할지며 너희는 그 위에 다른 향을 사르지 말며 번제나 소제를 드리지 말며 전제의 술을 붓지 말며 아론이 일년 일차씩 이 향단 뿔을 위하여 속죄하되 속죄제의 피로 일년 일차씩 대대로 속죄할지니라 이 단은 여호와께 지극히 거룩하니라"(출 30:1-10).

제단 위의 향도 언제나 꺼지지 않게 했는데 이것은 성도의 기도를 상징하는 것입니다. 요한계시록 5장 8절은 기도에 대해 이렇게 말씀하고 있습니다.

"책을 취하시매 네 생물과 이십 사 장로들이 어린 양 앞에 엎드려 각각 거문고와 향이 가득한 금대접을 가졌으니 이 향은 성도의 기도들이라."

우리의 기도는 타오른 향처럼 하나님 앞에 상달됩니다. 그러므로 제단의 향불이 언제나 꺼지지 않듯 우리의 기도 역시 중단되지 않아야 합니다.

번제단

번제단은 성막의 바깥 뜰에 마련하여 번제로 드릴 짐승을 태우는 장소였습니다. 번제단은 빈 네모 상자모양으로 가운데는 석쇠가 놓여 있었습니다.

그런데 번제단에서 제물을 태울 때 완전히 재가 되도록 태웠습니다. 그래서 이 **번제단은 우리 성도들의 완전한 죄사함과 완전한 헌신을 상징 합니다.**

무엇보다 번제단은 우리 죄를 위해 흠 없는 어린 양이 희생으로 드려지는 대속의 장소로서 이 대속은 예수 그리스도에 의해 완전하게 성취되었습니다.

"이튿날 요한이 예수께서 자기에게 나아오심을 보고 가로되 보라 세상 죄를 지고 가는 하나님의 어린 양이로다"(요 1:29).

또한 번제단은 죄인들의 도피처였습니다. 그래서 죄인이 이 곳에

와서 제단의 뿔을 잡으면 아무도 그를 해칠 수 없었습니다.
예수 그리스도도 마찬가지입니다. 어떠한 죄인일지라도 예수께로 나아가면 그 죄가 사함받습니다.

물두멍

물두멍은 손발을 씻을 수 있도록 놋으로 만들어진 그릇입니다. 제사장이 제단에서 짐승을 잡아 죽이고 난 다음에 이곳에서 수족을 씻었습니다. 제사장의 피 묻고 더러워진 손과 발을 씻을 수 있도록 준비해 둔 것입니다.

> "여호와께서 모세에게 일러 가라사대 너는 물두멍을 놋으로 만들고 그 받침도 놋으로 만들어 씻게 하되 그것을 회막과 단 사이에 두고 그 속에 물을 담으라 아론과 그 아들들이 그 두멍에서 수족을 씻되 그들이 회막에 들어갈 때에 물로 씻어 죽기를 면할 것이요 단에 가까이 가서 그 직분을 행하여 화제를 여호와 앞에서 사를 때에도 그리할지니라 이와 같이 그들이 수족을 씻어 죽기를 면할지니 이는 그와 그 자손이 대대로 영원히 지킬 규례니라"(출 30:17-21).

이것은 제사장은 언제나 정결한 상태로 하나님 앞에 나아가야 함을 상징합니다. 하나님은 '수족을 씻지 않고 회막에 들어오는 자는 죽을 것이라'고 경고하셨습니다.
이 물두멍은 영적인 사역에 적합한 성결함의 모형입니다. 영적인 사역자들은 하나님의 성막에 들어갈 때와 같이 삶의 모든 영역에서 성결해야겠습니다. 만약 성결하지 못한 삶의 영역이 있다면 이 물두멍이 담겨 있는 예수 그리스도의 피로 모든 죄를 씻어 성결케 되어야 합니다.

 이러한 신앙 생활의 모형들은 영적인 것을 눈으로 볼 수 있도록 만들어 놓은 것이었습니다.
 이런 모형들을 하나하나 살펴보면서 **감사한 것은 예수 그리스도의 대속의 피로 구속함을 받은 우리는 이제 더이상 성막에 갈 필요가 없고, 우리 가운데 성령님이 오셔서 언제나 우리와 함께 하신다는 사실입니다.**
 그래서 우리는 순간순간마다 그분을 의지하고 그분으로부터 오는 힘을 얻을 수 있습니다. 그렇지 않았더라면 우리도 이 성막을 찾아와서 제사를 드리고 죄사함을 받아야 했을 것입니다.
 그런 형식적인 절차를 벗어나서 언제나 우리와 함께 하시도록 하셨으니 얼마나 감사하고 은혜로운 일입니까!

제15장

충만한 삶을 살라

"여호와께서 모세에게 일러 가라사대 내가 유다 지파 훌의 자손이요 우리의 아들인 브사렐을 지명하여 부르고 하나님의 신을 그에게 충만하게 하여 지혜와 총명과 지식과 여러 가지 재주로 공교한 일을 연구하여 금과 은과 놋으로 만들게 하며 보석을 깎아 물리며 나무를 새겨서 여러 가지 일을 하게 하고 내가 또 단 지파 아히사막의 아들 오홀리압을 세워 그와 함께 하게 하며 무릇 지혜로운 마음이 있는 자에게 내가 지혜를 주어 그들로 내가 네게 명한 것을 다 만들게 할지니 곧 회막과 증거궤와 그 위의 속죄소와 회막의 모든 기구와 상과 그 기구와 정금 등대와 그 모든 기구와 분향단과 번제단과 그 모든 기구와 물두멍과 그 받침과 제사직을 행할 때에 입는 공교히 짠 의복 곧 제사장 아론의 성의와 그 아들들의 옷과 관유와 성소의 향기로운 향이라 무릇 내가 네게 명한 대로 그들이 만들지니라…"(출 31:1-18).

충만한 삶을 살라

이제까지 우리는 하나님과 이스라엘 백성들이 세운 언약의 성격과, 성막 안의 기물들에 대해 알아보고, 특별히 성막의 기물들이 예수님과 어떠한 영적 관계가 있는지 살펴보았습니다.

성막의 경배자들

지금부터 성막의 경배자들에 대해서 살펴보겠습니다.

장막은 하나님께서 실제 인간들 사이에 계시다는 것을 보여주는 모형이었습니다. 그래서 이 성막에 들어올 수 있는 사람들은 제한되었습니다. 출애굽기 30장을 토대로 하나님의 성막에 들어갈 수 있는 인물들의 특징을 찾아보면 다음과 같이 간단히 요약할 수 있습니다.

첫째, 기도하는 사람입니다.

기도하는 사람만이 하나님의 성막에 들어갈 수 있었습니다. 출애굽기 30장 1절에서 10절 사이의 향단은 언제나 기도하는 삶을 나타냅니다. 하나님을 만나고자 하는 사람은 끊임없이 기도의 향불을 피워야 합니다.

"모든 기도와 간구로 하되 무시로 성령 안에서 기도하고 이를 위하여 깨어 구하기를 항상 힘쓰며 여러 성도를 위하여 구하고"(엡 6:18).
"항상 기뻐하라 쉬지 말고 기도하라 범사에 감사하라 이는 그리스도 예수 안에서 너희를 향하신 하나님의 뜻이니라" (살전 5:16-18).

둘째, 구속받은 사람입니다.

출애굽기 30장 11-16절까지는 구속받은 사람이라야 하나님의 전에 나아갈 수 있다는 것을 말해줍니다.

"여호와께서 모세에게 일러 가라사대 네가 이스라엘 자손의 수효를 따라 조사할 때에 조사 받은 각 사람은 그 생명의 속전을 여호와께 드릴지니 이는 그 계수할 때에 그들 중에 온역이 없게 하려 함이라 무릇 계수 중에 드는 자마다 성소의 세겔대로 반 세겔을 낼지니 한 세겔은 이십 게라라 그 반 세겔을 여호와께 드릴지며 무릇 계수 중에 드는 자 곧 이십 세 이상 된 자가 여호와께 드리되 너희의 생명을 속하기 위하여 여호와께 드릴 때에 부자라고 반 세겔에서 더 내지 말고 가난한 자라고 덜 내지 말지며 너는 이스라엘 자손에게서 속전을 취하여 회막의 봉사에 쓰라 이것이 여호와 앞에서 이스라엘 자손의 기념이 되어서 너희의 생명을 속하리라."

'구속'이라는 말은 '대가를 지불하여 죄를 없애고 속량했다'는 뜻입니다. 구약 시대에 이스라엘 자손들은 생명을 속하기 위해서 속전을 여호와께 드려야 했습니다. 이 속전은 부자에게나 가난한 사람에게나 반 세겔로 공평했습니다. **하나님의 구원은 누구에게나 공평한 것**을 상징합니다.

그러나 신약시대에 와서 예수 그리스도를 영접한 사람들은 이미 예수님께서 피의 대가를 지불했기 때문에 속전이 필요치 않고 믿음으로 구속을 받았습니다. 따라서 따로 그런 일을 할 필요가 없습니다.

셋째, 깨끗이 씻은 사람입니다.

하나님의 성막에 들어가는 사람은 자신을 깨끗이 씻어 성결하게 된 사람이어야 했습니다. 출애굽기 30장 17-21절은 물두멍에서 자신을 깨끗이 씻는 내용입니다.

"여호와께서 모세에게 일러 가라사대 너는 물두멍을 놋으로 만들고 그 받침도 놋으로 만들어서 씻게 하되 그것을 회막과 단 사이에 두고 그 속에 물을 담으라 아론과 그 아들들이 그 두멍에서 수족을 씻되 그들이 회막에 들어갈 때에 물로 씻어 죽기를 면할 것이요 단에 가까이 가서 그 직분을 행하여 화제를 여호와 앞에 사를 때에도 그리 할지니라 이와 같이 그들이 그 수족을 씻어 죽기를 면할지니 이는 그와 그 자손이 대대로 영원히 지킬 규례니라."

제사장들은 제사를 드리고 대야에서 더러운 손과 발을 씻은 후에만 성소에 들어갈 수 있었습니다. 이것은 죄를 씻음을 의미합니다. 우리가 날마다 하나님 앞에 나아갈 때에는 우리 자신을 깨끗케 함으로써 하나님께 나아갈 수 있음을 의미합니다.

넷째, **기름 부음을 받은 사람입니다.**

출애굽기 30장 22-38절은 기름 부음을 받은 사람을 묘사합니다.

"여호와께서 모세에게 또 일러 가라사대…너는 아론과 그 아들들에게 기름을 발라 그들을 거룩하게 하고 그들로 내게 제사장 직분을 행하게 하고 이스라엘 자손에게 고하여 이르기를 이것은 너희 대대로 내게 거룩한 관유니 사람의 몸에 붓지 말며 이 방법대로 이와 같은 것을 만들지 말라 이는 거룩하니 너희는 거룩히 여기라 무릇 이와 같은 것을 만드는 자나 무릇 이것을 타인에게 붓는 자는 그 백성 중에서 끊쳐지리라 하라."

이 장면은 **하나님의 사람은 거룩하게 구별되어 성령을 받은 사람**

이라는 것을 의미합니다. 그러나 이제는 굳이 머리에 기름을 바르지 않아도 하나님께서 주시는 성령으로 말미암아 하나님의 자녀가 되어 하나님 앞에 나아갈 수 있습니다.

사도 바울은 여러 차례에 걸쳐 "왜 우리 안에 성령님이 살아 계신 것을 알지 못하느냐"고 했습니다.

> "너희가 하나님의 성전인 것과 하나님의 성령이 너희 안에 거하심을 알지 못하느뇨"(고전 3:16).
> "하나님의 성전과 우상이 어찌 일치가 되리요 우리는 살아 계신 하나님의 성전이라"(고후 6:16장)

우리는 영적으로 이미 하나님의 성전이 되었습니다. 왜냐하면 구약의 성전이 하나님의 성령이 거하시는 곳이었다면, 예수님의 승천 이후 오신 성령님은 하나님을 믿는 사람 누구에게나 임하여 계시기 때문입니다. **하나님이 계신 곳, 그곳이 바로 성전입니다.**

하나님의 일을 하는 사람

출애굽기 31장을 보면 성령에 충만한 공예사들의 사역이 나옵니다. 장막에서 일하는 사람은 네 가지의 조건이 있어야 했습니다.

> "여호와께서 모세에게 일러 가라사대 내가 유다 지파 훌의 자손이요 우리의 아들인 브사렐을 지명하여 부르고 하나님의 신을 그에게 충만하게 하여 지혜와 총명과 지식과 여러

가지 재주로 공교한 일을 연구하여 금과 은과 놋으로 만들게 하며 보석을 깎아 물리며 나무를 새겨서 여러 가지 일을 하게 하고"(출 31:1-5).

31장 3절은 하나님의 성막을 짓기 위해 일한 사람의 첫번째 조건은 "하나님의 신이 충만한 사람"입니다. 그리고 두번째 조건은 지혜와 총명이 충만한 사람입니다. 세번째 조건은 지식과 이해력이 충만한 사람입니다. 네번째 조건은 구체적으로 일을 할 수 있는 여러 은사를 갖춘 사람들입니다.
이런 사람들이 하나님의 전을 위한 일을 할 수 있었습니다.

"형제들아 너희 가운데서 성령과 지혜가 충만하여 칭찬듣는 사람 일곱을 택하라 우리가 이 일을 저희에게 맡기고"(행 6:3).

신약에서도 사도행전에 보면, 초대교회에서 일곱 집사를 세울 때 그 조건으로 성령이 충만한 사람, 지혜가 충만한 사람, 다른 사람들에게 칭찬을 듣는 사람을 들고 있습니다. 하나님을 위한 일을 하는 사람에게는 성례 충만, 지혜 충만이 필수조건이었습니다.

지금도 마찬가지입니다. 이런 모든 요건을 갖춘 분들이 하나님을 위한 일을 해야만 하나님께 영광이 되고, 다른 사람들에게도 이 일로 인하여 은혜를 끼칠 수 있게 되는 것입니다.

지금부터 하나님을 위해 일할 사람들이 갖추어야 할 조건을 구체적으로 살펴봅시다.

첫째, 성령이 충만한 사람입니다.

사람들은 세상을 살면서 대부분 무엇인가에 몰두합니다. 그것이 돈이든, 사랑이든, 일이든 그 사람을 지배하고 있는 어떤 것이 있습니다. 그리고 무엇이 그 사람을 지배하느냐에 따라 그 사람의 삶이 달라지고 인격이 달라집니다.

믿는 사람들은 하나님의 영으로, 예수님의 사랑으로 우리를 채워야 합니다. 그리고 기왕이면 젊었을 때부터 하나님을 찾고 자기 자신을 하나님으로 채우려 노력합시다.

하나님의 전에서 일할 목회자가 되려면 특별히 자신을 하나님의 영으로 그리고 그 지혜와 재능으로 채우려 노력해야 합니다. 그래서 성령이 작은 부분까지도 통제할 수 있도록 자신을 쳐서 복종시키는 사람이어야 합니다.

이렇게 되면 한 편으로는 자신이 초라하게 느껴질 것입니다. 나 자신의 고유한 성격은 다 없어지고 껍데기만 남은 듯하고 자존심이라는 것은 전혀 없는 사람처럼 생각될 것입니다. 그런 연유로 아무도 없는 교회당에서 바닥을 치며 기도하거나, 홀로 산을 찾기도 하고, 골방에서 눈물을 흘리면서 하나님을 부르게 됩니다. 그렇지만 자신을 하나님의 성령께서 다스려주셔야만 자신의 모습을 찾는

다는 것을 깨닫게 된 때부터는 오히려 자신을 성령으로 채우는 진정한 기도를 합니다.

둘째, 지혜 충만한 사람입니다.

지혜는 지식과 역할도 다릅니다. 학위가 많은 사람은 자신의 지식을 과시할 수 있겠지만 그렇다고 진정 존경을 받는 사람이 되는 것은 아닙니다.
그러나 지혜 있는 사람은 여러 사람들의 존경과 사랑을 받으며 어디서든 필요한 사람이 됩니다. 예수님에 대해서 말씀할 때도 지혜라는 표현을 썼지 지식이 많아진다는 표현을 하지는 않았습니다.

"예수는 그 지혜와 그 키가 자라가며 하나님과 사람에게 더 사랑스러워 가시더라"(눅 2:52).

지식을 지혜롭게 사용할 줄 모르면 헛것입니다. 그러나 작은 지식이라도 지혜롭게 사용하면 아주 훌륭한 일을 이룰 수 있습니다. 지식만으로는 협조자는 될 수 있지만 지도자는 될 수 없습니다.

신자들이 유명한 신학자들의 설교보다 목사님들의 설교를 더 좋아하는 것은 일반 신도들이 신학적인 지식이 아니라 지혜롭게 전달되는 하나님의 말씀을 원하기 때문입니다.
지혜 있는 사람의 말씀은 누가 들어도 마음의 문을 열게 되어 있습니다. 같은 이야기라도 전달하는 사람에 따라서 얼마든지 다른 반응이 나타납니다.

대학을 나온 저희 형제 아홉이 국민학교도 제대로 나오지 못 하신 저희 어머니의 지혜를 당하지 못합니다. 그 이유를, 우리 어머니께서는 주일 학교에서 지혜로운 교육을 받으셨기 때문이라고 말씀하셨습니다. 그리고 그 이후로 평생을 하나님과 함께 사셨기에 지혜가 생겼다고 하셨습니다.

그렇습니다! 지혜는 지식을 부릴 수 있는 힘입니다!

셋째, 이해력이 충만한 사람입니다.

이해력이 충만해야 합니다. 무슨 말을 들으면 그것을 잘 이해하고 해석한 후 응용하는 능력이 필요합니다.

같은 이야기를 들어도 전혀 알아듣지 못하는 사람은 아무 도움이 되지 않습니다. 그러나 이해력이 있는 사람은 충분한 이야기를 채 듣지 못한 도중일지라도 그 이야기의 숨은 뜻을 미리 알고 깨닫게 됩니다.

넷째, 능숙한 기술을 가진 사람입니다.

기술 부분도 중요합니다. 이것 역시 같은 조건 하에서도 어떻게 일을 진행시키느냐와 관련하여 아주 중요한 조건입니다. 사람마다 할 수 있는 일이 다르기 때문에, 한 가지 기술 정도는 꼭 개발해 놓아야 협력하여 선을 이루는 데 귀하게 사용되는 것입니다. 한 가지 능숙한 기술이 지혜와 연합하게 될 때 얼마나 큰 일을 해냅니까?

기술은 하나님이 주신 일종의 재능으로서 그 재능을 어떻게 사용하고 어떻게 개발시키는가 하는 것은 그 사람에게 달렸습니다.

어떤 화가 한 분은 언제나 점과 선만 그리고 있었습니다. 그 분은 그림을 시작한 지 35년만에야 그 점과 선으로 인정을 받고 주목을 받는 분이 되셨습니다. 그 동안의 고생은 말로 할 수 없는 것이었다고 합니다. 때로는 자신의 생각과는 다르더라도 그저 예쁜 그림을 그려서 생계를 이어볼까도 했지만 그 때마다 자신이 마치 돈에 몸을 파는 것처럼 느껴지곤 했답니다. 즉 그 분은 하나님이 자기 자신에게 주신 재능을 돈 버는 일에만 쓰고 싶지 않았고, 결국에는 자신만의 세계를 이루는 데 힘써서 명성을 얻고 하나님께 영광을 돌릴 수 있었습니다.

자기가 받은 은사에 충성하는 사람이 결국 하나님께도 영광이 되는 것입니다.

6절의 오홀리압이 바로 그런 사람이었습니다. 하나님께서는 그 사람을 자신에게 맞는 자리에 사용하셔서 본인에게 기쁨이 되고 하나님께 영광이 되도록 지시하십니다.

"내가 또 단 지파 아히사막의 아들 오홀리압을 세워 그와 함께 하게 하며 무릇 지혜로운 마음이 있는 자에게 내가 지혜를 주어 그들로 내가 네게 명한 것을 다 만들게 할지니 곧 회막과 증거궤와 그 위의 속죄소와 회막의 모든 기구와 상과 그 기구와 정금 등대와 그 모든 기구와 분향단과 번제단과 그 모든 기구와 물두멍과 그 받침과 제사직을 행할 때에 입는 공교히 짠 의복 곧 제사장 아론의 성의와 그 아들들의 옷과 관유와 성소의 향기로운 향이라 무릇 내가 네게 명한 대로 그들이 만들지니라"(출 31:6-11).

브사렐과 오홀리압과 같은 성령 충만하고 지혜 충만한 사람들에게 회막과 회막에 필요한 모든 기물들을 제작하도록 하나님은 명하셨습니다.

성막과 기물들을 만드는 구체적인 방법과 그것을 만들 일꾼들을 세움으로써 성막을 만드는 것에 관한 하나님의 말씀은 마무리됩니다.

안식일을 지키라

이 모든 말씀을 마치신 후 하나님은 다시 한번 안식일에 대한 말씀을 하셨습니다.

"여호와께서 모세에게 일러 가라사대 너는 이스라엘 자손에게 고하여 이르기를 너희는 나의 안식일을 지키라 이는 나와 너희 사이에 너희 대대의 표징이니 나는 너희를 거룩하게 하는 여호와인 줄 너희로 알게 함이라 너희는 안식일을 지킬지니 이는 너희에게 성일이 됨이라 무릇 그 날을 더럽히는 자는 죽일지며 무릇 그 날에 일하는 자는 그 백성 중에서 끊쳐지리라 엿새 동안은 일할 것이나 제 칠 일은 큰 안식일이니 여호와께 거룩한 것이라 무릇 안식일에 일하는 자는 반드시 죽일지니라 이같이 이스라엘 자손이 안식일을 지켜서 그것으로 대대로 영원한 언약을 삼을 것이니 이는 나와 이스라엘 자손 사이에 영원한 표징이며 나 여호와가 엿새 동안에 천지를 창조하고 제 칠 일에 쉬어 평안하였음이니라 하라"(출 31:12-17).

안식일은 하나님과 하나님의 백성인 이스라엘 자손 사이의 언약의 표징이었습니다. 그것은 이스라엘이 하나님의 말씀에 순종하고 있음을 보여주는 시금석이었습니다. 그렇습니다! 안식일야말로 이스라엘이 하나님의 백성임을 드러내는 표시였기 때문에, 하나님은 성막을 짓는 데 대한 지시를 마치시자 다시 한번 이스라엘 자손에게 안식을 지키라고 상기시키셨습니다.

이제 18절 말씀에서 하나님은 모세에게 두 돌에 새긴 십계명을 주심으로 성막과 제사에 관련된 모든 말씀을 마치십니다.

> "여호와께서 시내산 위에서 모세에게 이르시기를 마치신 때에 증거판 둘을 모세에게 주시니 이는 돌판이요 하나님이 친히 쓰신 것이더라."

이 돌판은 하나님이 친히 손가락으로 직접 새기신 십계명입니다.

한글 개역성경에는 그냥 "하나님이 친히 쓰신 것"이라고 번역되어 있지만, 원문과 영어성경(NIV)에 보면 이 돌판은 "하나님께서 친히 손가락으로 쓰셨다"고 되어 있습니다.

> "When the LORD finished speaking to Moses on Mount Sinai, he gave him the two tablets of the Testimony, the tablets of stone inscribed by the finger of God."

'하나님께서 손가락으로 쓰셨다'란 바로 '하나님이 친히 하신 일임'을 보여주는 것입니다.

하나님께서는 모세에게 계명을 세 번 주셨습니다. 처음 주실 때는 출애굽기 20장에서 '말씀으로' 주셨습니다. 그리고 두번째는 '하나님께서 친히 돌판에 손가락으로 새겨서' 주셨습니다.
그런데 이 두번째 십계명이 새겨진 돌판은 모세가 백성들에 대한 분을 참지 못하고 던져서 깨져버렸습니다. 그래서 34절에서 하나님은 '모세로 하여금 세번째 십계명을 다시 새기게' 하셨습니다. 그 중 두번째 돌판이 바로 18절의 돌판입니다.

이 돌판이 어떻게 되는가에 대해 출애굽기 32장에서 계속 설명합니다.

제16장

금송아지를 불사르라

"…모세가 돌이켜 산에서 내려오는데 증거의 두 판이 그 손에 있고 그 판의 양면 이편 저편에 글자가 있으니 그 판은 하나님이 만드신 것이요 글자는 하나님이 쓰셔서 판에 새기신 것이더라 여호수아가 백성의 떠듦을 듣고 모세에게 말하되 진 중에서 싸우는 소리가 나나이다 모세가 가로되 이는 승전가도 아니요 패하여 부르는 소리도 아니라 나의 듣기에는 노래하는 소리로다 하고 진에 가까이 이르러 송아지와 그 춤추는 것을 보고 대노하여 손에서 그 판들을 산 아래로 던져 깨뜨리니라 모세가 그들의 만든 송아지를 가져 불살라 부수어 가루를 만들어 물에 뿌려 이스라엘 자손에게 마시우니라"(출 32:1-20).

금송아지를 불사르라

32장에는 모세가 하나님을 만나서 이스라엘 백성들이 지켜야 할 계명을 들고 그 증거판 둘을 가지고 내려오는 사이에 금송아지를 만들어서 우상을 숭배하고 있는 이스라엘 백성들에 대한 이야기가 나옵니다.

이스라엘 백성들이 금송아지를 만들어 숭배했다는 것은 "너를 위하여 새긴 우상을 만들지 말라"(출 20:4상)고 하신 제2계명을 어기는 것입니다. 이것은 다시 말해, 하나님과 피로 맺은 언약을 이스라엘 백성 쪽에서 파기했음을 의미합니다.

언약 파기의 원인

왜 이스라엘 백성들은 하나님과의 언약을 파기했을까요? 이 금송아지 사건을 통해 나타난 파기 이유는 여러 가지가 있겠지만 가장 먼저 들 수 있는 이유는 지도자의 부재입니다.

"백성이 모세가 산에서 내려옴이 더딤을 보고 모여 아론에게 이르러 가로되 일어나라 우리를 인도할 신을 우리를 위하여 만들라 이 모세 곧 우리를 애굽 땅에서 인도하여 낸 사람은 어찌 되었는지 알지 못함이니라"(출 32:1).

첫째, 지도자의 부재입니다.

소련에서 고르바초프가 휴가를 간 사이에 군부 쿠데타가 일어났습니다. 이 쿠데타는 비록 실패로 돌아갔지만 이 일로 인해 고르바초프는 결국 자리에서 물러나고 옐친이 러시아의 새 지도자로 부상하게 되었었습니다.

지도자는 항상 가시적인 곳에서 자기 자리를 지키고 있어야 합니다. 그렇지 않으면 사고가 일어날 수 있는 여지가 생깁니다.

모세가 함께 데리고 갔던 아론과 장로 70명도 모세가 약속한 시간이 되어도 나타나지 않자 그대로 있을 수 없다 생각하고 산을 내려왔습니다. 백성들은 모세가 산에 올라가 40일 동안 행군이 지연되고 생사도 알 수 없는 상황이 되자 다른 지도자를 세울 생각을 하게 되었습니다.

애굽에서부터 나온 후 일 년 동안 모세와 더불어 살아왔지만 40일 동안 모세가 자리를 비우자 그를 저버리고 아론에게 새로운 리더십을 요구했습니다.

백성들은 아론에게 청하여 새로이 그들을 인도할 신을 만들라고 했고, 이에 아론은 백성들의 금귀고리를 모아 송아지상을 만들고 새로운 신으로 받들게 했습니다. 아마 이스라엘 백성들은 모세의 이적을 보았으면서도 그를 전적으로 '하나님의 사람'으로 신뢰하지 못했던 것 같습니다.

모세가 시내 산 위에서 하나님과의 영적 승리를 경험하고 있는 동안 이스라엘 백성들은 영적 타락과 패배의 길로 가고 있었습니다.

> "아론이 그들에게 이르되 너희 아내와 자녀의 귀에 금고리를 빼어 내게로 가져오라 모든 백성이 그 귀에서 금고리를 빼어 아론에게로 가져오매 아론이 그들의 손에서 그 고리를 받아 부어서 각도로 새겨 송아지 형상을 만드니 그들이 말하되 이스라엘아 이는 너희를 애굽 땅에서 인도하여 낸 너희 신이로라 하는지라 아론이 보고 그 앞에 단을 쌓고 이에 공표하여 가로되 내일은 여호와의 절일이니라 하니 이튿날에 그들이 일찍기 일어나 번제를 드리며 화목제를 드리고 앉아서 먹고 마시며 일어나서 뛰놀더라"(출 32:2-6).

아론이 만들었던 황소는 애굽의 아피스(Apis)라고 하는 황소의 신을 본딴 것이었습니다. 그들은 그 황소가 출애굽의 하나님이라고 말했지만, 그것은 명백하게 제2계명을 범한 우상숭배입니다.

여호와 하나님을 잘 모시고 따르겠다고 약속한 후 40여일 만에 다른 신을 섬기겠다고 마음을 바꾸었습니다.

둘째, 타락의 경향성입니다.

인간의 마음은 이렇게 잠깐 사이를 참지 못하고 반대 쪽으로 바뀌게 되어 있습니다. 그래서 항상 쓰러지고 망할 수 있는 가능성을 가지고 삽니다. 인간의 죄성은 아주 작은 틈일지라도 기회를 놓치지 않고 공격합니다. 조금이라도 주의를 게을리하면 사람들이 그 꼬임에 넘어가는 것은 시간 문제입니다. 인간이 범죄하는 데는 시간이 걸리지 않습니다.

한참 교회가 부흥될 때는 모두 하나로 뭉쳐 있던 사람들도, 잠시 주춤한 기색이 보이면 금방 옛날의 모습으로 돌아가거나 나쁜 영향을 끼쳐서 교회에 분란을 일으키는 것은 흔한 일입니다. 인간의 죄성은 기회만 있으면 때를 가리지 않고 나타납니다. 그 나쁜 심성은 아주 없어지지 않고 살아 있어서 우리를 괴롭히는 것입니다.

건물을 짓는 데는 많은 시간을 필요로 하지만 그것을 부수는 것은 눈깜짝할 사이입니다. 요즘 아무리 큰 건물도 버튼 하나면 남산 외인 아파트처럼 그 자리에 주저앉게 만듭니다.
인간의 심성 역시 마찬가지입니다. 그 심성을 갈고 닦아서 온유하고 지혜롭게 하는 데는 많은 시간과 노력을 필요로 합니다. 그러나 그것이 무너지는 것은 일순간이며 사람이 망하는 데에는 결코 많은 시간이 걸리지 않습니다.
우리는 이스라엘 역사를 공부해 나가면서 그런 사실을 계속 확인하게 될 것입니다.

그래서 믿는 사람들은 언제나 성령으로 충만해야 합니다. 한 번 헌신한 것이 평생을 갈 것이라 생각하면 큰 오산입니다. 날마다 자신을 하나님께 헌신코자 자신을 쳐서 복종할 자세를 가진 사람만이 늘 성령이 충만한 사람이라 할 수 있습니다. 날마다 숨쉬는 순간마다 하나님께 자신을 헌신하는 사람이야말로 정녕 헌신의 삶을 살 수 있습니다.

그렇지 않으면 자신도 모르는 사이에 곁길로 나갈지 모르는 것이 인간이기 때문입니다. 하나님의 말씀은 '자신이라는 실험실'에서 스스로 시험을 해 보면 가장 잘 깨달을 수 있습니다.

셋째, 아론의 리더십 부재입니다.

여기서 아론을 잘 살펴보아야 할 필요가 있습니다. 모세의 형인 아론은 모세와 함께 이스라엘을 이끌고 출애굽을 하는 데 주도적인 역할을 했던 지도자였습니다.

그랬던 그가 잠시 모세가 보이지 않게 되자 백성들의 성급한 요구에 따라 우상을 만들고 경배하는 데에 앞장섭니다. 그는 백성들을 저지하거나 책망하지 않고 오히려 우상숭배하려는 그들에게 이끌려 갔습니다.

금 귀고리를 빼서 우상을 만드는 일을 지휘하는 아론을 보면서 우리는 여러 생각을 하게 됩니다. 하나님께서 이렇게 확신이 없고 지도력이 없는 사람을 대제사장으로 뽑으셨습니다. 물론 하나님은 아론을 모세와 같은 동급의 지도자로 취급하시지는 않았습니다. 그의 사람 됨됨이가 그런 일을 하기에는 적당하지가 않았던 것입니다.

6절에 '뛰논다'는 단어는 그저 그 자리에서 뛰고 논다는 표현이 아닙니다. 그 의미는 '감정적으로 자극을 받아가지고 이방인들이 이방의 신전 앞에서 노는 것처럼 뛰고 노는 것'을 표현하는 말이었습니다.

이방 신전의 예배 형식은 술 마시고 흥분해서 뛰어 놀다가 나중에는 성행위를 하는 것으로 끝을 맺는 가증스러운 놀음이었습니다. 그런데 이스라엘 백성들이 금송아지를 섬기면서 그런 제사를 드리고 뛰놀았던 것입니다.

더욱 혼란스러운 것은 그들이 5절에 이르기를, "내일은 여호와의 절일"이라고 말하고 있는 점입니다. 그들은 여호와 하나님의 절기를 이방신을 제사하는 형식과 섞어 버렸습니다.

이런 일을 하는 데 중추적인 역할을 한 사람이 바로 아론이었습니다. 아론은 여자들의 금 귀고리를 가져오게 하고(32:2), 금 송아지를 만들었으며(32:4), 그 앞에 단을 쌓았고(32:5), 춤추며 놀게 했습니다(32:6).

이 혼합주의의 문제는 지금도 세계 곳곳에서 문제를 일으키고 있습니다. 심지어는 우리 한국에도 그런 영향을 받은 사람들이 나타나서 성도들을 미혹했습니다.

그 대표적인 예로, 몇년 전 오스트렐리아에서 WCC총회가 있었을 때 우리 나라의 정현경이라는 교수가 혼을 부르는 '초혼춤'을 춘 사건이 있었습니다. 그러자 그 자리에 참석했던 사람들이 환호하며 박수를 쳤습니다. 그러나 그것은 결코 옳바른 신앙 행위가 아닙니다. 입으로 성령을 불렀을지라도 한국 무속에서 말하는 혼을 불렀으니 기독교와 무속을 혼합한 우상숭배입니다.

즉 혼합주의 성령론에 동화된 것입니다. 이같은 현상은 우리 나라 신학계에도 아주 심각한 문제가 이미 일어나고 있음을 보여준 것입니다.

하나님의 분노

출애굽기 32장 7-10절 사이에는 이스라엘 백성들의 우상숭배로 인해 화가 난 하나님과 모세 사이의 대화가 나옵니다.

> "여호와께서 모세에게 이르시되 너는 내려가라 네가 애굽 땅에서 인도하여 낸 네 백성이 부패하였도다 그들이 내가 그들에게 명한 길을 속히 떠나 자기를 위하여 송아지를 부어 만들고 그것을 숭배하며 그것에게 희생을 드리며 말하기를 이스라엘아 이는 너희를 애굽 땅에서 인도하여 낸 너희 신이라 하였도다 여호와께서 또 모세에게 이르시되 내가 이 백성을 보니 목이 곧은 백성이로다 그런즉 나대로 하게 하라 내가 그들에게 진노하여 그들을 진멸하고 너로 큰 나라가 되게 하리라."

타락의 책임

여기에서 첫번째로 살펴볼 점은 **하나님께서 이스라엘 자손이 타**

락한 책임을 모세에게 물으셨다는 것입니다.

하나님께서는 모세에게 산을 내려가라고 말씀하시면서 "네가 애굽에서 인도하여 낸 네 백성이 부패했다"고 말씀하십니다. 백성들의 타락을 모세의 책임으로 돌리신 것입니다. 그리고 하나님이 그들에게 명한 길을 속히 떠나 버린 것과 송아지 우상 만든 것을 책망하십니다.

여기에서 하나님이 사용하신 '속히'라는 단어에 유의해 봅시다. 많이 참고 기다렸다가 할 수가 없어서 그런 것이 아니라 '속히' 떠나버린 것에 대해서 하나님은 진노하셨습니다.

백성의 특징

자신에게 조금이라도 도움이 되지 않거나 해가 되겠다고 판단되면 이전에 어떤 일이 있었든 상관없이 방향을 돌리는 것이 인간들의 모습입니다.

특히 우리 나라 사람들은 그렇게 감정적으로 방향을 돌리는 데 빠른 것 같습니다. 누구와 무슨 약속을 했든지 그것이 자신에게 도움이 되지 않겠다 싶으면 언제라도 파기하는 것이 일반화된 것처럼 보입니다.

하나님의 선택받은 민족인 성도들은 그렇게 살아갈 수 없습니다. 광야에서 하나님이 이스라엘 백성들도 혹독하게 질책하시고 심지어 버리기까지 하시는데 우리라고 예외일 수 없습니다.

그리고 이스라엘 백성을 하나님은 "목이 곧은 백성"이라 표현하십니다. 즉 '목이 곧아서' 하나님을 끝까지 복종하면서 섬길 수 없다는 것이 이스라엘뿐만 아니라 인간의 일반적 특징입니다.

타락의 결과

하나님은 모세에게 "이제 하나님의 방식대로 하겠다". 그리고 그 백성들을 다 진멸해 버리고 모세로 하여금 다시 큰 나라를 이루고자 하십니다. 이 말씀은 아브라함에게 하신 약속을 광야에서 파기하시겠다는 뜻입니다.

모세의 간구

바로 그때, 진노하시는 하나님 앞을 모세가 막아섭니다. 모세는 참으로 지혜롭게 간구하여 하나님의 진노를 돌이킵니다.
그러면 모세가 말한 내용을 몇 가지로 나누어 살펴보겠습니다.

첫째, 이스라엘이 하나님의 백성임을 상기시켰습니다.

먼저 11절을 봅시다.

> "모세가 그 하나님 여호와께 구하여 가로되 여호와여 어찌하여 그 큰 권능과 강한 손으로 애굽에서 인도하여 내신 주의 백성에게 진노하시나이까."

모세는 애굽에서 이스라엘 백성을 인도하여 내신 이가 하나님 자신이심을 인식시켰습니다. 모세는 두 가지 사실을 강조하였습니다. 하나는 하나님이 진멸하시고자 하는 그 백성이 이방 백성이 아니라 바로 '하나님의 백성'이라는 점입니다.

다른 하나는 그 백성을 하나님께서 '친히 큰 권능과 강한 손으로 인도하여 오셨다'는 점입니다. 애굽에서의 열 가지 재앙과, 홍해를 건넌 일과, 반석에서 물을 내는 등 하나님께서 자기 백성을 위하여 그동안 많은 수고를 하셨는데 이제 와서 포기하시렵니까? 라고 묻습니다.

모세는 하나님에게 자신의 정당한 논리를 펼 줄 아는 영적 지도자였습니다.

둘째, 애굽인의 조소를 예견합니다.

그리고 하나님께서 만일 이스라엘 백성들을 진멸하시면 애굽 사람들이 말하기를, "여호와께서 화를 내리셔서 그 백성들을 산에서 죽이고 지면에서 진멸하시려고 애굽에서 인도하여 내셨다"는 소리를 들으시렵니까? 라고 하나님을 설득합니다. 이스라엘 백성들이 아니라 바로 전능하신 여호와 하나님이 애굽 사람들의 비웃음을 사지 않으려면 그 백성들을 구해야 한다는 말입니다.

> "어찌하여 애굽 사람으로 이르기를 여호와가 화를 내려 그 백성을 산에서 죽이고 지면에서 진멸하려고 인도하여 내었다 하게 하려 하시나이까 주의 맹렬한 노를 그치시고 뜻을

돌이키사 주의 백성에게 이 화를 내리지 마옵소서"(출 32:12).

이 얼마나 현명한 설득입니까? 모세는 만일 하나님이 이스라엘 백성들을 진멸하시면 스스로 '실패의 하나님', '약속을 버리시는 하나님'이 되셔서 이방의 백성들에게까지 비웃음 당할 것이라고 말합니다.

셋째, 언약의 이행을 상기하시게 합니다.

그리고 모세는 처음 그들의 조상이었던 아브라함에게 하신 언약을 상기시켰습니다. 아브라함의 후손으로 하여금 하늘의 별처럼 바다의 모래처럼 번성한 민족을 이루게 하시고 땅을 그들의 영영한 기업으로 주시겠다 하셨던 약속을 기억하시게 합니다.

"주의 종 아브라함과 이삭과 이스라엘을 기억하소서 주께서 주를 가리켜 그들에게 맹세하여 이르기를 내가 너희 자손을 하늘의 별처럼 많게 하고 나의 허락한 이 온 땅을 너희의 자손에게 주어 영원한 기업이 되게 하리라 하셨나이다"(출 32:13).

모세는 참으로 지혜롭고 신앙 좋은 사람이었습니다. 하나님은 인격적인 존재이시므로 모세와 변론을 하고, 서로를 이해하실 뿐만 아니라, 과거 조상 아브라함과의 약속을 기억하는 것이 가능하신 분이셨습니다. 그래서 모세와의 이야기를 통해서 당신께서 생각하셨던 계획을 바꿀 수 있었던 것입니다.

모세의 간구를 들으신 하나님은 마침내 뜻을 돌이키셨습니다.

> "여호와께서 뜻을 돌이키사 말씀하신 화를 그 백성에게 내리지 아니하시니라"(출 32:14).

저는 본문을 읽으면서 인간이 하나님을 움직일 수 있다는 사실이 고맙고 통쾌했습니다. 나는 약하고 지혜롭지 못한 사람이라서 감히 할 수 없는 일을 모세는 했던 것입니다. 그런 능력이 있는 사람이었기 때문에 하나님께서는 많은 이스라엘 사람들 가운데에서 모세를 선택한 것입니다.

시편 23편 3절의 "(여호와께서) 자기의 이름을 위하여 의의 길로 인도하시는도다"라는 말씀은 하나님의 이름과 명예를 위하여 인간을 의의 길로 인도하신다는 뜻입니다.

왜냐하면 그렇게 하지 않아서 하나님을 믿는 백성이 의의 길로 가지 못하면, 그가 믿고 있는 신인 여호와의 이름을 사람들 앞에서 더럽히는 결과가 되기 때문입니다. 그래서 하나님 자신의 일 때문에 하나님의 자녀를 바른 길로 항상 인도하십니다.

모세는 **하나님의 자녀들을 바른 길로 인도하시는 이유가 결국 하나님의 이름 때문**이라는 것을 알고 있었던 것입니다.

모세의 분노

15절부터는 하나님의 진노를 진정시킨 모세가 이스라엘 백성들에게 화를 냄으로써 언약과 십계명과 우상 세 가지가 함께 파괴되는 모습이 나옵니다.

첫째, 언약의 파괴입니다.

첫번째 파괴된 것은 이스라엘 백성들에 의해 하나님의 언약입니다. 이스라엘 백성은 하나님의 언약을 파괴한 채 모세가 내려올 때까지 먹고 마시며 일어나서 뛰놀고 있었습니다.

모세와 여호수아는 시내산을 내려오면서 하나님과의 언약을 파기한 이스라엘 백성들이 뛰노는 소리를 들었습니다.

> "모세가 돌이켜 산에서 내려오는데 증거의 두 판이 그 손에 있고 그 판의 양면 이편 저편에 글자가 있으니 그 판은 하나님이 만드신 것이요 글자는 하나님이 쓰셔서 판에 새기신 것이더라 여호수아가 백성의 떠듦을 듣고 모세에게 말하되 진 중에서 싸우는 소리가 나나이다 모세가 가로되 이는 승전가도 아니요 패하여 부르는 소리도 아니라 나의 듣기에는 노래하는 소리로다 하고"(출 32:15-18).

산에서 내려오던 여호수아가 모세에게 진중에서 싸우는 소리가 들린다고 하자 모세는 싸우는 것이 아니고 노래하는 소리라고 말합니다.

모세와 여호수아는 이스라엘 백성들이 무엇을 하고 있는지 알지 못했습니다. 두 사람 다 보지 않은 일이기는 했지만 상황을 판단하는 능력과 직관력에 있어서 여호수아보다 모세가 앞섰습니다.

지도자가 갖추어야 할 중요한 요건 중의 하나가 바로 올바른 판단력입니다. 어떤 일을 정확하게 판단하는 능력이 지도자가 갖추어야 할 가장 큰 능력이라고 할 수 있습니다.

어떤 단체든 항상 다른 의견을 가진 사람들이 있기 마련이고, 또 그런 의견들은 어느 한 쪽이 명백하게 잘못되어 있거나 어느 한 쪽이 항상 옳지 않습니다. 따라서 판단하거나 선택하는 것이 쉽게 되지 않습니다. 나름대로 다 자신의 논리를 가지고 있기 때문에 그런 일에 어느 한 쪽을 선택한다는 것은 정말 어려운 일입니다. 그래서 지도자의 판단력은 중요합니다.

올바른 판단력을 갖기 위해서는 무엇보다도 잘 듣는 훈련을 해야 합니다. 그 사건만을 보는 것이 아니라 그 사람의 말하는 태도와 정황을 판단할 줄 알아야 합니다.

그런 후 **깊이 숙고하는 자세를 가져야 합니다.** 여러 가능성에 대하여 생각을 해본 후 그 방법들 중에 가장 나은 것을 선택할 수 있는 판단력을 가져야 하는 것입니다.

그래서 **지도자는 한 가지로 치우친 생각을 해서는 안됩니다.** 지도자의 편견에 의해 판단하면 자신의 문제로 끝나는 것이 아니라 그가 이끌고 있는 전체 구성원들에게 그 영향이 미치게 되어 있기 때문입니다. 그런 의미에서 모세는 아주 비상한 판단력과 통찰력을 가진 지혜로운 지도자임을 알 수 있습니다.

둘째, 십계명의 파괴입니다.

모세는 산 아래로 내려와서 이스라엘 백성들이 금송아지 우상 앞에서 춤추는 것을 보고 크게 노하여 하나님이 새긴 돌판을 던져 깨뜨려 버립니다. 하나님의 분노를 풀어드린 모세였지만 정작 자기 자신의 분노는 억제하지 못했습니다.

> "진에 가까이 이르러 송아지와 그 춤추는 것을 보고 대노하여 손에서 그 판들을 산 아래로 던져 깨뜨리니라"(출 32:19).

여기에 모세의 문제가 있었습니다. 이 돌판은 하나님이 친히 새기신 것입니다. 그런데 모세는 자신의 화를 다스리지 못해서 그 돌판을 깨뜨려 버린 것입니다. 젊었을 때에 애굽 사람을 죽였던 그 혈기가 아직도 죽지 않고 숨어 있다가 분노한 기회를 틈타 다시 나타났습니다. 하나님의 분노는 풀었으나, 자기 분을 다스리지는 못했습니다.

이것은 그냥 지나갈 수 있는 문제가 아니었습니다. 화가 아무리 날지라도 성도가 성경을 찢어 버릴 수 없습니다. 그런데 모세는 바로 그와 같은 일을 한 것입니다.

아무리 자비로우신 하나님이지만 이 행동을 그냥 용서하실 수는 없었습니다. 모세는 후에 백성들이 물을 얻게 해달라 원망할 때도 하나님의 명을 어기고 역시 '언제까지 이 일을 해야 하는가'고 화를 내며 지팡이를 휘둘렀습니다.

그런 일들은 하나님이 보시기에 좋은 일이 아니었습니다. 모세는 지도자로서의 임무를 소홀히 하고 백성들을 향해 혈기를 부렸던 것입니다.

이 불같은 성격 때문에 모세는 자신이 인도한 땅으로 들어가보지 못하고 죽음을 맞습니다. 하나님의 진노하심에 모세는 가나안에 발 한 쪽이라도 들이게 해 달라고 애원했지만 하나님께서 단호하게 거절했을 만큼 돌이킬 수 없는 잘못을 저질렀습니다.

자신을 성령께서 마음대로 쓰시도록 내어드리는 것이 지도자의 역할입니다. 흔히 지도자일수록 마음이 강직하고 자신의 소신이 분명한 사람이어야 한다고 생각하기 쉽지만, 실제로 자기 생각을 버리고 하나님의 생각대로 사는 사람이어야 올바른 지도자 자질을 갖춘 것입니다.

모세는 처음부터 그 점이 부족한 사람이었기 때문에 부르심을 받았을 때에도 이리저리 핑계 대고 자신을 고집했었습니다. 모세는 그런 성격 때문에 끝까지 하나님을 진노하게 하고 자신은 마지막 가나안 입성의 축복을 누리지 못하고 말았습니다.

하나님이 새기신 돌판을 깨뜨린 모세는 다음에는 자신의 손으로 돌판을 새겨야 했습니다. 분노를 다스리지 못한 죄로 자신이 하지 않아도 될 노역을 해야 했던 것입니다.

셋째, 우상의 파괴입니다.

모세는 돌판을 깨뜨린 것만으로는 분을 참지 못하고 금송아지를 불사르고 가루로 만들어 물에 뿌린 후 그 물을 이스라엘 백성들에게 마시게 했습니다. 자신들이 저지른 일에 대해서 철저하게 자신이 해결하는 방법을 쓴 것입니다.

> "모세가 그들의 만든 송아지를 가져 불살라 부수어 가루를 만들어 물에 뿌려 이스라엘 자손에게 마시우니라"(출 32:20).

이것은 그 금송아지가 참 신이 아니라 한낱 무력한 우상에 지나지 않는다는 것을 보여주고, 동시에 우상숭배에 대한 하나님의 분노가 얼마나 큰가를 나타냈습니다.

불사른다고 금 우상이 가루가 되지는 않았을테지만 모세는 그것이 가루가 될 때까지 부수어서 백성들이 마시게 했습니다. 이것을 마시는 것은 우상숭배를 한 이스라엘 백성들이 반드시 벌을 받아야 함을 상징적으로 보여주는 것입니다.

우리도 하나님 외에 자신이 섬기고 있는 우상은 없는지 돌아봅시다! 참으로 두려운 것은 이스라엘 백성이 금송아지를 다른 우상의 이름으로 부른 것이 아니라, 이스라엘 백성을 출애굽시키신 여호와 하나님으로 생각했다는 점입니다.

　우리 역시 이런 우상이 있을 수 있습니다. 주님을 위해 한다는 사업이 도리어 우리에게 우상이 될 수 있습니다. 처음 시작할 때 사업을 통해 많은 이익을 남겨 주님을 위한 사역에 투자한다고 한 것이 점점 더 많은 이익을 위한 사업, 사업을 위한 사업이 되어 마침내 돈과 재물이 하나님을 능가하는 우상이 될 수 있습니다.
　또, 명예가 우리의 우상이 될 수 있습니다. 하나님의 일을 위한 것이라고 하지만 그 은밀한 내면 속에 더 높은 자리를 얻고자 하는 욕망과 더 유명해지려는 동기가 숨어있다면 그것은 여호와 하나님을 빙자한 명예의 우상입니다.

　이러한 우상들의 특징은 금 송아지처럼 겉보기에는 화려하고 아름답게 보인다는 것입니다. 그러나 그것이 하나님을 위한 것이 아니라 우상이라는 점은 하나님과 자신이 분명히 압니다.
　우리 속에 이러한 우상이 있을 때 모세처럼 그 금송아지를 불살라버리고 가루가 될 때까지 부수어서 마시는 회개가 필요합니다.

　하나님보다 앞자리, 높은 자리에 있는 모든 것은 우상입니다. 하나님은 어떠한 형태의 우상도 결코 용납하지 않으십니다.
　그 하나님이 지금 우리에게 "너의 금송아지를 불사르라"고 명령하십니다.

제17장

참된 지도자의 모습

"…이튿날 모세가 백성에게 이르되 너희가 큰 죄를 범하였도다 내가 이제 여호와께로 올라가노니 혹 너희의 죄를 속할까 하노라 하고 여호와께로 다시 나아가 여짜오되 슬프도소이다 이 백성이 자기들을 위하여 금신을 만들었사오니 큰 죄를 범하였나이다 그러나 합의하시면 이제 그들의 죄를 사하시옵소서 그렇지 않사오면 원컨대 주의 기록하신 책에서 내 이름을 지워 버려 주옵소서 여호와께서 모세에게 이르시되 누구든지 내게 범죄하면 그는 내가 내 책에서 지워 버리리라 이제 가서 내가 네게 말한 곳으로 백성을 인도하라 내 사자가 네 앞서 가리라 그러나 내가 보응할 날에는 그들의 죄를 보응하리라"(출 32:21-35).

참된 지도자의 모습

출 애굽기 32장 21절부터는 모세가 형 아론을 책망하는 모습이 나옵니다. 모세가 백성들이 중죄에 빠지게 한 죄를 묻자 아론은 자기 나름대로 변명합니다.

"모세가 아론에게 이르되 이 백성이 네게 어떻게 하였기에 네가 그들로 죄중에 빠지게 하였느뇨 아론이 가로되 내 주여 노하지 마소서"(출 32:21,22 상).

그런데 아론은 그 말하는 방법이, 일단 화가 나 있는 모세를 진정시킨 다음에 자기의 동생을 '내 주여'라고 부르면서 이야기를 시작합니다.

육신적으로는 자기의 동생이지만 하나님의 일을 대행하는 사람이므로 그의 권위를 먼저 인정한 것입니다. 왜냐하면 모세는 확실한 신앙과 확신을 가지고 행동하는 사람이기 때문에 형이라도 동생의 권위를 무시할 수가 없었습니다.

지도자의 조건

하나님 앞에서는 나이가 문제되지 않습니다. 사람들도 나이 때문에 존경하는 것이 아니라 사람의 인격 때문에 존경할 때 정당한 권위를 가지게 됩니다. 하물며 하나님이 권위를 부여한 사람일 뿐만 아니라, 아론 자신이 명백히 잘못했기 때문에 아무리 동생이라 할지라도 그 권위를 인정할 수밖에 없었습니다.

동양문화는 나이를 최우선으로 생각하는 경향이 있지만, **하나님이 먼저 보시는 것은 그 사람이 하나님 앞에서 얼마나 성실한가 하는 것과 그 사람의 인격입니다.**
사도 바울도 디모데에게 편지할 때에 "네 연소함을 다른 사람들이 업신여기지 못하게 하라"고 부탁합니다.

> "누구든지 네 연소함을 업신여기지 못하게 하고 오직 말과 행실과 사랑과 믿음과 정절에 대하여 믿는 자에게 본이 되어"(딤전 4:12).

말과 행동과 사랑과 믿음과 정절로써 본이 되는 사람은 나이를 불문하고 다른 사람들의 존경을 받을 수 있는 사람입니다. 하나님 앞에서 성실함이 결국 나이를 앞서 존경받는 조건이 됩니다.

하나님에 대한 열정과 인격을 갖춘 스펄전은 17살에 목사가 되어서도 영국을 변화시키는 목회를 했습니다. 나이의 많음을 자랑하기보다 하나님 앞에서의 자기 인격을 어떻게 훈련하는가에 의해 '하나님의 큰 일'을 할 수 있다는 본보기입니다. 또한 인격은 다른 사람들을 지도하는 데에 더 큰 조건이 되고, 어떤 사람도 감히 범할 수 없게 합니다.

아론의 변명

아론은 다음의 두 가지 이유를 들어 자신의 잘못을 변명합니다.

타락의 경향성

아론은 우상숭배의 탓을 이스라엘 백성의 악함으로 돌렸습니다.

"이 백성의 악함을 당신이 아시나이다"(출 32:22하).

여기서 '악하다'고 표현한 것은 '악을 행할 수 있는 경향성이 있다'는 말입니다. 이스라엘 백성들뿐만 아니라 모든 사람들에게는 악을 행할 수 있는 경향이 있습니다. 누구든지 성령님께서 함께 하셔서 그 때마다 통제하시지 않으면 악으로 빠질 위험을 안고 있습니다. 그것은 누가 지적하지 않아도 얼마든지 스스로 알 수 있습니다.

아론은 그 백성들의 나약함과 악에 빠질 수 있는 성향을 자기들이 지은 우상 숭배 죄의 원인으로 이야기하고 있는 것입니다.

이런 악의 경향성은 지도자의 지도력에 따라서 통제되거나 반대로 격렬하게 분출될 수 있습니다. 강력한 지도자가 선한 곳으로 잘 인도하면 그 집단은 악을 통제하고 선을 이룰 수 있습니다.

이스라엘 백성들의 타락이 이스라엘의 강력한 지도자인 모세가 없는 틈을 타서 저질러졌음을 알 수 있습니다.

제가 미국에서 목회를 시작했을 때 어느 교회 제직들이 저를 찾아와서 그 교회를 맡아 달라고 했습니다. 그 때 아홉 명이었던 그들은 한 마음이 되어 있었습니다.

그런데 그 교회에 가서 처음 제직회를 열자마자 서로 싸우기 시작했습니다. 이미 감정의 골이 깊이 나 있는 사람들이었던 것입니다. 얼마나 심하게 싸우는지 저는 그 날 밤 아프리카 원주민인 그들에게 잡혀서 죽게 되는 꿈을 꿀 지경이었습니다.

그렇게 싸우는 것으로 2년을 지냈고 다시 감정을 푸는 데 2년이라는 세월이 걸렸습니다. 그리고 제가 11년의 목회를 마치고 다른 곳으로 떠나자마자 다시 싸움이 나서 7개월 동안 큰 분란이 있었다는 것을 전해 들었습니다. 지도자 때문에 잠시 잊고 있었던 과거의 앙금이 지도자가 떠나자 다시 떠올라서 싸움이 생겼던 것입니다. 사람의 성품은 모세가 그랬듯이 제직들 역시 쉽게 변하는 것이 아닌 모양입니다. 그런 뒤로 그 교회가 다시 안정을 되찾긴 했지만 처음의 모습은 아니었습니다.

사람들은 많이 모여있는데 지도력이 약하면 악함이 자라나기 쉽습니다. 지도자의 역할은 각양 각색인 사람들을 선하게 하나로 묶는 것입니다. 그리고 그런 지도자가 자리를 비우면 반드시 그 틈으로 악이 고개를 내밀게 되어 있습니다.

그래서 **지도자들의 기도는 언제나 하나님께서 우리를 불쌍히 여기시고 바른 길로 인도할 수 있는 힘을 달라는 것이어야 합니다.** 사람의 힘으로는 도저히 인간의 마음속에 자리잡고 있는 악을 통제할 수 없습니다. 하나님의 은혜와 사랑을 구하는 것이 지도자가 구해야 할 기도입니다.

백성들이 다른 신을 구할 때 아론이 하나님 앞에 무릎을 꿇고 한 번이라도 어떻게 할지 물어 보았다면 이스라엘 백성들이 우상을 숭배하는 죄는 짓지 않았을 것입니다.
그러나 아론은 하나님께 해결책을 구한 것이 아니라 자기 백성들이 원하는 대로 하다가 결국 하나님께 범죄하고 모세에게 책망 받았습니다. 이미 인간의 마음 속에 있는 악함을 알았으면서도 그것을 경계하지 않았기 때문에 아론은 백성들에게 자신의 판단까지도 맡겨 버렸던 것입니다.

모세는 자기의 분노를 통제하지 못한 단점은 있었지만 반면 먼저 하나님께 묻고 그 명령을 받아서 일을 하는 사람이었습니다. 그래서 하나님과 일 대 일로 대화를 할 수 있었고, 하나님을 설득할 수 있었습니다.
이것이 아론과 다른 모세의 리더십 차이입니다.

책임감의 결여

아론은 근본적으로 책임감이 결여된 사람이었습니다. 그래서 자신의 잘못을 인정하지 않고 자기 백성에게 그 죄를 전부 돌렸습니다.

> "그들이 내게 말하기를 우리를 위하여 우리를 인도할 신을 만들라 이 모세 곧 우리를 애굽 땅에서 인도하여 낸 사람은 우리가 어찌 되었는지 알 수 없노라 하기에 내가 그들에게 이르기를 금이 있는 자는 빼어 내라 한즉 그들이 그것을 내게로 가져 왔기로 내가 불에 던졌더니 이 송아지가 나왔나이다"(출 32: 23,24)

자신이 백성들을 범죄케 만들었다고는 생각하지 않고, 백성들이 원했으므로 자신은 그저 시키는 대로 했다고 변명합니다. 즉 아론은 영이 흐려져 있기 때문에 행동이나 사고방식 역시 흐트러졌습니다.

"백성들의 금을 모아서 불에 집어 넣었더니 거기에서 금송아지가 나왔다"는 아론의 말은 자신의 책임을 끝까지 회피하려는 의도와 함께, 자기가 지은 죄에 대한 죄의식 때문에 나온 변명입니다.
  금송아지는 불 속에서 나온 것이 아니라 아론이 자기 손으로 새긴 것이었습니다.

"아론이 그들의 손에서 그 고리를 받아 부어서 각도로 새겨 송아지 형상을 만드니"(출 32:4상).

그런데 아론은 그것이 마치 스스로 불 속에서 걸어나온 것처럼 생각되도록 변명했습니다. 죄의 결과는 어떤 현상에 대해 비합리적이고 비논리적으로 이야기함으로써 스스로 함정에 빠지게 만듭니다.

모세의 형벌

25절부터는 아론 때문에 방자해진 이스라엘 백성들에게 모세가 부과하는 형벌입니다.

"모세가 본즉 백성이 방자하니 이는 아론이 그들로 방자하게 하여 원수에게 조롱거리가 되게 하였음이라"(출 32:25).

모세는 하나님께 화내지 말라고 간구해 놓고도 정작 자신은 못 다스려 십계명이 새겨진 돌판을 깨뜨렸었습니다. 그리고 하나님께서 그 백성을 진멸하시겠다고 할 때는 밀리더니 이제는 자신이 백성들을 죽이게 됩니다. 이스라엘 백성들은 모세가 없는 사이 아론 때문에 방자하게 되었던 것입니다.

권위를 가지지 못한 지도자가 있는 사회가 바로 이런 모습입니다. 여호와 하나님을 믿는 백성들은 방자하고 지도자를 따르지 않는다는 이야기가 원수들의 귀에 들어가 조롱거리가 될 지경에 이른 것입니다.

헌신의 요구

이렇게 되자 모세는 지도자로서의 용단을 내립니다. 모세는 진지의 문에 서서 누구든지 여호와의 편에 있는 자는 나오라고 합니다. 그러자 레위 족속들이 나왔습니다.

> "이에 모세가 진 문에 서서 가로되 누구든지 여호와의 편에 있는 자는 내게로 나아오라 하매 레위 자손이 다 모여 그에게로 오는지라"(출 32:26).

좀더 정확히 표현한다면 "누가 여호와의 편인가? 나오라"(Who is on the Lord's side?)라고 할 수 있을 것입니다.

언제나 하나님의 일을 위해서 자신의 목숨을 거는 사람은 있기 마련이고 역사는 그런 사람들에 의해서 이어져 왔습니다. 하나님의 부르심에 주저하지 않고 나서는 사람들 때문에 종교개혁은 일어났고, 세계 역사의 판도가 바뀌었고, 하나님의 사역이 이어질 수 있었습니다. 모세가 하나님의 권위를 세우기 위해서 여호와를 위해서 일할 사람을 부를 때에도 레위 지파가 용감하게 일어섰습니다.

하나님은 자신을 하나님 앞에 드리고 헌신하는 자를 들어서 이 땅에 하나님의 역사를 일으키는 일에 쓰십니다. 그리고 그 헌신은 한 번이라는 일회적인 사건으로 끝나는 것이 아닙니다. 일생을 사는 동안 꾸준하게 이어져서 하나님 앞에 이르는 날까지 가야 하는 것이 헌신입니다.

하나님은 언제나 하나님의 일에 헌신할 사람을 찾고 계시고 마음에 원함이 있는 사람을 부르시고 계십니다. 자기 자신의 힘으로가 아니라 하나님은 헌신하려는 마음으로 하나님 앞에 나아오는 사람을 하나님을 들어 쓰시고 그로 하여금 큰 일을 이루게 하십니다.

"모세가 그들에게 이르되 이스라엘의 하나님 여호와께서 이같이 말씀하기를 너희는 각각 허리에 칼을 차고 진 이 문에서 저 문까지 왕래하며 각 사람이 그 형제를 각 사람이 그 친구를 각 사람이 그 이웃을 도륙하라 하셨느니라 레위 자손이 모세의 말대로 행하매 이 날에 백성 중에 삼천 명 가량이 죽인 바 된지라"(출 32:27,29).

범죄의 대가

모세의 부름을 듣고 레위 지파가 앞으로 나왔고, 이 레위 사람들은 나중에 하나님께서 쓰시는 구별된 지파의 사람들이 되었습니다. 그들에 의해서 이스라엘 백성 삼천이 죽었습니다. 동족끼리 죽이는 비극적인 살상전이 일어난 것입니다.

그들이 우상을 섬기고 방자하게 행동하지 않았으면 결코 일어나지 않았을 일었습니다. 범죄의 대가로 동족이 동족을 죽이는 비극

이 일어났고 3천 명이 목숨을 잃게 되었습니다.

새로운 미래

그런데 29절을 보십시오. 모세는 이스라엘 백성에게 재헌신을 요구합니다.

> "모세가 이르되 각 사람이 그 아들과 그 형제를 쳤으니 오늘날 여호와께 헌신하게 되었느니라 그가 오늘날 복을 내리시리라."

모세는 "각 사람이 그 아들과 그 형제를 쳤으니 오늘날 여호와께 헌신하게 되었느니라"하고 말하고 있습니다. 그러나 이 뒷부분을 다시 정확하게 번역하자면 "오늘 여호와께 너희 자신을 새롭게 헌신하라"입니다.

중요한 것은 오늘과 내일입니다. "과거에 내가 어떻게 했었다"는 그리 큰 문제가 되지 않습니다. "과거에 어떠했다"라는 것이 중요하다면 이스라엘 백성들이 그렇게 엄한 심판을 받지 않았을 것입니다.

그러나 하나님 앞에서 중요한 것은 과거가 아닙니다. 그래서 "네 자신을 새롭게 하나님께 헌신하라"는 말씀이 필요했던 것입니다.

그리고 모세는 말하기를, "하나님 앞에 헌신을 하면 그가 복을 주실 것이다"라고 말합니다. 어제까지 잘못된 자였으므로 하나님의 진노를 샀지만 그러한 과거를 확실한 행동을 통하여 청산하고 그 앞에 새로운 헌신을 약속하면 여호와께서 복을 주실 것이라는 말입니다.

이것이 하나님에 대한 헌신이 보장하는 믿는 자들의 미래입니다. 하나님은 책망하고 벌하는 것으로 끝나는 분이 아닙니다. 철저히 회개하고 다시 헌신하는 사람들에게는 반드시 새로운 미래를 보여 주시는 분이 바로 하나님이십니다.

대속절이라는 절기를 지키는 것도 바로 그런 의미입니다. 죄를 짓지 않고 살 수 있다면 그보다 더 좋은 일이 없겠지만 그럴 수 없었습니다. 그렇다고 해서 죄 위에 죄를 더하는 것을 그대로 둘 수 없기 때문에 대속절 절기를 지키고 대속하는 의식을 치른 다음부터 모두 새로운 사람으로 다시 헌신할 기회를 주려고 하는 것이 대속절의 의미입니다.

대속은 곧 미래를 위한 새로운 출발을 의미합니다.

모세의 두번째 간구

30절에서 35절까지는 모세가 하나님께 두번째로 간구하는 모습이 나타납니다.

"이튿날 모세가 백성에게 이르되 너희가 큰 죄를 범하였도다 내가 이제 여호와께로 올라가노니 혹 너희의 죄를 속할까 하노라 하고"(출 32:30).

죄의 심각성

모세는 그 백성의 죄가 심각하다는 것을 깨닫고 하나님께 그 죄를 속하기 위해서 올라갑니다. 지도자가 죄를 죄로 인정하지 않고 가볍게 여길 때 그 사회의 죄는 더 심각해지고 깊어집니다.

인간은 나약하고 그 속에 악한 경향성을 가지고 있기 때문에 죄를 지을 수밖에 없는 존재입니다. 그러나 인간의 그런 성향과 함께 자신이 지은 죄를 인정하는 것은 하나님 앞에서 자신이 성화될 수 있는 가능성을 열어 놓는 것입니다. 이런 점이 모세가 죄 문제를 해결하는 데 있어서 아론과 차이가 나는 부분입니다.

대속적 희생

모세는 일단 죄를 죄로 인정한 다음 알맞는 해결책을 찾는 사람이었습니다. 일단 자기의 죄를 인정하는 것이 모든 일을 해결하는 데에 중요한 실마리를 제공합니다.

모세는 하나님 앞에서 자기 백성들이 지은 죄를 대속코자 작정합니다. '대속'은 히브리어로 '카파르'인데 이것은 '덮는다' '허물을 제거하다'라는 의미입니다.

지도자들은 위에서 군림하기 위해서 있는 것이 아니라 백성이 한 일에 대해서 책임을 지고 대속하는 역할을 하기 위해 있습니다.

모세는 자기에게 맡겨진 역할이 무엇인지 잘 알았던 사람이었습니다.

사도 바울 역시 그런 자세를 가지고 있었습니다. 그래서 로마서 9장 1-5절 사이에서 말하기를 '자기는 하나님의 백성에서 끊어질지라도 이스라엘 백성들은 하나님의 백성들이 되기를 원한다'고 했습니다.

"나의 형제 곧 골육의 친척을 위하여 내 자신이 저주를 받아 그리스도에게서 끊어질지라도 원하는 바로라"(롬 9:3).

요셉의 형이었던 유다도 역시 모세와 바울과 같은 생각을 가지고 있었습니다. 유다는 요셉이 베냐민을 데리고 오라고 하는데 야곱은 이를 허락하지 않자 자신의 목숨을 대신 내놓는 한이 있어도 베냐민을 데리고 오겠다는 약속을 합니다.

"유다가 아비 이스라엘에게 이르되 저 아이를 나와 함께 보내시면 우리가 곧 가리니 그러면 우리와 아버지와 우리 어린 것들이 다 살고 죽지 아니하리이다 내가 그의 몸을 담보하오리니 아버지께서 내 손에 그를 물으소서 내가 만일 그를 아버지께 데려다가 아버지 앞에 두지 아니하면 내가 영원히 죄를 지리이다"(창 43:8,9).

그 때부터 인정을 받기 시작한 유다의 지도력은 모세를 따라 행군을 할 때에도 후손 유다 지파가 선두를 지키는 중요한 지파가 됩니다.

　지도자는 자기 자신의 일에서뿐 아니라 전체적인 일에 대한 책임을 통감하고 책임지는 사람이어야 합니다.

　느헤미야도 예루살렘을 재건하겠다는 생각으로 하나님 앞에 나왔을때 먼저 자신과 조상에 대한 책임을 지고 회개하는 모습을 볼 수 있습니다.

　지도자적인 자질을 가진 사람의 생각은 이렇게 자신의 테두리에서 벗어나서 전체 사람들에게로 뻗어 있습니다. 이렇게 대속적인 희생을 하겠다는 자세가 지도자에게 있어야 하는 것입니다.

　31절에서 모세는 자기 백성의 죄를 인정합니다. 그런데 중요한 것은 그 죄의 내용은 하나님께서 이미 다 알고 계신 것이었는데도 아주 구체적으로 고백합니다.

> "여호와께로 다시 나아가 여짜오되 슬프도소이다 이 백성이 자기들을 위하여 금신을 만들었사오니 큰 죄를 범하였나이다."

　요한일서 1장 9절의 말씀에서 "너희가 너희 죄를 자백하면"이라고 할 때 그 '자백한다'는 단어가 바로 '그대로 말한다'는 단어입니다. 모세가 여호와께 '여짜오되' 바로 그 단어입니다.

　그저 막연히 "내가 모든 것을 잘못했으니 용서해 주십시오"라고 말하는 것이 아니라 무엇이 어떻게 되었는가 하는 경과를 다 고백하는 것입니다.

 이렇게 자세하게 말을 하는 것은 자신에게도 아주 좋은 것입니다. 마음에 있는 것을 몇몇만 숨기거나, 드러내는 감춤 상태가 아니라 모든 것을 낱낱이 드러내어 고백하는 것이 문제를 확실히 해결하는 방법입니다.

 정신적으로 문제가 있는 사람들은 다 드러내지 않아서 병이 생기는 것입니다. 그래서 정신과 치료를 하는 의사들은 환자의 내면 이야기를 다 끌어내서 숨김이나 남김이 없도록 하는 방법을 사용합니다.
 의식적으로 감춘 부분은 무의식까지 지배하기 때문에 마음의 병이 생기게 됩니다. 언제 어떤 생각 때문에 부담이 생겼는지 모르는 일이 억지로 참느라고 병이 됩니다.

 그러나 모든 것을 하나님께 기도하고 해결하는 사람들은 이런 문제에서 벗어날 수 있습니다. 문제는 하나님 앞에서 얼마나 솔직해질 수 있는가 하는 것입니다. 성도들은 모든 것을 알고 계시는 하나님 앞이라서 더욱 마음을 열지 못하고 그저 덮으려 생각합니다. 따라서 하나님 앞에 자신을 다 드러내는 훈련이 필요합니다. 그것이 하나님께 자신이 한 일에 대한 용서를 구하고 다시 헌신하는 전제 조건입니다.

 처음 하나님을 영접한 후 그동안 자신이 지은 죄를 모두 세세하게 기록해 보십시오. 그럼으로써 하나님께 기도하여 구체적인 용서를 받고 새롭게 헌신할 것을 결심하면서 하나의 관문을 통과하게 됩니다.

모세는 하나님 앞에 이스라엘 백성들의 잘못을 그대로 말하고 다시 한 번 용서를 구했습니다. 하나님께서 이렇게 악하고 어리석은 이스라엘 백성들을 다시 한 번 긍휼히 생각해 주실 것을 간청했던 것입니다.

그런데 그럴 때에 모세의 표현이 참으로 재미있습니다.

> "그러나 합의하시면 이제 그들의 죄를 사하시옵소서 그렇지 않사오면 원컨대 주의 기록하신 책에서 내 이름을 지워 버려 주시옵소서"(출 32:32).

모세는 '합의하시면'이라는 표현을 씁니다. 하나님이 모세에게 동의하시면 그렇게 하시라는 것입니다. 선택은 하나님이 하시라고 말하고는 있지만 아주 부드럽고 순종적인 어조와 단어를 선택해서 자신이 원하는 쪽으로 하지 않을 수 없도록 만드는 것입니다.

이것은 숙련되고 지혜로운 지도자 모세의 모습에서 엿볼 수 있는 부분입니다. 자신이 원하고 있는 것이 무엇인지를 분명히 밝히지만 결국 그 결정권이 하나님께 있음을 인정하고 순종하겠다는 태도입니다.

당장 내가 원하는 대로 응답하시지 않는다고 억지를 쓰거나 일찌감치 포기하고 그저 되는 대로 하겠다는 소극적인 태도가 아닙니다. 오직 하나님의 뜻을 구하되 자신의 생각을 솔직하게 말하고 그것이면 더 좋겠다고 은근한 요청을 하는 것입니다.

우리들은 이런 자세로 하나님을 대하는 법을 잘 알지 못합니다. 과하거나 모자란 방법으로 접근하면서 자기 생각대로 되지 않는다고 하나님께 불평하기 쉽습니다.

예수님도 죽음이라는 쓴 잔을 피하게 해 달라는 기도와 더불어 '그러나 내 뜻대로 마시고 하나님의 뜻대로 하시라'고 기도하셨습니다.

> "조금 나아가서 얼굴을 땅에 대시고 엎드려 기도하여 가라사대 내 아버지여 만일 할만 하시거든 이 잔을 내게서 지나가게 하옵소서 그러나 나의 원대로 마옵시고 아버지의 원대로 하옵소서 하시고"(마 26:39).

우리는 자신의 뜻을 성취하기 위해서 기도해서는 안 됩니다. 그러나 내가 바라는 것과 하나님이 원하시는 것이 같을 수 있도록 기도할 수 있을 것입니다.

제가 미국에서 교회를 건축을 할 때에 두 사람의 건축가에게 설계를 의뢰했습니다. 그랬더니 그 건축가들은 한 가지 일을 결정할 때 반드시 두 가지 이상의 제안을 가지고 와서 우리에게 선택하도록 했습니다. 우리가 원하는 것이 무엇인지를 정확하게 판단해서 그대로 하려고 노력하는 모습이 역력했습니다.

다른 일도 이런 방법으로 접근하는 것이 좋습니다. 언제나 선택은 의뢰한 사람이 할 수 있도록 배려를 해주는 것이 그 사람을 신뢰하게 하는 방법입니다.

성경의 방법은 항상 상대방을 생각하는 것입니다. 똑같은 일을 해도 상대방의 필요를 채워주는 방식으로 하면 해결이 될 수 있습니다.

큰 지도자일수록 대중들의 필요를 생각해야 하는데 모세의 방법이 그 대표적인 것입니다. 우리도 이런 방법을 훈련해야 합니다.

그렇다고 모세가 그렇게 약하게 보였던 것은 아니었습니다. 그는 그 백성들의 죄를 사하지 않으시려면 기록하신 책에서 자기의 이름을 지우시도록 해달라고 할 만큼 자신의 요구가 강력함을 보여줍니다.

그러자 하나님께서 말씀하시기를 하나님께 범죄하는 자는 그 이름을 생명책에서 지우는 것이 원칙이라고 하십니다.

> "여호와께서 모세에게 이르시되 누구든지 내게 범죄하면 그는 내가 내 책에서 지워 버리리라 이제 가서 네게 말한 곳으로 백성을 인도하라 내 사자가 네 앞서 가리라 그러나 내가 보응할 날에는 그들의 죄를 보응하리라"(출 32:33-35).

자신이 지은 죄는 반드시 그 당사자가 그에 대한 책임을 져야 한다는 말씀입니다. 그래서 인간은 누가 대신해서 그 잘못을 대속할 수는 없으며 개인의 죄는 개인에게로 돌아갑니다.

하나님은 결국 모세의 이름을 지우시지도 그렇다고 그 백성을 잘못을 백지화하지도 않았습니다. 하나님께서는 모세에게 계속 처음 지시하신 방향으로 백성들을 인도하라고 말씀하시면서 그들의 앞에 하나님의 사자를 보내시겠다고 약속하십니다.

그러나 "그들의 죄는 언젠가 보응해야 할 날이 오면 보응하시겠다"고 분명히 하셨습니다. 그들의 죄를 그냥 사해주시는 것은 아니라는 말씀입니다.

이것이 하나님의 엄격하신 법입니다. 단지 한 사람, 그의 아들이신 예수 그리스도를 통해서 인류의 죄를 사하신 것 이외에는 철저하게 그 사람의 죄는 그 사람에게 돌아가는 것이 하나님의 법입니다.

하나님의 계획은 언제나 계속됩니다. 누군가가 잘못해서 그 계획을 어긋나게 했다고 해서 하나님의 계획은 중단되지 않습니다. 사람은 그저 도구에 불과한 것입니다.

하나님은 방법이나 도구를 바꾸시는 것뿐이며 계획을 변경하시지 않으십니다. 나 때문에 하나님이 그 일을 하지 못하실 것이라고 생각하는 것은 오만한 망상에 지나지 않습니다.

사람들이 집단적으로 하나님과 어긋나는 것처럼 보여도 하나님은 그들을 다시 일으키시고 그들로 하여금 다시 그 일을 계속하게 하십니다.

제18장

주의 영광을 내게 보이소서

"…모세가 여호와께 고하되 보시옵소서 주께서 나더러 이 백성을 인도하여 올라가라 하시면서 나와 함께 보낼 자를 내게 지시하지 아니하시나이다 주께서 전에 말씀하시기를 나는 이름으로도 너를 알고 너도 내 앞에 은총을 입었다 하셨사온즉 내가 참으로 주의 목전에 은총을 입었사오면 원컨대 주의 길을 내게 보이사 내게 주를 알리시고 나로 주의 목전에 은총을 입게 하시며 이 족속을 주의 백성으로 여기소서 여호와께서 가라사대 내가 친히 가리라 내가 너로 편케 하리라 모세가 여호와께 고하되 주께서 친히 가지 아니하시려거든 우리를 이곳에서 올려보내지 마옵소서 나와 주의 백성이 주의 목전에 은총 입은 줄을 무엇으로 알리이까 주께서 우리와 함께 행하심으로 나와 주의 백성을 천하 만민 중에 구별하심이 아니니이까 여호와께서 모세에게 이르시되 너의 말하는 이 일도 내가 하리니 너는 내 목전에 은총을 입었고 내가 이름으로도 너를 앎이니라 모세가 가로되 원컨대 주의 영광을 내게 보이소서…"(출 33:1-23).

주의 영광을 내게 보이소서

행군을 계속하라

33장에는 계속 행군하는 이스라엘 백성들의 모습이 나옵니다. 하나님께서는 아브라함에게 했던 그 약속을 이행하시겠다는 다짐을 다시 한 번 상기시키면서 하나님께서 주시겠다고 한 땅으로 가라고 하십니다. 하나님께서 하신 약속을 지키시겠다는 의지를 표현하신 것입니다.

> "여호와께서 백성을 치시니 이는 그들이 아론의 만든 바 그 송아지를 만들었음이더라 여호와께서 모세에게 이르시되 너는 네가 애굽 땅으로 인도하여 낸 백성과 함께 여기서 떠나서 내가 아브라함과 이삭과 야곱에게 맹세하기를 네 자손에게 주마 한 그 땅으로 올라가라"(출 33:1)

그리고 이스라엘 백성들의 앞에 하나님의 사자를 미리 보내어 가나안 사람과 아모리 사람과 헷 사람과 브리스 사람과 히위 사람과 여부스 사람을 쫓아내고 젖과 꿀이 흐르는 땅으로 들어가도록 하시겠다고 말씀하셨습니다.

하나님의 계획에는 후퇴나 중단이 없습니다. 3절에서 하나님은 모세에게 "가서 내가 지시한 곳으로 백성을 인도하라"고 거듭 말씀하십니다. 하나님이 인도하시는 길에서 후퇴하거나 중단하는 사람은 그 자신만 하나님의 계획에서 소외될 뿐 하나님의 영원한 계획은 계속됩니다.

> "내가 사자를 네 앞서 보내어 가나안 사람과 아모리 사람과 헷 사람과 브리스 사람과 히위 사람과 여부스 사람을 쫓아내고 너희로 젖과 꿀이 흐르는 땅에 이르게 하려니와 너희는 목이 곧은 백성인즉 내가 중로에서 너희를 진멸할까 염려함이니라 하시니"(출 33:2,3).

여기서 '하나님의 사자'는 육신화되기 전의 예수님의 모습이셨을 것으로 짐작하는 사람들도 있습니다.

그런데 하나님께서 직접 가지 않으시고 사자를 보내시는 이유를 설명하십니다.

> "여호와께서 모세에게 이르시기를 이스라엘 자손에게 이르라 너희는 목이 곧은 백성인즉 내가 순식간이라도 너희 중에 행하면 너희를 진멸하리니 너희는 단장품을 제하라 그리하면 내가 너희에게 어떻게 할 일을 알겠노라 하셨음이라"(출 33:5).

하나님은 "너희는 목이 곧은 백성인즉 내가 중로에서 너희를 진멸할까 염려함이니라"고 말씀하셨습니다. 하나님께서는 진노를 이기지 못하고 혹시 목이 곧고 완악한 백성들을 진멸하게 될까봐 걱정하시고 함께 가지 않으시겠다고 하셨습니다.

하나님의 진노의 불길이 너무 강하기 때문에 자칫 그 백성들을 타죽게 할 염려가 있었던 것입니다. 그래서 예수님이 오시기 전까지 제사장이 필요했습니다.

백성들은 그 황송하고도 슬픈 말을 듣고 한 사람도 몸을 단장하지 않았습니다. 그리고 하나님의 명령에 따라서 호렙 산에서부터 그 단장품 자체를 제하여 버렸습니다.

> "백성이 이 황송한 말씀을 듣고 슬퍼하여 한 사람도 그 몸을 단장하지 아니하니"(출 33:4).
> "이스라엘 자손이 호렙 산에서부터 그 단장품을 제하니라"(출 33:6).

하나님께서 말씀하시는 '목이 곧은 백성'은 이스라엘 백성만을 두고 하신 말이 아닙니다. 우리 나라 사람들 역시 그들 못지않게 목이 곧은 백성입니다.

그런데도 불구하고 이 땅에 천만의 하나님의 백성을 주셨습니다. 그러니 우리 민족은 엄청나고 특별한 은혜를 받은 백성임이 확실합니다.

모세의 회막

7-11절까지는 회막에 대한 이야기입니다.

7절을 보면 모세는 항상 진 밖에 장막을 쳐서 진과 멀리 떠나 있게 하고 그곳을 회막이라 이름지었습니다. 그리고 여호와를 앙모하는 자는 다 진 바깥 회막으로 나아가게 했습니다.

> "모세가 항상 장막을 취하여 진 밖에 쳐서 진과 멀리 떠나게 하고 회막이라 이름하니 여호와를 앙모하는 자는 다 진 바깥 회막으로 나아가며."

그래서 하나님과 개인적으로 만나고 싶은 사람이 있으면 개인적으로 만날 수 있도록 만들었습니다. 지금의 기도원 같은 역할을 한 것이 회막입니다.

만남의 천막

이 회막은 모세의 기도처로 사용되었습니다. 모세는 그 장소를 늘 다니면서 하나님과 만나는 시간을 가졌습니다.

모세가 회막에 들어갈 때는 구름기둥이 회막 앞에 서 있어서 지금 모세와 하나님이 만나고 있다는 사실을 알렸습니다. 회막 위의 구름 기둥은 하나님의 임재하심을 백성들 앞에 나타내 보여주었습니다.

모세가 회막으로 나갈 때는 백성들이 다 일어나서 자기 장막문에 서서 모세가 회막에 들어가기까지 바라보았습니다. 그리고 회막문에 구름기둥이 서있는 것을 보면 다 일어나 각기 장막문에 서서 경배했습니다. 백성들은 모세의 경건생활을 언제나 지켜보고 있었던 것입니다.

"모세가 회막으로 나아갈 때에는 백성이 다 일어나 자기 장막문에 서서 모세가 회막에 들어가기까지 바라보며"(출 33:8).

우리 백성들도 나라의 지도자들이 어떻게 살고 있는지에 대하여 '보고 있지 않는 것처럼' 뵈지만 사실은 늘 그 모습을 지켜보고 있습니다. 그래서 지도자일수록 자신의 모든 행동을 조신하게 하고 단정해야 합니다.

그런 면에서는 목회자들도 마찬가지입니다. 성도들이 아무것도 보고 있지 않은 것처럼 보이지만 사실은 목사의 행동 일체를 다 보고 있습니다. 그래서 지도자의 위치가 힘든 것입니다.

더구나 개인의 경건생활은 표가 나게 되어 있습니다. 그것은 평소의 품성으로 자연스럽게 풍겨나오게 되어 있기 때문입니다. 영적인 지도자는 그래서 더욱 어렵습니다. 그래서 한편으로는 영광스러운 자리이지만 결코 남들에게 군림을 하거나 편안하게 지낼 수 있는 자리는 아닌 것입니다.

목사의 설교는 강단을 내려오면서부터 실제로 시작됩니다.

지도자의 경건생활은 그 백성들의 경건생활의 척도가 됩니다. 그래서 모세가 회막에서 하나님을 만나고 있을 때에 그 백성들도 모세처럼 각기 장막문에서 경배하고 있었습니다.

자기의 지도자가 경건한 모습을 보이면 그것을 본받아 자신의 경건생활도 함께 성장합니다. 말로 시켜서 하는 것보다 지도자가 직접 행동으로 실천을 하는 것이 더 큰 가르침입니다.

어른이 좋은 본을 보이면 그것을 보고 자란 자녀들은 애써 가르치지 않아도 그대로 따르게 되어 있습니다. 이것이 가장 효과적인 자녀교육 방법입니다.

회막 안에서 하나님을 만난 모세는 마치 친구처럼 대화를 나누었습니다. 곧 하나님과 대면하여 아주 정답게 이야기하고 있는 모습으로 표현한 것입니다.

"모세가 회막에 들어갈 때에 구름기둥이 내려 회막 문에 서며 여호와께서 모세와 말씀하시니 모든 백성이 회막문에 구름기둥이 섰음을 보고 다 일어나 각기 장막문에 서서 경배하며 사람이 그 친구와 이야기함 같이 여호와께서는 모세와 대면하여 말씀하시며 모세는 진으로 돌아오나 그 수종자 눈의 아들 청년 여호수아는 회막을 떠나지 아니하니라"(출 33:9-11).

준비하는 지도자

여기서 우리가 눈여겨 보아야 할 인물은 모세를 이어 지도자가 될 여호수아의 모습입니다. 그는 모세가 기도를 마치고 회막을 떠난 후에도 회막의 자리를 떠나지 않고 자기 지도자보다 더 많은 기도를 하는 젊은이였습니다. 후계자는 이렇게 철저하게 준비하는 사람이어야 합니다. 지도자의 자리를 노력없이 쉽게 앉으려 해서는 안됩니다. 하나님이 함께 하시면 안될 일이 없지만 그렇다고 하나님께서 전혀 노력하지 않는 자를 지도자로 사용하시지는 않으십니다. 오히려 철저하게 훈련시켜서 누구와 비교해도 전혀 손색 없는 사람으로 만들어 사용하시는 것이 하나님의 방법입니다.

그래서 여호수아는 모세도 들어갈 수 없었던 가나안 땅으로 이스라엘 민족들을 이끌고 들어가는 영광스러운 지도자가 되었습니다.

젊었을 때 하는 훈련은 나중에 반드시 큰일에 쓰이도록 준비하는 것입니다. 그래서 젊은 날의 훈련은 힘들지라도 하나도 버릴 것이 없습니다.

많은 분야에서 자신의 힘을 다하여 임하는 것이 바로 다음 세대의 지도자가 될 사람의 자세입니다. 여호수아의 이러한 자세를 이 시대의 젊은 성도들은 자신에게 주는 도전으로 받아들여야 합니다.

하나님과의 대화

12절부터는 하나님과 모세의 대화가 정겹게 나타나 있습니다. 모세와 하나님은 서로 번갈아가며 구체적인 대화를 나누고 있습니다.

"모세가 여호와께 고하되 보시옵소서 주께서 나더러 이 백성을 인도하여 올라가라 하시면서 나와 함께 보낼 자를 내게 지시하지 아니하시나이다 주께서 전에 말씀하시기를 나는 이름으로도 너를 알고 너도 내 앞에 은총을 입었다 하셨사온즉 내가 참으로 주의 목전에 은총을 입었사오면 원컨대 주의 길을 내게 보이사 내게 주를 알리시고 나로 주의 목전에 은총을 입게 하시며 이 족속을 주의 백성으로 여기소서 여호와께서 가라사대 내가 친히 가리라 내가 너로 편케 하리라"(출 33:12-14).

하나님과 일 대 일로 대면을 한다는 것은 아주 기쁘고 극적인 경험입니다. 우리가 매일 드리는 기도만을 통해서는 하나님과 인격적으로 깊은 만남을 하기가 어렵습니다. 왜냐하면 우리가 매일 경건하게 하나님을 만날 수 있는 준비를 하기가 힘들기 때문입니다.

하나님을 깊이 만날 수 있는 기회는 평생 동안 그렇게 많지 않은 경험이기 때문에 더욱 극적이고 인상적인 것이 됩니다. 이것은 아브라함도 175년 일생에 여덟 번밖에는 없었던 기회였습니다.

우리 성도들은 이런 기회를 가지기 위해서 항상 노력하고 깊이 있는 기도 생활을 해야 합니다. 하나님을 믿는 사람으로서 이런 경험이 한 번도 없었다면 아주 애석한 일입니다. 자신이 경험한 하나님이 있어야만 그것으로 힘을 얻고 평생의 소중한 체험으로 신앙을 지탱하고 성장시켜 갈 수 있습니다. 이런 체험을 해보지 못한 사람들은 하나님께 마음을 다하여 구하는 기도를 할 필요가 있습니다.

구약의 선지자들이나 믿음의 사람들은 모두 하나님을 직접 만나 그 음성을 듣는 등 체험의 사람들입니다. 그래서 그들은 어떤 고난이나 시험이 와도 견디고 하나님을 따르며 죽음 앞에서 하나님의 말씀을 외칠 수 있었던 것입니다.

지금 우리 성도들이 이렇게 하나님과 깊이 있는 대화를 하지 못하고 있는 이유는 몇 가지가 있습니다.

첫째, 우리가 너무 바쁘게 살기 때문입니다.

현대인들은 늘 무엇에 분주한지 같이 사는 가족끼리의 대화조차 나누기 어렵습니다. 그러나 아무리 바빠도 하나님께 기도하는 시간을 없애서는 안됩니다. 무엇 때문에 자신이 일을 하고 있는가? 지금 하고 있는 일이 하나님과 자신에게 어떤 의미가 있는가? 등을 하나님 앞에서 항상 확인할 필요가 있습니다.

기도하지 않는 사람의 일은 삶의 알맹이가 빠진 헛된 것임을 알아야 합니다.

둘째, 기도하는 방식이 잘못되어 있기 때문입니다.

우리의 기도 방식은 아주 일방적입니다. 처음부터 끝까지 주문을 외우듯이 자기가 하고 싶은 말만 읊다가 기도를 끝냅니다. 자기 말만 실컷 하다가 '아멘' 하고 일어서서 나오는 것이 우리의 기도 방법입니다. 그러나 그런 것은 잘못된 기도 방법입니다.

기도는 대화입니다. 우리가 한마디를 했으면 하나님도 한마디를 하실 기회를 드려야 합니다. 기도가 나의 독백으로 끝나는 것이 아니라 대화를 나누는 시간으로, 하나님이 우리의 마음에 들려주고 싶은 말씀을 듣는 시간이어야 올바른 기도입니다.

조용히 묵상하는 시간을 갖는 사람만이 하나님의 음성을 들을 수 있는 사람입니다. 하나님과 단 둘이 대화하는 시간이야말로 맑고 풍부한 영성생활을 유지시켜 줍니다.

모세의 간구

모세가 하나님을 만나서 간구한 것은 다음 다섯 내용으로 요약됩니다.

첫째, "갈 길 인도할 사자를 알려주소서."

이스라엘 백성들이 가는 길에 하나님께서 함께 해달라고 모세는 간구합니다.

> "모세가 여호와께 고하되 보시옵소서 주께서 나더러 이 백성을 인도하여 올라가라 하시면서 나와 함께 보낼 자를 내게 지시하지 아니하시나이다"(출 33:12상).

하나님께서는 직접 나서지 않으시고 하나님의 사자를 보내시겠다(출 33:2) 말씀하셨던 것을 기억했지만, 모세는 하나님께서 직접 나서 주시기를 원하였습니다.

둘째, "미래의 계획을 보여주소서."

모세는 앞으로 자신들이 가야 할 길을 보여달라고 두번째 간구합니다.

> "내가 참으로 주의 목전에 은총을 입었사오면 원컨대 주의 길을 내게 보이사"(출 33:13상).

이스라엘 백성들이 가는 길은 광야였으므로 특별히 길이 닦여 있었던 것도 아니었고 신변의 안전이 보장된 멋도 아니었습니다. 따라서 여호와 하나님을 완전히 신뢰하지 않으면 갈 수 없는 길이었습니다.

그래서 모세는 확실한 보증을 하나님께 받고 싶어 간청했습니다.

우리들이 살고 있는 인생길도 모세의 광야 길과 마찬가지입니다. 이미 뜻이 있어서 들어선 길이기는 하지만 한 치 앞을 알 수 없기 때문에 가끔 하나님이 보여주시는 미래에 대한 확신을 구하게 됩니다.

그리고 그 길을 바로 갈 수 있도록 하나님께서 미래를 친히 이끌어 주시기를 우리는 기도합니다.

대표적으로 다윗은 하나님께 바로 이런 것을 구한 사람이었습니다. 그는 인간적으로 실수도 많았으나, 언제나 하나님께 길을 구하고 하나님의 보여주심에 따라서 행동한 사람이었습니다.

그는 움직일 때마다 그 다음의 행동을 하나님께 물었습니다. 사울과 블레셋 사람이 싸울 때 사울을 피해 도망다니던 다윗은 민족의 원수인 블레셋 사람과 함께 연합하여 싸우려 했습니다. 그러나 블레셋의 연합국 왕들이 그가 이스라엘 사람이라는 이유로 반대를 하자 다시 돌아가야 했던 일이 있었습니다. 그 때 다윗은 자신이 어떻게 해야 하는지를 하나님께 물었습니다. 그러자 하나님께서는 그를 집으로 돌아가라고 말씀하셨습니다.

하나님의 말씀을 따라 다윗은 집으로 돌아왔고 아말렉 사람들이 그의 백성들을 다 잡아가고 없다는 것을 알게 되었습니다. 다윗은 그 길로 아멜렉 사람들과 전쟁을 해서 자기 백성들을 되찾고 전리품들을 지파별로 분배해 백성들에게 나누어 주었습니다.

그리고 그것은 다윗이 백성들의 신망을 얻는 아주 중요한 사건이 되었습니다. 자신이 하는 행동 하나하나를 하나님께 묻고 말씀대로 했으므로 가능했던 일이었습니다.

셋째, "당신을 좀더 친숙히 알고 싶습니다."

모세는 하나님을 좀더 친숙하게 알게 하여 주시길 33장 13절에서 간구했습니다.

"내게 주를 알리시고"

자신에 대해 과신하는 사람은 하나님께 묻거나 하나님을 더 잘 알고자 노력하지 않습니다. 자신의 힘으로 무엇이든 해결하려 하거나 해결할 수 있다고 생각하는 사람들에게는 결코 하나님의 은총과 지혜를 구하는 마음이 생기기 어렵습니다. 하나님이 나보다 크게 보여야 내가 없어집니다.

모세는 많은 것을 갖춘 지도자였지만 누구보다 하나님께 구하고 하나님을 친숙히 알고자 한 겸손한 사람이었습니다.

넷째, "이들이 당신의 백성임을 고려하소서."

모세는 이스라엘 백성이 하나님의 백성인 것을 인정해 달라는 '지도자로서의 기도'를 빼놓지 않았습니다.

"이 족속을 주의 백성으로 여기소서"(출 33:13하).

이스라엘이 비록 목이 곧은 백성이고 하나님의 명령을 어기기도 하는 어리석은 백성이기는 하지만 하나님께서 그들을 만민 중에서 구별하셨음을 상기시키고자 합니다. 그리고 자기 백성이 하나님의 인도를 계속 받을 수 있기를 모세는 소망합니다.

다섯째, "당신의 은총을 베풀어 주소서."

모세는 끝까지 하나님의 은혜와 은총을 구하였습니다. 앉고 서는 것이며 앞으로 나아가고 머무는 것이 모두 하나님의 은혜라는 것을 모세는 알고 있었습니다. 그래서 그는 이렇게 구했습니다.

"나로 주의 목전에 은총을 입게 하시며"(출 33:23중).

하나님을 창조주로 믿고 예수를 영접한 사람들을 이런 태도를 가져야 합니다. **어떤 상황에서 무슨 일을 하든지 하나님께서 하시고 인도하신다는 사실을 늘 인정하는 사람이어야 비로소 그리스도인이라고 할 수 있습니다.**

자신이 혼자 일하고 성과를 얻어서 그 영광을 혼자 누리고 싶은 마음보다 하나님이 함께 하셔서 하나님께 영광을 돌리는 것을 더 큰 은혜와 축복으로 아는 사람이 진실한 하나님의 사람입니다.

하나님은 우리의 세세한 일상생활에도 함께 하시는 분이심을 알아야 진정으로 하나님을 아는 사람이며, 하나님의 자녀라 할 수 있습니다.

하나님의 약속

하나님께서 모세의 간구하는 음성을 들으시고 응답하시는 내용이 14절부터 나옵니다. 하나님의 대답은 단 한 마디였습니다.

"여호와께서 가라사대 내가 친히 가리라 내가 너로 편케 하리라."

하나님께서 '친히 함께 가시겠다'는 약속을 하셨습니다. 하나님의 평화가 그들의 마음과 생각을 지키시며, 그 길에 함께 하시겠다는 약속입니다.

하나님께서 친히 동행하신다는 이 말씀은 구약에서 성공한 사람들에게 항상 붙어 있었던 어구입니다. 아주 간단한 말씀이었지만 천만 마디보다도 큰 위력이 있었던 말입니다.

모세는 그 말씀을 듣자마자 믿고 확신했습니다. 다섯 가지 그의 간청이 일순간에 이루어진 것이었습니다.

모세의 반문

15-16절에서 모세가 하나님께 자기 민족에게 대한 하나님의 긍휼하심을 구하는 말이 이어집니다.

> "모세가 여호와께 고하되 주께서 친히 가지 아니하시려거든 우리를 이곳에서 올려보내지 마옵소서 나와 주의 백성이 주의 목전에 은총 입은 줄을 무엇으로 알리이까 주께서 우리와 함께 행하심으로 나와 주의 백성을 천하 만민 중에 구별하심이 아니니이까."

모세는 "이스라엘 백성과 다른 민족들과의 차이가 무엇입니까?"라고 물으면서 자기 백성은 하나님께서 특별히 선택하여 구별하신 백성이라는 사실을 강조합니다. 하나님의 동행하심만이 다른 민족들과 이스라엘 민족을 구별하는 기준점임을 밝힙니다. 곧 하나님이 선택한 백성이니 하나님이 책임을 지시라고 하는 것입니다.

"여호와께서 모세에게 이르시되 너의 말하는 이 일도 내가 하리니 너는 내 목전에 은총을 입었고 내가 이름으로도 너를 앎이니라 모세가 가로되 원컨대 주의 영광을 내게 보이소서"(출 33:17,18).

모세는 영적인 비상한 통찰력을 가진 사람이었습니다. 기어코 모세는 하나님이 함께 하시겠다는 대답을 얻어냈고 직접 장막을 지어서 하나님께서 백성들 가운데 계시게 되었습니다. 그리고 그 장막에는 항상 구름기둥이 서서 하나님의 임재를 나타내게 되었습니다.

이것이 오늘날 성도들에게 '내가 주님 안에', '주님이 내 안에 거하는 것'으로 발전된 것입니다. 따라서 우리 가운데 임재해 계신 주님을 성도들은 언제나 만날 수 있게 되었습니다.

모세는 자신하고만 함께 하시는 하나님으로 만족하지 않았습니다. 자기 백성들 가운데에 함께 하시는 하나님이시기를 원하였습니다. 즉 하나님께서 모세라는 개인을 사랑하는 것이 아니라, 이스라엘 백성 전부를 사랑하기를 원했던 것입니다.

그래서 모세는 이스라엘 백성들을 광야에서 가나안 입구까지 이끄는 지도자가 될 수 있었던 것입니다. **자기 백성을 사랑하는 마음이 지도자가 가져야 할 가장 근본적인 덕목이며 필수적인 조건입니다.**

모세는 하나님께서 모세와 그 백성과 함께 하시겠다는 사실을 음성을 통해 확인했습니다.

　우리도 모세처럼 나와 가정, 교회와 나라에 함께 하시겠다는 하나님의 음성을 확인해야 합니다. 그래야 하나님 앞에서 우리의 삶에 대한 확신을 가질 수 있습니다. 그래야만 설사 우리 앞에 어떤 난관이 닥치더라도 하나님이 주신 약속에 대한 확신 때문에 능히 승리할 수 있습니다.

　하나님과 모세 사이에는 일종의 투쟁과 설득을 통한 협상과 확인이 이루어졌습니다. 하나님 안에서 확신을 가진 삶은 남다른 점이 있습니다. 성공하는 사람들의 공통되는 특징 중의 하나가 바로 하나님께서 주신 확신을 소유한 점입니다.

하나님의 응답

　하나님의 영광을 보여달라는 모세의 간청에 하나님께서 자신의 선한 형상을 모세 앞에서 지나게 하고 친히 하나님이 이름을 반포하시겠다고 말씀하십니다. 이어서 "나는 은혜 줄 자에게 은혜를 주고 긍휼히 여길 자에게 긍휼을 베푸느니라"고 말씀하십니다.

> "여호와께서 가라사대 내가 나의 모든 선한 형상을 네 앞으로 지나가게 하고 여호와의 이름을 네 앞에서 반포하리라 나는 은혜 줄 자에게 은혜를 주고 긍휼히 여길 자에게 긍휼을 베푸느니라 또 가라사대 네가 내 얼굴을 보지 못하리니

나를 보고 살 자가 없음이니라 여호와께서 가라사대 보라 내 곁에 한 곳이 있으니 너는 그 반석 위에 섰으라 내 영광이 지나갈 때에 내가 너를 반석 틈에 두고 내가 지나가도록 내 손으로 너를 덮었다가 손을 거두리니 네가 내 등을 볼 것이요 얼굴은 보지 못하리라"(출 33:19-23)

하나님께서는 구하는 자에게 반드시 주십니다. 모세처럼 간청하는 자, 곧 은혜를 베풀어 줄 사람에게 은혜를 베풀어 주는 분이 바로 우리 하나님이십니다!

그래서 더욱 기도에 힘쓰고 하나님 앞에 구하는 것도 많아야 합니다.

하나님께 구하는 자에게는 세 가지의 축복이 나타납니다.
첫번째는 구하는 것을 받는 것이고,
두번째는 받은 것으로 인한 기쁨이 나타나는 것이며,
세번째는 하나님의 영광이 구하는 자에게 나타나는 것입니다.

기도는 자주 해야 하고 많이 해야 합니다.
예수님께서는 사람도 여러 번 끊이지 않고 구하면 귀찮아서라도 들어줄 것이라고 하시면서 하나님에게도 그렇게 실망하지 말고 구해야 한다고 비유를 들어 우리에게 말씀하셨습니다. 이처럼 하나님도 매번 구하고 간청하는 자에게 꼭 주십니다.

기도할 때 우리는 하나님의 절대주권을 먼저 인정해야 합니다.

죽을 병에 걸려 사경을 헤매게 된다면 하나님께 고쳐달라고 온 마음과 영혼을 다해서 기도해야 합니다.

그러나 생명을 살리고 죽이는 것은 하나님께 있다는 것을 먼저 인정하십시오! 그런 후 다만 자신이 처한 그 위치에서 고쳐주시길 구해야 하는 것입니다.

예수님은 그것을 실천하신 분입니다. 십자가의 죽음을 고통스럽게 생각하시고 그 잔을 피하게 해달라고 기도하셨지만 "그러나 내 뜻대로 마옵시고 하나님 뜻대로 하옵소서"라고 하셨습니다.

다윗 또한 화가나면 하나님 앞임에도 불구하고 복수의 시편을 썼습니다. 그러나 이런 복수의 기도에조차 그것을 이루는 분이 하나님이시니 하나님의 뜻에 맞게 해결하실 것을 간구하는 믿음이 숨어 있습니다.

사람이 원하는 것은 자신의 처지에서만 생각하기 때문에 하나님의 조화로운 운행하심에 맞지 않을 수도 있고, 너무 자기 중심적으로 구하는 이기적이고 감정적인 것일 수도 있습니다. 그렇게 구하는 것을 하나님께서 다 들어주신다면 이 세상의 공의와 조화가 어떻게 되겠습니까?

이런 점들을 바로 알고서 기도해야 합니다. 그리고 하나님의 주권을 인정한 기초 위에서 끊임없이 구하고 두드려야 합니다. 그러면 하나님께서 그 뜻을 이루시는 가운데 그 기도를 들으시고 응답하실 것입니다.

하나님께서 응답해주시지 않는 기도는 없습니다. 잘못 구한 기도에는 침묵으로, 또는 바른 기도를 가르쳐주심으로 응답하십니다. 그리고 하나님의 뜻대로 구한 기도에는 반드시 넘치는 축복으로 응답하십니다.

문제는 우리의 기도가 하나님의 뜻대로 구하는 것인가? 그렇지 않은가? 하는 것일 뿐입니다.

제19장

하나님의 영광을 드러내는 얼굴

"…모세가 그 증거의 두 판을 자기 손에 들고 시내 산에서 내려오니 그 산에서 내려올 때에 모세는 자기가 여호와와 말씀하였음을 인하여 얼굴 꺼풀에 광채가 나나 깨닫지 못하였더라 아론과 온 이스라엘 자손이 모세를 볼 때에 모세의 얼굴 꺼풀에 광채가 남을 보고 그에게 가까이 하기를 두려워하더니 모세가 그들을 부르니 아론과 회중의 모든 어른이 모세에게로 오고 모세가 그들과 말하니 그 후에야 온 이스라엘 자손이 가까이 오는지라 모세가 여호와께서 시내 산에서 자기에게 이르신 말씀을 다 그들에게 명하고 그들에게 말하기를 마치고 수건으로 자기 얼굴을 가리웠더라 그러나 모세가 여호와 앞에 들어가서 함께 말씀할 때에는 나오기까지 수건을 벗고 있다가 나와서는 그 명하신 일을 이스라엘 자손에게 고하며 이스라엘 자손이 모세의 얼굴의 광채를 보는 고로 모세가 여호와께 말씀하러 들어가기까지 다시 수건으로 자기 얼굴을 가리웠더라"(출 34:1-36).

하나님의 영광을 드러내는 얼굴

하나님은 모세를 통해 이스라엘 자손과의 언약을 갱신하십니다. 출애굽기 34장은 모세가 다시 두 돌판을 깎아 하나님께로 나아가는 장면입니다.

하나님께서 친히 깎으시고 십계명을 새겨주신 돌판을 모세는 자기 분에 못 이겨 깨뜨려 버렸습니다. 그 사건 후 이제 모세 자신이 직접 손으로 돌판을 깎아야 했고 하나님께서 그 위에 다시 십계명을 새기셨습니다.

"여호와께서 모세에게 이르시되 너는 돌판 둘을 처음 것과 같이 깎아 만들라 네가 깨뜨린 바 처음 판에 있던 말을 내가 그 판에 쓰리니 아침 전에 예비하고 아침에 시내 산에 올라와 산꼭대기에서 내게 보이되 아무도 너와 함께 오르지 말며 온 산에 인적을 금하고 양과 소도 산 앞에서 먹지 못하게 하라 모세가 돌판 둘을 처음 것과 같이 깎아 만들고 아침에 일찌기 일어나 그 두 돌판을 손에 들고 여호와의 명대로 시내 산에 올라가니"(출 34:1-4).

모세는 하나님의 명대로 다시 시내산에 올라가서 하나님을 대면하게 됩니다. 하나님을 친숙하게 대면하길 원했던 모세의 소원이 이루어지고 있습니다.

"여호와께서 구름 가운데 강림하사 그와 함께 거기 서서 여호와의 이름을 반포하실새"(출 34:5).

계속해서 5절을 보면 하나님께서는 구름 가운데 강림하셔서 그 이름을 반포하십니다. 자신이 어떤 분이신가를 친히 밝히시는 것입니다. **하나님은 부르고 찾으면 만나주시는 분이십니다! 하나님은 우리와 더불어 말씀하시는 하나님이십니다.**

하나님의 계시

하나님은 구름 가운데에서 강림하셔서 모세와 함께 서서 모세에게 하나님의 이름을 반포하십니다. '하나님의 이름을 반포한다'는 것은 하나님이 어떤 분인가를 말씀해주신다는 의미입니다. 왜냐하면 하나님의 이름은 하나님 자신의 성품을 드러내기 때문입니다.

6절에서 7절 사이에서 하나님은 자기 이름을 통해 자신을 스스로 계시하십니다. 거기에는 이름과 함께 하나님의 여덟 가지 성품이 나타나 있습니다.

첫째, **여호와 하나님**

6절에서 하나님은 직접 이름과 함께 자신을 표현하십니다.

"여호와께서 그의 앞으로 지나시며 반포하시되 여호와로라 여호와로라 자비롭고 은혜롭고 노하기를 더디하고 인자와 진실이 많은 하나님이로라."

하나님은 무엇보다 먼저 "여호와로라 여호와로라"고 말씀하시면서 하나님의 이름이 여호와이신 것을 스스로 밝히 계시하십니다.
이 '여호와'란 이름이 맨처음 사람들에 의해 불리운 것은 셋과 에노스 때입니다. 창세기 4장 26절에 셋과 에노스 때에 사람들이 비로소 '여호와의 이름을 부르며 경배드렸다'는 내용이 기록되어 있습니다.

또 하나님은 아브라함을 갈대아 우르에서 불러서 가나안 땅으로 인도하시면서 '하나님의 이름이 여호와'인 것을 말씀해주셨습니다(창 12:8). 모세에게 여호와란 이름을 말씀해주신 것은 호렙 산에서 모세를 불러 소명을 주실 때였습니다(출 3:15).

이것을 보면 하나님께서 친히 여호와라는 하나님의 이름을 밝히는 것은 역사의 중요한 전환점이었습니다. 출애굽기 34장에서 모세가 다시금 십계명을 새긴 돌판을 받는 이 순간이 이스라엘과 하나님 사이의 언약이 새롭게 갱신되는 중요한 순간임을 알 수 있습니다.

둘째, 자비로우신 하나님

6절에서 하나님은 자기 성품을 설명하시면서 '자비로우신 하나님'이신 것을 맨먼저 말씀하십니다. 이스라엘에 대한 하나님의 자비는 이스라엘과 하나님과 맺은 언약에 기초합니다. 하나님의 자비는 풍부하고(느 9:17), 하나님의 자비는 영원합니다(사 54:8).

하나님이 자비하신 분이시므로 자녀된 우리도 당연히 자비로워야 합니다(눅 6:36). 하나님의 자비하심을 본받아 우리도 약한 자를 격려하고, 서로의 짐을 나누어 지고, 용서하고 위로하며, 가난하고 연약한 사람들을 도와야 합니다.

셋째, 은혜로우신 하나님

은혜는 자기 백성을 향한 하나님의 값 없는 사랑, 죄를 용서하시는 하나님의 자비를 말합니다. 자비는 받을 형벌을 주지 않는 것이고, 은혜는 받을 자격이 없는 것을 주는 것을 말합니다.

우리는 하나님의 은혜로 죄사함을 받고(엡 1:7), 하나님의 은혜로 의롭다 칭함을 받았으며(롬 3:24), 하나님의 은혜로 구원받았습니다(행 15:11). **따라서 우리의 의나 행위가 아니라 오직 하나님의 은혜로 하나님의 자녀가 되고, 영원한 생명을 소유하게 되었습니다.** 따라서 우리가 하나님의 자녀됨은 모두 하나님의 은혜입니다.

넷째, 노하기를 더디하시는 하나님

하나님은 또 노하기를 더디하신다고 말씀하십니다. 이것은 고통을 오래 참으시는 품성입니다. 사람들의 잘못을 참는 것은 고통스러운 일이지만 하나님께서는 우리를 위하여 그 고통을 참고 견디십니다.

못 참을 일을 참아내는 것은 하나님의 속성을 따라 역사하시는 성령님의 은혜에 의해서입니다. 한두 번 참는 것은 사람의 의지로 할 수 있지만 그 이상 참는 것은 성령님의 도우심이 아니면 힘든 일입니다. 그것은 하나님의 은혜라고 할 수 있습니다.

참고 용서하는 것은 일흔 번의 일곱 번이라도 하라고 하는 것이 예수님의 말씀이었습니다. 이 말씀은 그 숫자만큼 용서하라는 것이 아니라 수없이, 매번 용서하라는 말씀입니다. 상대방이 놀라고 감동할 수 있을 정도로 용서하는 것이 인내요, 용서요, 사랑입니다.

다섯째, 영원히 인자하신 하나님

하나님은 인자가 많은 분이심을 계시하셨습니다. 인자하심은 그가 원하고 기대했던 것 이상으로 베푸는 것을 의미합니다.

인자에 대해 '프란시스 쉐퍼' 여사와 관련된 일화가 한 가지 있습니다.

어느 날 쉐퍼 여사의 집에 거지가 찾아와서 점심을 달라고 했습니다. 그랬을 때 쉐퍼 여사는 그 거지에게 샌드위치를 쟁반에 담아서 가져다 주었습니다. 그런데 그 쟁반 위에 빵만 담은 것이 아니라 장미꽃 한 송이를 얹어 주었습니다. 이것은 거지가 전혀 기대하지 않았던 친절이고 자비입니다. 그가 원한 것은 빵 한 조각이었지만, 쉐퍼 여사가 베푼 것은 그 위에 사랑과 정성까지 담아 주었던 것입니다. 그렇습니다! 바로 이것이 인자입니다.

우리 역시 이 거지처럼 하나님의 선하심과 인자하심을 받을 자격이 없지만 하나님은 풍성한 자비와 인자를 베풀어 주셨습니다. 우리는 하나님의 사랑을 받을 자격이 없는 사람들이지만, 하나님은 은혜로 구원해 주시고, 성화시켜 주시고, 그리고 자비를 베풀어 주셨습니다.

우리는 하나님께서 주신 자비를 다른 사람들에게 되돌려주어야 합니다! 믿지 않는 사람들이 자비를 베풀 수 있는 것은 한정될 수밖에 없습니다. 우리는 그 위에 사랑을 더하고, 성령님의 인도하심을 더해서 사랑하고 자비를 베풀어야 합니다. 하나님의 성품이 믿는 자들의 성품 속에 충만히 나타나야 합니다.

여섯째, 악과 과실과 죄를 용서하시는 하나님

7절에서 계속해서 하나님은 이렇게 말씀하십니다.

> "인자를 천대까지 베풀며 악과 과실과 죄를 용서하나 형벌 받을 자를 결단코 면죄하지 않고 아비의 악을 자여손 삼 사 대까지 보응하리라."

하나님은 오래 참으시고, 악과 과실과 죄를 용서하십니다.

여기서 '악'이라는 것은 '구부러졌다'는 뜻입니다. 인간의 비틀어진 상태가 바로 악입니다. 이 악 때문에 인간은 어떤 것을 끝까지 반듯하게 하지 못하곤 합니다.

그리고, 하지 않아야 할 것을 하는 것이 '과실'입니다.

인간의 약함으로 말미암아 하지 않을 것을 하게 되는 경우가 있습니다.

'죄'는 자기가 노력을 했는데도 도달하지 못하는 것을 말합니다. 자기는 나름대로 한다고 했지만 안 되는 것입니다. 원래부터 악하게 살려고 미리 계획하거나 생각하는 사람은 없습니다. 그런 인간의 나약함은 자신이 원하지 않아도 죄를 짓게 만들고 원하는 쪽으로 가지 못하도록 만듭니다.

하나님께서는 이런 인간의 모습을 다 용서하십니다. 깨지고 구부러진 모습을 다 참으시고 인자를 베풀어 주십니다. 하나님은 우리의 연약함을 아십니다. 그렇기 때문에 우리가 회개하고 하나님 앞으로 나아갈 때 모든 죄과를 도말해주십니다.

일곱째, 죄 있는 자는 반드시 형벌하시는 하나님

사랑과 용서의 하나님은 동시에 공의의 하나님이십니다. 자신의 악한 행실로 벌을 받아야 마땅한 자들을 하나님은 그냥 용서해 주시는 법이 결코 없으십니다.

하나님은 자신의 의지가 아니었는데 나약함으로 인하여 저지른 잘못이나 어쩔 수 없는 잘못과 과실은 길이 참으시고 용서하시며 인자를 더하십니다. 그렇다고 해서 공의를 잃고 악을 행하는 자에게까지 용서를 베푸시지는 않습니다. 악은 악대로 반드시 처벌을 하시는 분이 공의의 하나님이십니다.

이렇게 **공의와 사랑이라는 두 가지 문제를 해결하는 것이 예수 그리스도의 십자가입니다.**
하나님께서 사랑하시는 자녀들을 구하기도 해야 하겠고 그렇다고 하나님의 공의를 무너뜨릴 수도 없기 때문에 아들이신 예수님을 통하여 우리들이 죄를 십자가에서 대속해 주셨습니다.

그러므로 하나님이 우리를 용서하고 사랑하시는 것이 우리의 의에 달려 있다고 생각하면 안됩니다. 하나님은 내가 부족하고 악하지만 죄를 아들을 통해서 모두 대속하셨습니다. 그래서 우리가 하나님의 용서와 사랑 안에 거할 수 있게 된 것입니다.

우리에 대한 하나님의 사랑은 영원한 사랑입니다. 예수 그리스도의 대속이 영원한 사랑을 있게 한 것입니다. 하나님의 사랑은 시작되면서 완결되는 것입니다. 결국 예수를 믿는다는 것은 파도처럼 밀려오는 하나님의 사랑의 파도에 항복하는 것입니다.

여덟째, 질투의 하나님

하나님이 죄인을 형벌하시는 이유 중에는 공의로움을 이루기 위한 것도 있지만 다른 한편으로는 하나님의 질투 때문이기도 합니다.

그러나 이 질투는 인간이 하는 질투의 감정과는 전혀 다른 것입니다. 그것은 인간을 너무나 사랑하기 때문에 인간이 다른 길로 가서 멸망하는 것을 도저히 묵과할 수 없어서 생긴 것입니다. 인간이 악한 것에 마음을 빼앗기는 것에 대한 질투입니다.

그러므로 우리들이 다른 길로 가는 것을 질투하실 정도로 사랑하시는 하나님에 대한 감사는 우리 생명의 끝날까지 계속되어야 합니다.

모세의 경배와 기도

출애굽기 34장 8-9절은 두 절밖에 되지 않지만 본문 안에는 경건한 지도자의 모습이 나타나 있습니다.

> "모세가 급히 땅에 엎드려 경배하며 가로되 내가 주께 은총을 입었거든 원컨대 주는 우리 중에서 행하옵소서 이는 목이 곧은 백성이니이다 우리의 악과 죄를 사하시고 우리로 주의 기업을 삼으소서."

모세는 하나님이 말씀을 하시자 즉시 그 자리에 엎드려 경배합니다. 자기 백성 이스라엘을 애굽의 왕의 목전에서 몰고나온 위대한 지도자이지만 하나님이 나타나시자마자 그냥 그 자리에서 무릎을 꿇습니다.

사람들의 사랑과 존경을 받는 사람들이 하나님 앞에 겸손하게 무릎을 꿇는 모습은 상당한 감동을 줍니다. 그래서 그 모습 자체로도 곧 전도가 될 수 있습니다. 설명하지 않아도 그런 사람의 한 마디에는 힘과 감동이 있습니다.

특히 운동선수들이 좋은 경기를 하고 나서 그 자리에서 기도를 한다거나, 인기인들이 방송에 나와서 자신이 받은 영광을 하나님께 돌리는 모습을 볼 때 많은 사람들의 가슴 속에 감동이 일어납니다.
자신의 행동이 많은 사람들에게 영향을 미치는 사람일수록 모든 행동에 하나님의 은혜와 영광을 드러내도록 해야겠습니다.

또한 모세는 하나님의 말씀이 끝나기가 무섭게 꿇어앉아 자기 백성들의 죄를 고백합니다. 자기 백성들의 범죄함과 악을 대신 책임지는 지도자의 모습입니다.
위대한 지도자들은 항상 책임지는 일에 대해 적극적으로 나섭니다. 그로 인하여 책망받을지라도 자신이 백성들을 대신하여 속죄하기를 주저하지 않습니다.

그리고 모세는 주님의 임재하심이 우리와 함께 있게 해달라는 기도를 합니다.
주께서 목이 곧은 자기 백성 중에 행하시기를 간청합니다. 우리 한국 사람들은 여러 가지로 이스라엘 백성들과 상당히 비슷한 부분이 많는 것 같습니다. 서양에서는 한국인들을 제2의 유대인이라 칭하곤 합니다. 좋은 점도 많이 닮았지만 나쁜 점도 많이 닮았습니다.

우리 교회와 나라의 지도자들도 모세를 닮아 모세와 같은 기도를 하나님께 할 필요가 있습니다. 우리의 나쁜 점 때문에 더욱 하나님이 우리 가운데에서 역사할 수 있기를 간청해야 합니다. 우리는 "목이 곧은 백성이고 범죄한 백성이라서 하나님께 축복을 받을 자격이 없는 백성임"을 고하고 하나님께서 지도자와 함께 하시며 우리 가운데서 행하시기를 구해야 합니다.

우리의 희망이 그런 기도 속에 있는 것입니다. **하나님께 구할 수 있으며 하나님께서 우리의 기도를 들어주신다는 것이 우리의 희망입니다.**

하나님께서는 한국의 각계 각층 지도자들을 이미 하나님의 백성들로 만들어 놓으셨습니다. 우리 나라에 희망이 있음을 보이신 것입니다.

특히 하나님을 섬기는 목회자들을 많이 부르시고 그들을 사용하시는 것, 그리고 다른 나라와는 달리 교회에 남자들이 많음에 감사해야 합니다.

다른 나라에서는 주로 여자들이 신학교를 가고 있습니다. 우리 나라처럼 신학교를 가는 사람들이 남자들인 나라가 그렇게 많지는 않습니다. 설령 부족하여도 하나님께서 사랑하셔서 우리 나라에 은혜를 베푸시고자 하시는 것입니다.

유대 사람들에게는 랍비들이 하나님께 대신 속죄를 한 후, 자기 백성의 죄가 용서되었다고 선포하는 날이 있습니다. 속죄일이 되기 일주일 전부터 전세계에 있는 유대 사람들은 금식합니다. 그리고 마지막 안식일에 전세계에 흩어져 있는 랍비들이 '너희 죄가 사함받았다'고 선언합니다. 아주 감격적인 일입니다. 자기 백성들이 미처 고하지 못한 죄까지도 랍비들이 대신 고하여 사함을 받게 하는 것입니다.

어떤 때에는 우리 개혁교회들도 그런 날이 있었으면 하는 생각이 들 때가 있습니다. 그래서 우리의 죄뿐만 아니라 우리 민족의 죄까지도 하나님께 사함받는 그런 날이 있다면, 얼마나 홀가분한 마음으로 새 날을 살 수 있겠습니까? 아마 사람들의 정신 건강에도 도움이 될 것입니다. 영적으로도 희망을 주고 삶에 새로움을 줄 수 있는 기회가 되지 않겠습니까?

모세의 마지막 요청은 우리로 주의 기업을 삼으시라는 것입니다. 이 말은 참으로 하기 어려운 말이었을 것입니다. 자기 백성이 '목이 곧은 백성이라'고 방금 말하고 나서 그런 '백성을 기업으로 삼으라'는 말을 어떻게 쉽게 할 수 있겠습니까?

그러나 그것이 지도자의 심정입니다. 자기 백성이 어떠하든지 하나님의 백성으로 계속해서 남아 있게 되고 하나님의 기업으로 삼게 해 달라는 것은 모든 신앙생활하는 경건한 지도자들의 바람일 것입니다.

모세는 그런 지도자의 소원을 말했습니다. 이것은 축복이 조건적인 것이 아니라 하나님 편에서 일방적인 것이기 때문에 가능합니다. 그래서 나에게 희망이 있고, 우리 백성에게 희망이 있는 것입니다.

하나님의 언약

그러면 지금부터, 하나님께서 모세와 재언약하신 내용을 하나씩 살펴봅시다.

첫째, "아무 국민에게도 행치 아니한 이적을 너희 전체 백성 앞에 행할 것이라."

"여호와께서 가라사대 보라 내가 언약을 세우나니 곧 내가 아직 온 땅 아무 국민에게도 행치 아니한 이적을 너희 전체 백성 앞에 행할 것이라 너의 머무는 나라 백성이 다 여호와의 소위를 보리니 내가 너를 위하여 행할 일이 두려운 것임이니라."

34장 10절에서 하나님은 모세에게 위와같이 언약하셨습니다. 참으로 자비로우신 하나님이십니다. **그가 다른 사람들은 보지 못한 기적을 친히 앞에서 이루시겠다는 것입니다. 그래서 이스라엘 백성들을 보고서 하나님께서 역사하신다는 사실을 만민이 알게 하시겠다고 하십니다.** 아직도 성화되지 못한 어리석은 백성들을 위해서 하나님께서는 두려운 일을 행하시겠다 약속을 하십니다. 이것은 광야에서 떠돌고 있는 이스라엘 백성들에게 밝은 미래를 보여주는 것입니다.

영적인 지도자는 어두운 이야기에 귀를 기울이고 어두운 이야기만 전해서는 안 됩니다. 다른 사람들은 다 어두운 이야기를 해도 영적인 지도자들은 희망을 보여주어야 합니다. 목이 곧고 어리석은 백성이지만 하나님께서 그들과 함께 하시고 그들을 위해서 '선한 일을 이루어주실 것이라'는 미래를 보여주어야 합니다.

미래에 대한 밝은 비전은 목이 곧은 백성 때문에 오는 것이 아닙니다. 그것은 하나님의 은혜 때문에 오는 것입니다. 모세는 그것을 볼 수 있었고 그래서 하나님의 약속을 들을 수 있었습니다.

둘째, "너희 대적을 쫓아내리라."

> "너는 내가 오늘 네게 명하는 것을 삼가 지키라 보라 내가 네 앞에서 아모리 사람과 가나안 사람과 헷 사람과 브리스 사람과 히위 사람과 여부스 사람을 쫓아내리니"(출 34:11).

하나님은 두번째로 적을 축출해 주시겠다 약속하십니다. 이것은 삶의 승리에 대한 약속입니다.

하나님께서 함께 하시는 백성들을 당할 자는 없습니다. 승리하는 삶에 대한 약속을 경건한 지도자들은 들어야 합니다. 지금 처해 있는 상황이 어렵다 하더라도 하나님께서 함께 하시면 언제든지 그 상황은 승리하는 상황으로 바뀔 수 있다는 것을 믿고 백성들을 인도해야 합니다. 이 음성을 들을 수 있는 경건한 지도자라야 희망을 가질 수 있고 용기를 줄 수 있습니다.

그런 미래가 있으면 백성은 현재의 고통 때문에 절망하지 않습니다. 현실만 묘사하는 지도자는 백성들을 그 자리에서 더이상 나아가게 하기 어렵습니다.

셋째, "이방 거민과 언약을 세우지 말라."

그리고 하나님은 11절부터는 악과의 타협을 금지하셨습니다. 하나님께서 지키라고 한 모든 것을 제대로 지키는 것은 악과의 타협을 금하는 것입니다. 다른 이방 사람들의 행실을 좇지 말고 하나님이 명하신 것을 적극적으로 지켜 행하는 것이 악을 물리치는 것입니다.

그래서 다른 족속들의 풍습을 좇지 못하게 하시고 들어가는 땅의 백성들과 언약을 세우지 말라고 금지 하셨습니다.

> "너는 스스로 삼가 네가 들어가는 땅의 거민과 언약을 세우지 말라 그들이 너희 중에 올무가 될까 하노라"(출 34:12).
> "너는 삼가 그 땅의 거민과 언약을 세우지 말지니 이는 그들이 모든 신을 음란히 섬기며 네 아들로 그 신들에게 희생을 드리고 너를 청하면 네가 그 희생을 먹을까 함이며"(출 34:15).

정치가들이 만든 법에 하나님의 백성들을 맡기지 말고, 하나님의 법으로 통치하라고 하는 것이 하나님의 명령입니다. 세상의 법을 따라 나라를 다스렸던 왕들은 모두 종국이 좋지 못하게 끝을 맺고 말았습니다. 세상의 법으로는 선한 통치를 결코 할 수 없었던 것입니다.

넷째, "우상을 만들지 말고 다른 신에게 절하지 말라."

악과 타협하지 않고 선을 행하면서 사는 표본은 사람들의 법의 기준에 있지 않습니다. 이방의 풍습이나 우상에게 있지도 않습니다. 가시적인 악의 상징을 거부하는 것이 이스라엘 사람들이 해야 할 일이었습니다.

> "너희는 도리어 그들의 단들을 헐고 그들의 주상을 깨뜨리고 그들의 아세라 상을 찍을지어다 너는 다른 신에게 절하지 말라 여호와는 질투라 이름하는 질투의 하나님임이니라"(출 34:13-14).
> "너는 신상들을 부어 만들지 말지니라"(출 34:17).

교회에 제가 미국에서 목회할 때 딸이 여럿 있는 가정이 있었는데, 교회에 나오지 않는 큰 딸이 정신이 조금 이상하다는 소리를 듣고 심방을 했습니다. 그런데 제가 그 딸의 방에 들어가서 침대의 머리맡에 아주 큰 태국 토속 신의 그림이 붙어 있는 것을 보았습니다. 그것이 어디에서 산 것이냐고 했더니 일 년 반 전에 태국을 여행하면서 사온 것이라고 했습니다.

저는 원인이 거기에 있다고 생각했습니다. 그렇게 눈으로 보게 만들어 놓은 우상이 사람의 정신을 흐리게 하는 것입니다. 저는 그 그림을 당장 떼어내게 했습니다.

그렇게 가시적인 것이 우리의 영혼을 어지럽고 혼미케 한다면 그것을 집안에 둘 필요가 없습니다. 사탄의 상징이 될 만한 가시적인 것들은 주변에서 모두 없애는 것이 좋습니다. 집에 걸려 있어서 좋을 것이 없는데 무엇 때문에 그런 것을 놓아 둡니까? 보는 것이 끼치는 영향이 얼마나 큰 것인지 모릅니다.

빌립보서 3장에 "옳고 참되고 칭찬할 만한 것들만 생각하라"고 말씀하시지 않았습니까? 보아서 좋지 않은 것은 보지 않는 것이 좋습니다. 기왕이면 보아서 좋고 아름다운 것을 선택하는 것이 좋습니다. 사탄이 틈 탈 여지는 조금이라도 만들지 말아야 합니다.

다섯째, "이방인과 결혼하지 말라."

그리고 16절에는 이방인과 결혼을 금했습니다.

> "또 네가 그들의 딸들로 네 아들들의 아내를 삼음으로 그들의 딸들이 이 신들을 음란히 섬기며 네 아들로 그들의 신들을 음란히 섬기게 할까 함이니라."

이것은 단지 이스라엘 종족의 우월성을 보장하기 위해서 그런 것이 아닙니다. 이방인들은 여호와 하나님을 모르기 때문에 이스라엘의 영적 상태를 보존하기 위한 조치였습니다.

그런데 이상하게 우리 성도들은 다른 것은 잘 지키면서도 인생에 있어서 가장 중요한 결혼을 할 때는 신앙을 그리 중요하게 생각하지 않는 것 같습니다. 심지어 장로님 가정도 신앙을 무시하는 경향이 있습니다.

좋은 집안과 좋은 학벌을 더 중요하게 생각하고 신앙은 그 다음입니다. '신앙은 살면서 천천히 해결하지'라는 생각을 합니다. 그리고 결혼을 전도의 방법으로 쓰겠다고 가볍게 얼버무립니다.

그러나, 그런 말은 정작 성경에 없는 자신들의 변명일 뿐입니다. 전도의 어려움은 생각하지도 않고 전도에 드는 시간은 생각하지도 않습니다.

결혼 초부터 하나님과 함께 하시는 가정은 얼마나 축복을 받은 집안입니까? 그런 가정에는 하나님께서 주시는 보장이 있습니다.

믿는 사람들의 결혼에 있어서 신앙을 양보해서는 안됩니다. 신앙이 가장 기본적으로 결정해야 할 사항입니다. 결혼을 전도의 방법으로 사용하는 것은 위험한 일입니다. 상대방이 좋으면 결혼하기 전에 그 사람을 먼저 전도한 다음 결혼해야 합니다.

일단 결혼을 하면 자연스럽게 되려니 하고 가볍게 생각했다가는 평생 신앙적 고통 속에 살아야 할 수도 있습니다. 하나님께서 불신자와 혼인을 금하셨을 때는 그럴 만한 이유가 있다는 것을 확실히 깨달아야 합니다.

하나님의 절기

34장 18절에서 26절 말씀은 이스라엘 백성들이 지켜야 할 하나님의 절기에 대해 말씀하고 있습니다.

18절부터는 무교절에 대한 말씀입니다.

> "너는 무교절을 지키되 내가 네게 명한 대로 아빕월 그 기한에 칠 일 동안 무교병을 먹으라 이는 네가 아빕월에 애굽에서 나왔음이니라 무릇 초태생은 다 내 것이며 무릇 네 가축의 수컷 처음 난 우양도 다 그러하며 나귀의 첫 새끼는 어린 양으로 대속할 것이요 그렇게 아니 하려면 그 목을 꺾을 것이며 네 아들 중 장자는 다 대속할지며 빈 손으로 내 얼굴을 보지 말지니라"(출 34:18-20).

무교절에 대해서는 이미 앞에서 자세히 살펴보았습니다. 여기서 주목할 것은 무교절 때에는 '빈 손으로 하나님을 찾지 말고 반드시 희생제물을 대속제로 하나님께 바치라'고 말씀하신 점입니다. 왜냐하면 무교절은 출애굽을 기념하는 기념절기이지만, 희생제물은 이스라엘 자손의 죄를 대속하고 생명을 구하는 실제적인 것이기 때문입니다. 무교절의 희생제물은 영원한 어린 양 예수 그리스도의 피에 의해 완성될 때까지 일 년에 한 번씩 계속 드려져야 했습니다.

21절 말씀은 안식일을 지키라는 말씀입니다.

"너는 엿새 동안 일하고 제 칠일에는 쉴지니 밭 갈 때에나 거둘 때에도 쉴지며."

22-24절은 칠칠절(추수감사절)과 수장절(초막절)을 지키라는 말씀입니다.

"칠칠절 곧 맥추의 초실절을 지키고 가을에는 수장절을 지키라 너희 모든 남자는 매년 세번씩 주 여호와 이스라엘의 하나님 앞에 보일지라 내가 열방을 네 앞에서 쫓아내고 네 지경을 넓히리니 네가 매년 세번씩 여호와 너희 하나님께 보이러 올 때에 아무 사람도 네 땅을 탐내어 엿보지 못하리라."

25, 26절은 희생제물에 대한 율례를 말씀하고 있습니다.

"너는 네 희생의 피를 유교병과 함께 드리지 말며 유월절 희생을 아침까지 두지 말지며 너의 토지 소산의 처음 익은 것을 가져다가 너희 하나님의 여호와의 전에 드릴지며 너는 염소 새끼를 그 어미의 젖으로 삶지 말지니라."

이 모든 것들에 대해 하나님은 이미 말씀하신 것임에도 불구하고 또 다시 말씀하시는 것은 이것이 언약을 갱신하는 것이기 때문입니다. 언약의 갱신이란 기존의 언약에서 무엇을 새롭게 덧붙이는 정도가 아니라 언약을 전부 새롭게 다시 맺으시는 것을 의미합니다.

모세의 40주야 금식

27-28절을 보면 하나님이 하신 말씀을 모두 모세가 돌판에 기록했고 그 일을 하는 동안 아무것도 먹지 않고 물도 마시지 않았다는 40주야 금식 이야기가 나옵니다.

> "여호와께서 모세에게 이르시되 너는 이 말들을 기록하라 내가 이 말들의 뜻대로 너와 이스라엘과 언약을 세웠음이니라 하시니라 모세가 여호와와 함께 사십 일 사십 야를 거기 있으면서 떡도 먹지 아니하였고 물도 마시지 아니하였으며 여호와께서는 언약의 말씀 곧 십계를 그 판에 기록하셨더라."

이 일은 모세 같은 사람만이 할 수 있는 일이지 보통 사람으로서는 어렵습니다. 오랫동안 금식을 하는 사람들은 하나님의 도우심이 없이는 거의 불가능한 일을 하는 것입니다.

조나단 에드워드 목사가 일주일 동안 금식하고 난 다음에 한 설교는 말씀보다도 그 얼굴에 나타나는 영감 때문에 많은 교인들이 감동을 받고 눈물을 흘리는 역사가 일어났습니다.

금식을 하는 시간은 어떤 일 때문에 바쁘게 뛰는 시간이 아닙니다. 오로지 하나님과만 함께 하는 시간입니다. 그래서 단순히 금식한다는 것이 중요한 것이 아니라, 금식하는 동안에 주님과 나누는 영적인 교감이 깊어지고 그것이 몸에도 좋은 영향을 끼친 것입니다.

이스라엘 백성들도 모세의 경건함 때문에 생긴 그의 얼굴의 광채를 보고난 후 다른 이야기를 할 필요가 없었습니다.

지도자는 하나님과 함께 있는 시간이 많아야 합니다. 그래야 지도자로서의 성품도 갖추게 되고 지혜도 얻게 되는 것이며 남다른 위엄을 가질 수도 있게 됩니다. 사람들과 함께 하는 시간이 많을수록 하나님과 함께 하는 시간도 많이 있어야 합니다.

다른 일은 사람을 고용해서 할 수 있습니다. 각 분야에 아주 유능한 사람들은 얼마든지 많이 있습니다. 그러나 하나님과 함께 하는 경건 생활은 누구에게 대신 시킬 수 없습니다. 반드시 본인이 해야만 하는 일 중의 하나가 바로 성도와 목회자의 개인 경건 생활입니다.

하나님의 영광을 접한 얼굴

시내 산에서 모세는 하나님의 영광을 접하고 그의 얼굴도 변화되었습니다. 출애굽기 29-35절을 말씀은 모세의 얼굴과 관련된 몇 가지 변화들을 설명합니다.

첫째, 광채나는 얼굴

29절 말씀에는 모세가 산에서 내려올 때 그 얼굴에서 광채가 났다고 기록합니다.

> "모세가 그 증거의 두 판을 자기 손에 들고 시내 산에서 내려오니 그 산에서 내려올 때에 모세는 자기가 여호와와 말씀하였음을 인하여 얼굴 꺼풀에 광채가 나나 깨닫지 못하였더라."

모세 자신은 자기 얼굴에 광채가 나는 것을 알지 못했습니다. 그 광채는 하나님과 함께 한 사람이기 때문에 나타나는 광채였습니다. 여호와의 영광이 그에게 임했던 것입니다. 하나님과 오랜 시간을 같이 동행한 신앙인들은 하나님의 영광이 임하여 그 영광의 빛이 나타나게 됩니다.

우리 성도들도 하나님과 함께 하는 시간이 많고 하나님과 깊은 교제의 시간을 갖는 사람은 그 얼굴에 자신도 모르는 광채가 나타나게 되어 있습니다. 하나님을 모르는 사람에게는 나타날 수 없는 광채이므로, 믿는 사람이 아니면 가질 수 없는 광채이고 다른 사람은 함부로 범접할 수 없는 광채입니다.

그렇다면 이제 우리의 얼굴에는 어떤 것이 나타나는지 한 번 생각해 보아야 합니다. 사람마다 얼굴에 충만하게 나타나는 특징이 다양합니다.

어떤 사람은 지성미가 나타납니다. 전체적으로 얼굴에 싸늘한 기가 돌면서 생각이 깊은 눈을 하고 있어서 첫눈에 보기에도 이지적으로 느껴지는 사람입니다.

어떤 사람은 얼굴만 보고도 무서운 생각이 들게 하는 사람이 있습니다. 평생 힘들게 산 사람들도 얼굴을 보면 힘들었던 표가 납니다. 어른이 되어서도 장난기 가득한 얼굴을 지닌 사람도 있습니다.

자신의 마음을 쏟는 것은 그 얼굴에도 나타나게 되어 있습니다. 하나님을 우선으로 생각하고 하나님을 만나는 시간이 많은 사람이라면 당연히 하나님을 섬기는 자의 기품이 흘러넘칩니다.

기왕이면 우리 얼굴도 경건한 모습이 안팎으로 넘쳐야 겠습니다. 그래야 하나님의 자녀로 구별되는 사람이 되는 것입니다.

둘째, 두려운 얼굴

모세의 얼굴은 광채가 나면서 또한 두려운 얼굴이었습니다. 일상적인 삶을 살면서 늘 죄 가운데 사는 사람들이 볼 때 두려움을 가질 수밖에 없는 그런 얼굴이었습니다.

> "아론과 온 이스라엘 자손이 모세를 볼 때에 모세 얼굴 꺼풀에 광채 남을 보고 그에게 가까이 가기를 두려워하더니."

그의 형제였던 아론조차도 모세를 가까이 할 수 없었습니다. 그것은 모세가 위대해서라기보다는 그에게 광채를 주신 하나님의 위대함이 나타났기 때문이었습니다.

목회자들에게도 이런 위엄이 있어야 합니다. 목회자가 유능하고 똑똑해서가 아니라 그와 함께 하시는 하나님의 영광이 나타나서 부드럽고 편안한 사람이면서도 감히 가볍게 볼 수 없는 위엄이 항상 나타나는 사람이어야 합니다.

목회자들이 많이 배운 사람이거나, 돈이 많거나, 어떤 것을 잘하는 능력 때문에 교인들이 존경하는 것이 결코 아닙니다. 그런 것들이라면 교인들 중에 월등하게 뛰어난 사람들이 많이 있습니다. 그런 것 때문이라면 목회자는 설 자리를 잃게 될 것입니다.

그러나 목회자가 교인들을 이끌고 존경을 받을 수 있는 것은 그가 하나님과 함께 하는 사람이고, 하나님께서 자기의 말씀을 선포하는 권한을 주셨기 때문입니다. 그래서 목회자가 전하는 하나님의 말씀을 듣고 그분의 기도를 받고 그분에게 상담을 하고 신뢰합니다.

셋째, 언약을 전달하는 얼굴

모세의 얼굴은 또 하나님의 말씀을 전달해 주는 얼굴이었습니다. 31절을 보십시오.

> "모세가 그들을 부르니 아론과 회중의 모든 어른이 모세에게로 오고 모세가 그들에게 말하니 그 후에야 온 이스라엘 자손이 가까이 오는지라 모세가 여호와께서 시내산에서 자기에게 이르신 말씀을 다 그들에게 명하고"

모세는 두려움 때문에 가까이 나오지 못하고 있는 사람들을 불러 모아서 '하나님의 말씀을 그대로 전했습니다'. 모세는 자신의 말을 멋있게 전하기 위해서 뭔가를 덧붙이고 장식하려 하지 않았습니다. 하나님께서 '주신 말씀 그대로를 전하는 사람'이 되었던 것입니다. 자신은 하나님의 말씀을 전달하는 도구 이상으로 나타내려고 하지 않았습니다.

자신의 언변으로 지도자 노릇하려 했다면 모세보다 아론이 적격이었을 것입니다. 그러나 하나님께서는 아론보다 언변이 부족한 모세를 사용하셨습니다. 하나님의 말씀은 언변으로 전하는 것이 아니기 때문입니다.

넷째, 베일에 싸인 얼굴

33-35절에는 모세의 얼굴에 베일을 사용하면서 하나님과 백성들을 만나는 모습이 기록되어 있습니다.

> "그들에게 말하기를 마치고 수건으로 자기 얼굴을 가리웠더라 그러나 모세가 여호와 앞에 들어가서 함께 말씀할 때에는 나오기까지 수건을 벗고 있다가 나와서는 그 명하신 일을 이스라엘 자손에게 고하며 이스라엘 자손이 모세의 얼굴의 광채를 보는고로 모세가 여호와에게 말씀하러 들어가기까지 다시 수건으로 자기 얼굴을 가리웠더라."

모세가 그 얼굴을 가린 것은 그저 사람들이 두려워하기 때문에 그런 것은 아닙니다. 하나님의 영광과 그 인자하심이 서서히 떠나가는 모습을 보이지 않게 하기 위해서 그렇게 한 것입니다.

고린도후서 3장 13절은 이에 대해 보충 설명을 해줍니다.

> "우리는 모세가 이스라엘 자손들로 장차 없어질 것들의 결국을 주목하지 못하게 하려고 수건을 그 얼굴에 쓴 것 같이 아니 하노라."

사람들이 하나님의 영광이 사라지는 모습을 보고나서 어떻게 생각할 것인가를 미리 염두에 두고 배려한 것입니다. 모세는 자신이 지도자라는 것을 자각하고 있었기 때문에 자신의 변화 하나하나에 신경을 쓰면서 백성들을 조금이라도 동요시킬 일을 하지 않으려고 배려하는 모습을 보여줍니다.

아무리 어려운 일이라도 지도자는 자신의 표정을 그대로 다 드러내어서는 안됩니다. 지도자의 얼굴과 표정이 다른 사람들에게 미치는 영향은 지대합니다.

작은 일도 지도자의 표정이 어두우면 대중에게 큰 불안을 주게 되고 큰 어려움이 있어도 지도자의 얼굴에 자신감이 있으면 그 얼굴을 보는 사람들은 두려움을 갖지 않게 됩니다.

그러나 참된 기쁨과 자신감은 일부러 얼굴 표정으로 만들려 해서 만들어지는 것은 아닙니다. 자신감은 자신이 만드는 것이 아니라 위로부터 오는 것이기 때문입니다. 모세에게는 그렇게 하늘에서 오는 위엄이 있었고 그것이 자신과 백성들에게 미치는 영향력을 잘 알고 있었습니다.

위엄이 반드시 딱딱하고 무서운 얼굴에서 나타나는 것이라고 생각해서는 안 됩니다. 위엄은 일부러 경직된 얼굴을 한다고 해서 나타나는 것은 아닙니다. 아주 부드러운 가운데서 나타나는 위엄이 진짜 위엄입니다. 한없이 부드러운 얼굴에서 어딘지 모르게 감도는 위엄이야말로 하나님이 주시는 진정한 위엄입니다.

밝은 표정과 환한 얼굴에 나타나는 위엄을 갖추는 것이 하나님과 함께 하는 사람이 진정으로 신경을 써야 할 아름다움과 멋입니다.

얼굴은 마음의 거울이라고 할 수 있습니다. 마음이 얼굴에 비취어 나타나는 것입니다. 그래서 마음에 하나님을 품고 있으면 하나님의 품성이 자연스럽게 밖으로 나타나게 됩니다.

지금 우리들의 얼굴은 어떤 모습이 반사되고 있습니까? 근심, 불안, 초조, 분노, 이기심, 공허, 음란, 시기, 분쟁, 사랑, 기쁨, 평화, 인내, 친절, 선함, 성실, 부드러움, 절제…어떤 것들이 우리의 얼굴에 나타나 있습니까?

우리들의 얼굴은 하나님을 반사하는 거울임을 기억하고 얼굴과 삶을 통해 하나님의 성품을 드러내는 여러분이 되시기를 기도합니다.

제20장

여호와께서 명하신 대로 되니라

"…그가 또 성막 문에 장을 달고 또 회막의 성막문 앞에 번제단을 두고 번제와 소제를 그 위에 드리니 여호와께서 모세에게 명하신 대로 되니라 그가 또 물두멍을 회막과 단 사이에 두고 거기 씻을 물을 담고 자기와 아론과 그 아들들이 거기서 수족을 씻되 그들이 회막에 들어갈 때와 단에 가까이 갈 때에 씻었으니 여호와께서 모세에게 명하신 대로 되니라 그가 또 성막과 단 사면 뜰에 포장을 치고 뜰 문의 장을 다니라 모세가 이같이 역사를 필하였더라 그 후에 구름이 회막에 덮이고 여호와의 영광이 성막에 충만하매 모세가 회막에 들어갈 수 없었으니 이는 구름이 회막 위에 덮이고 여호와의 영광이 성막에 충만함이었으며 구름이 성막 위에서 떠오를 때에는 이스라엘 자손이 그 모든 행하는 길에 앞으로 발행하였고 구름이 떠오르지 않을 때에는 떠오르는 날까지 발행하지 아니하였으며 낮에는 여호와의 구름이 성막 위에 있고 밤에는 불이 그 구름 가운데 있음을 이스라엘의 온 족속이 그 모든 행하는 길에서 친히 보았더라"(출 35:1-40:38).

여호와께서 명하신 대로 되니라

앞장에서 우리는 하나님과 이스라엘 백성이 언약을 갱신하는 모습을 살펴보았습니다. 언약 갱신과 성막의 건축은 뗄 수 없는 긴밀한 관계가 있습니다. 그래서 출애굽기의 마지막 35장-40장은 대부분 성막 만드는 이야기입니다.

이 부분은 또한 순서에 있어서 약간의 차이를 제외하고는 출애굽기 25장-31장에 기록된 내용과 동일합니다. 단지 출애굽기의 맨 마지막 부분에 백성들 가운데 거하시는 하나님의 강림이 기록된 것이 다를 뿐입니다.

따라서 앞에서 이미 언급된 부분에 대해서 반복해서 살펴보지는 않겠습니다. 그렇다고 해서 35장-40장에서 기록된 내용이 전혀 필요없는 반복이라는 의미는 결코 아닙니다.

35장-40장의 내용은 이스라엘 백성들의 불순종과 실수에도 불구하고 자기 백성 가운데 거하시고자 하는 하나님의 신실하심을 잘 드러내 줍니다. 또한 이 부분은 두 번씩이나 하나님의 지시를 실천에 옮기는 모세의 모습을 통해 참 지도자의 모습이 어떤 것인가를 보여주기도 합니다.

특별히 40장에는 "여호와께서 명하신 대로"라는 말이 반복되면서 모세가 얼마나 철저하게 하나님의 말씀에 순종하였는가를 보여 줍니다.

성막을 건축하라

출애굽기 35장은 성막을 건축하면서 이스라엘 백성이 지켜야 할 몇 가지에 대한 말씀이 나타나고 있습니다.

첫째, "안식일을 지키라"

35장 1-3절까지는 안식일을 엄격하게 지키라는 하나님의 명령이 나옵니다.

> "모세가 이스라엘의 온 회중을 모으고 그들에게 이르되 여호와께서 너희에게 명하사 행하게 하신 말씀이 이러하니라 엿새 동안은 일하고 제 칠 일은 너희에게 성일이니 여호와께 특별한 안식일이라 무릇 이 날에 일하는 자를 죽일지니 안식일에는 너희의 모든 처소에서 불도 피우지 말지니라."

안식일을 지키라는 말씀 속에는 구체적으로 세 가지의 내용을 포함하고 있습니다.

첫째, 엿새 동안 성실하게 일하라는 것입니다.

안식일의 율례는 쉬는 것만을 의미하지 않습니다. 제 칠일에 쉬기 위해서는 나머지 엿새 동안 열심히 일하는 것이 전제되어 있습니다.

둘째, 성별된 안식일에는 주님 앞에서 쉬라는 것입니다.
안식일은 그냥 아무 것도 안하고 쉬는 것이 아니라 '여호와께 특별한 날'이므로 여호와께 예배드리라 명하십니다.

셋째, 안식일을 범하는 자는 죽이라는 내용입니다.
안식일은 고의적으로 살인을 범한 사람과 동일한 범죄로 인정하여 형벌로 사형을 내릴 정도로 엄격하고 중요한 것입니다. 주일에 예배 드리지 않고 장사하거나 산으로 들로 놀러 다니는 사람들은 이 말씀에 자신의 모습을 심각하게 비춰보아야 합니다.

하나님은 안식일을 지키지 않는 사람은 사형을 시키라고 할 정도로 아주 엄한 명령을 하셨습니다. 지금도 마찬가지입니다. 즉 하나님을 우선으로 삼는 것이 가장 중요하기 때문에 주일 성수하지 않으면 죽은 것이나 마찬가지입니다. 예배를 통해 하나님을 아는 사람이라야 살아있는 사람이라고 할 수 있습니다. 하나님을 알고 사랑하는 것이 가장 크고 첫째되는 계명이기 때문입니다.

현대의 성도들도 이것을 잘 알아야 합니다. 하나님을 기억하고 하나님이 지키라고 한 날을 구별해서 지키는 것은 성도들이 당연히 해야 할 일입니다. 구약시대처럼 많은 율법과 절기들을 다 지킬 수는 없는 것이지만 '하나님의 날'을 기억하고 지키는 것은 성도들 누구나 할 수 있는 일이고, 세상의 끝날까지 해야 할 일입니다.

하나님 최우선주의가 바로 이런 것에서 나타납니다. 주일을 소홀히 하는 사람이 어떻게 하나님을 사랑하며 그 뜻대로 사는 사람이라고 할 수 있겠습니까?

옛날 우리의 조상들은 주일을 지키기 위해서 목숨을 버리기도 했고, 학생들은 퇴학을 당하거나 매를 맞기도 했습니다.

제가 평양에서 중학교에 들어갈 때는 필기시험과 구두시험을 쳐야 했습니다. 선생님 앞에 나가면 시험 문제를 적어 놓은 종이들이 있었는데 그 중에 하나를 고르면 질문이 세 가지 있었습니다. 그러면 그 문제를 읽고 선생님 앞에서 그 질문에 대한 답을 써서 읽어야 했습니다.

그런데 제가 뽑은 질문 중에 하나가 "찰스 다윈의 진화론에 의한 인간의 진화를 설명하라"는 것이었습니다. 저는 신앙을 가진 학생으로서 어떻게 대답을 해야 할지 너무나 난감해서 하나님께 지혜를 달라고 기도를 했습니다. 학교는 꼭 진학을 하고 싶었고 그렇다고 내 신앙에 위배되는 대답을 할 수도 없었습니다.

그렇지만 하나님께서 저에게 용기를 주셔서 저는 저의 신앙의 양심에 따라서 창세기의 창조론을 쭉 써내려 갔습니다. 학교는 틀림없이 떨어졌다고 생각했습니다.

그리고나서 다음의 구두시험을 치러 갔는데 선생님이 하는 말씀이 "너 예수 믿는구나" 하시는 것이었습니다. 그리고는 다른 것은 물어보지도 않고 "일요일에 학교를 나올 수 있느냐?"고 물었습니다.

저는 "일요일에는 학교에 나올 수 없지만 다른 날은 빼 놓지 않고 오겠다"고 주일 성수를 주장했더니, "이 학교에는 너 같은 사람 필요없으니 당장 나가라"고 했습니다.

저는 나갈 때 나가더라도 꼭 한마디는 해야 할 것 같아서 "선생님 제 장래는 선생님의 손에 달려 있습니다. 저는 꼭 이 학교에서 공부하고 싶습니다. 공부를 하게 해주십시오" 하고는 절을 꾸벅하고 나왔습니다. 그랬는데 하나님의 특별하신 은혜로 그 중학교에 합격이 되었습니다.

저희 어머니는 제가 아무리 아파도 교회를 빠지는 것을 허락하시지 않았습니다. 어쨌든 교회를 갔다와서 앓더라도 앓아야지 아프다고 빠진다는 것은 상상할 수 없었습니다.

제가 교회를 가는 것 때문에 학교에서 선생님들께 매를 맞고 기어와도 어머니는 제가 핍박에 굴복하지 않은 것을 더 기쁘게 생각하시고 칭찬해 주셨습니다.

저희 어머니는 집사 직분을 맡은 분도 아니었고 그저 평신도였습니다. 그런데도 주일을 지키고 하나님의 명령을 지키는 일에는 철저하셨습니다. 아무리 어려운 일이 있어도 그것 때문에 신앙의 율례를 어기는 일은 없었습니다.

그런 어머니의 신앙이 있었기에 어머니가 곁에 안 계셨지만 저의 신앙은 자랄 수 있었습니다.

안식일을 지킨다고 할 때, 안식일을 거룩하게 지키는 것만 가르치면 안됩니다. 나머지 엿새를 잘 지내는 것도 동시에 가르쳐야 합니다. 엿새 동안 힘써 일해야만 안식일을 휴식하면서 거룩하게 지킬 수 있는 자격이 있습니다! 되는 대로 일하면서 그저 육일간의 시간을 보내는 것이 아니라 최선을 다해서 일해야 합니다.

그래서 저는 교인들에게 주일만 강조할 뿐 아니라 나머지 엿새 동안은 전력을 다해서 일을 하라고 가르치고 있습니다. 이것이 주일만 엄격하게 지키는 것보다는 훨씬 하나님의 계획을 넓게 지키는 것입니다.

대부분의 시간을 보내는 직장에서는 그저 대강 눈치보기로 일하고, 주일에 교회 와서는 마치 자기가 교회일 다하는 것처럼 열심히 일하는 사람들이 있습니다. 제 생각에는 이런 사람들을 하나님께서 기뻐하시지 않으실 것 같습니다.

교역자도 아니면서 교회의 모든 일에 자신의 손이 닿아야 되는 것처럼 행동하는 사람은 대부분 나중에 문제를 일으키는 사람이 되기 쉽습니다.

자신이 일하는 것을 다른 사람들이 몰라주거나 일하는 만큼의 보상이 따르지 않으면 실망하고, 심지어 교회와 교인들을 비방하곤 합니다. 자기의 가정과 직장을 소홀히 하면서 교회 봉사한다는 사람은 바로 이런 위험을 늘 안고 있는 사람입니다.

직장에서 자신의 최선을 다해서 일하고 교회에 와서는 자기가 맡은 직분에 충실한 사람이 되는 것이 조화로운 생활 방법이고, 합력하여 선을 이루는 신앙의 방법입니다.
성실하게 일하는 사람에게라야 안식이 가치를 갖게 되는 것입니다. 하나님께서도 일하는 사람들을 위해서 안식일을 만든 것입니다.

둘째, "여호와께 드리라."

성막을 짓기 위해 헌금이 꼭 필요합니다. 아무리 하나님의 은혜로 성전을 짓는다 해도 구약시대나 현대 사회에서 돈 없이 건물을 지을 수 없습니다. 모세는 백성들에게 여호와에게 드릴 것을 가져오라고 명했습니다. 모세의 말에 백성들은 다 순종했습니다.

하나님께서는 사랑하는 자녀들이 구하는 것은 어떻게든 들어주시는 분입니다. 그러나 그렇다고 해서 하나님의 자녀로서의 본분은 행하지 않으면서 무조건 자기 필요만 채우려고만 해서는 안 됩니다. 처음에 복음을 전할 때는 구원을 받고 참생명을 얻는 것이기 때문에 아무런 부담감 없이 기쁨으로 받아들이게 됩니다. 그래서 결신자도 많이 생깁니다. 그런데 일단 복음을 받아들인 사람에게 그리스도인으로서의 본분과 마땅히 행할 바를 전하면 아주 소극적이 되고 전적으로 수용하려 하지 않습니다. 이런 태도는 복음에의 진정한 부름을 저버리는 것입니다.

그래서 저는 복음을 전할 때는 반드시 삶에 대한 것을 함께 전하면서 복음을 전하고 결신시켜야 한다는 것을 알았습니다.

하나님께서는 구하는 대로 주십니다. 그 사람의 믿음대로 주시는 것입니다.

4-9절까지는 여호와께 드릴 예물에 대해서 말하고 있습니다. 여호와께 드릴 예물은 흠이 없고 정성껏 준비한 것이어야 했습니다.

"모세가 이스라엘 자손의 온 회중에게 고하여 가로되 여호와의 명하신 일이 이러하니라 이르시기를 너희의 소유 중에서 너희는 여호와께 드릴 것을 취하되 무릇 마음에 원하는 자는 그것을 가져다가 여호와께 드릴지니 곧 금과 은과 놋과 청색 자색 홍색실과 가는 베실과 염소털과 붉은 물들인 수양의 가죽과 해달의 가죽과 조각목과 등유와 및 관유에 드는 향품과 분향할 향을 만드는 향품과 호마노며 에봇과 흉패에 물릴 보석이니라."

그런데 여기에서 중요한 것은 5절의 "드릴 것을 취하되 마음에 원하는 자"만 여호와께 바치라고 한 말씀입니다. **하나님은 억지로 많이 바치는 것보다는 자원하는 마음(a willing heart)으로 바치는 것을 더욱 기뻐하십니다.**

모세가 원했던 것은 '마음에 원하는 자'가 가져오는 것이었습니다. 아무것이나 손에 닿는 대로 가져오는 것이 아니라 자기 마음에서 원하는 것을 가져오는 것입니다. 마음에 없는 물건을 하나님께서 기뻐 받으실 리가 없기 때문입니다.

목사의 눈이 무서워서 바치거나 다른 사람들의 이목이 두려워서 하는 일이어서는 안됩니다. 예물은 무엇보다 자원하는 마음이 중요합니다. 그래서 교회에서 하는 일은 사람들의 마음을 움직여 자원해서 해야 합니다. 영적으로 철저하게 사는 사람들 가운데 자진해서 헌신할 뿐만 아니라 기쁘게 헌금을 하는 사람들이 나옵니다.

 재산이 있다고 헌금을 많이 드리는 것이 아닙니다. 과부의 두 렙돈처럼 넉넉한 재산은 없지만 더 많은 것을 드리는 경우가 많이 있습니다. 하나님께서도 그런 사람들의 헌금을 더 기쁘게 받으십니다.
 자원하는 마음은 자신에게 가진 것이 많이 있다고 해서 생기는 것이 아닙니다. 만약 그렇다면 왜 '부자가 하늘나라 가기가 어렵다'고 예수님께서 말씀하셨겠습니까? 하나님께서도 헌금의 양을 보심이 아니라 마음의 중심을 보신다고 하셨습니다.

 마음이 있는 곳에 보물을 쌓아둡니다. 그렇습니다! 마음이 없는 곳에 물질이 있을 수 없습니다. 그저 의무감으로 드리는 것은 그 액수가 아무리 많아도 자원하는 마음이 실린 헌금만큼 하나님을 기쁘시게 할 수 없습니다.

 어떤 분이 꿈을 꾸었습니다. 그 분이 천국을 가자 천사가 그 사람이 살 집으로 데려다 주었는데, 그 곳은 아주 작은 단칸방 같은 곳이었습니다. 그래서 "천국의 집이 어떻게 이럴 수 있느냐?"고 항의했더니, 그 천사가 하는 말이 "천국에서는 땅에서 사는 동안 하늘에 바친 것으로 집을 짓는데 당신이 바친 것이 이것뿐이었다"고 말했다고 합니다.
 자원해서 바치는 마음과 그 물질과의 관계를 설명하기 위한 재미있는 예화입니다. 하나님은 중심을 보시고 성도들을 축복하십니다.

 헌금을 많이 내면 당장 교회에는 이익이 됩니다. 그러나 그것 때문에 자신이 시험에 드는 수가 많이 있습니다. 자신의 힘으로 교회를 유지한다고 생각하기 때문에 자신의 뜻대로 교회를 움직이려는 마음이 은연중에 생기게 됩니다. 사람의 마음이라는 것이 물질에 상관없이 자유롭기가 힘들기 때문입니다.

 공포심이나 명예심 때문에 움직이는 것은 신앙심에 의한 것이라고 하기 어렵습니다. 하나님을 사랑하는 높은 가치와 목적을 위해서 움직이는 사람이 되어야만 하나님을 사랑하는 사람이 되는 것입니다.
 마음의 중심을 보시는 하나님은 자원하는 마음을 기뻐하십니다.

 셋째, "건축 기술을 바치라."

10절부터 성막을 건축하는 데 필요한 재료들이 나옵니다.

> "무릇 너희 중 마음이 지혜로운 자는 와서 여호와의 명하신 것을 다 만들지니 곧 성막과 그 막과 그 덮개와 그 갈고리와 그 널판과 그 띠와 그 기둥과 그 받침과 증거궤와 그 채와 속죄소와 그 가리는 장과 상과 그 채와 그 모든 기구와 진설병과 불 켜는 등대와 그 기구와 그 등잔과 등유와 분향

단과 그 채와 관유와 분향할 향품과 성막문의 장과 번제단과 그 놋 그물과 그 채와 그 모든 기물과 물두멍과 그 받침과 뜰의 포장과 그 기둥과 그 받침과 뜰 문의 장과 장막 말뚝과 뜰의 포장 말뚝과 그 줄과 성소에서 섬기기 위하여 공교히 만든 옷 곧 제사 직분을 행할 때에 입는 제사장 아론의 거룩한 옷과 그 아들들의 옷이니라."

성전을 건축하는 일에는 재료들뿐만 아니라 그 일을 하는 사람들도 성전 건축에 요구되는 엄격한 조건에 적합한 인물이어야 했습니다.

'하나님의 마음에 합하는 자'라고 했던 다윗도 성전을 짓는 데는 적합한 왕이 되지 못했습니다. 그는 너무나 많은 피를 흘린 사람이었기 때문입니다. 그래서 건축하게 된 것은 '평화의 사람'이었던 솔로몬에 와서야 훌륭한 성전을 짓는 것이 가능했습니다.

저도 성전을 지으면서 특별 성경공부반을 만들어서 성경공부를 했습니다. 주제는 "서로 사랑하자"는 것이었습니다. 이 공부를 통해서 먼저 자기 자신이 사랑하는 마음을 가질 수 있도록 하고 그 다음에는 가족들이, 그리고난 다음에는 구역들과 전 교회가 단합을 할 수 있는 기회를 만들 수 있게 되었습니다. 그래서 성전을 건축하는 2년 동안 사랑으로 전교인들이 한마음 될 수 있었습니다.

사실 성전을 건축한다는 것은 아주 어려운 일일 뿐만 아니라 시간과 사람과 물질이 필요한 일이기 때문에 어려움도 많이 따르고 시험되는 일들도 많이 있습니다.

그래서 성전을 건축한다고 하면 불행을 경고하는 사람들도 많이 생깁니다. "성도들이 떨어져 나간다", "짓고 나면 내분이 생긴다", "고생해서 지은 목사가 나중에는 쫓겨난다" 등등의 경고입니다.

그러나 그런 것은 근본적으로 사랑이 없는 사람들이 건축을 했기 때문에 생기는 일들입니다.

성전을 짓는 일은 고되고 힘든 일이지만 다 완성이 된 후에는 하나님께서 놀라운 축복을 내려 주십니다. 우리는 미처 생각조차 할 수 없었던 엄청난 역사를 때마다 보여주시고 성도 개개인에게 축복해 주십니다.

미국에서 처음 교회를 지으려고 했을 때는 부동산 경기가 좋지 않아 전혀 매매가 이루어지지 않을 때였습니다. 덕분에 넓은 땅을 아주 싼 값에 살 수 있었고 그 땅에다 교회를 짓게 되었습니다. 그런데 문제는 공사를 시작하려고 하니까 돈을 빌려 주겠다는 은행이 없었습니다. '교회에 돈을 빌려 주면 잘 갚지 않는다'는 소문으로 은행에서 교회와 거래하기를 꺼려했기 때문이었습니다.

그러나 우리는 일단 기공식을 했는데 바로 그때부터 은행 금리가 떨어지기 시작해서 돈을 빌려 주겠다는 은행이 여러 군데 생겼습니다. 최종적으로 두 은행이 경쟁을 했는데 그 덕분에 아주 싼 이자로 돈을 빌릴 수 있게 되었습니다. 교회가 준비되고 성도들이 사랑으로 한마음 한 뜻이 되니까 이렇게 하나님의 도우심이 곳곳에서 나타났던 것이었습니다.

그래서 공사가 진행되었는데 미국의 인부들은 섬세하지가 못해서 벽돌을 매끈하게 쌓는 일을 잘 하지 못했고, 오후 5시만 되면 일하는 도중이라도 정리하지 않고 집으로 가버렸습니다.

  그 사람들은 일단 시간이 지나면 아무리 설득해도 일하지 않습니다. 그래서 손을 대지 못하고 있는데 밤 사이에 온 강풍에 그 벽이 다 무너졌습니다. 다시 손을 대지 않을래야 대지 않을 수 없게 된 것입니다.

  결국 처음부터 다시 쌓지 않으면 안 되게 되었고 두번째 작업은 아주 정성을 들여서 잘 쌓게 되었습니다. 처음에 무너지지 않았더라면 아마 나중에 사고가 나거나 아주 보기 흉한 건축이 되었을 것입니다. 하나님께서 바람까지 이용하셔서 하나님의 전을 튼튼하고 아름답게 하신 것입니다.

  그렇게 역사하신 하나님은 건축이 끝나는 날까지 계속해서 함께 하셨습니다. 나중에 건물이 다 완공되고 나서는 지붕에 새는 곳이 없는지를 검사할 때 건축을 하는 사람들은 호스를 사용해서 지붕에 물을 뿌리는 것으로 시험을 합니다. 그렇게 한 번 하고 나서는 다시 보수해 줄 생각을 하지 않습니다.

  가장 완벽하게 시험을 하는 방법은 비가 오는 것인데 그럴 가능성이 거의 없었습니다. 그래도 저와 감독을 맡은 장로님은 하나님께 비를 내려달라고 열심히 기도를 했고, 그날 저녁에 아무도 예상하지 못했던 비가 왔습니다. 비가 와서 조사를 해보니 새는 곳이 18군데나 되었습니다.

비만 문제가 아닙니다. 눈이 왔다가 쌓이면 그것이 녹으면서 물이 새는 곳이 생길 수 있었습니다. 그래서 다시 기도를 했습니다. 아직 눈이 오기에는 이른 때였는데 주일날 기도를 하고 나자 그 다음 주 수요일날 눈이 30센티나 내렸습니다.

그리고 그 다음날은 해가 나서 눈이 녹으면서 새는 곳을 알 수 있게 되었습니다. 그래서 여름이고 겨울이고 할 것 없이 샐 수 있는 곳은 완공과 함께 쉽게 다 고칠 수 있었습니다.

그렇게 해서 아주 아름다운 성전을 건축할 수 있게 되었습니다. 한국식으로 선을 아름답게 하려고 했는데 미국 사람들이 하는 일이라서 그렇게 섬세하고 아름답게 되진 않았지만 미국에서도 잘 지어진 교회 중 하나가 되었습니다. 그 교회에는 방이 94개가 있는데 사랑방 같은 분위기가 나도록 만들었습니다.

이렇게 평화롭게 사랑을 나누는 사람들이 기도하면서 건축을 준비하면 하나님께서 역사하셔서 선하게 이룰 수 있도록 도우십니다. 성전을 건축하는 것은 이렇게 사람들과 상황이 준비되어야 합니다.

넷째, "자원하는 자가 바치라."

20절에서 29절의 말씀은 이스라엘 자손의 온 회중이 자원하는 마음으로 예물을 여호와께 드리는 모습을 아름답게 나타내 보여줍니다.

"이스라엘 자손의 온 회중이 모세 앞에서 물러갔더니 무릇 마음이 감동된 자와 무릇 자원하는 자가 와서 성막을 짓기 위하여 그 속에서 쓸 모든 것을 위하여 거룩한 옷을 위하여 예물을 가져 여호와께 드렸더니 곧 마음에 원하는 남녀가 와서 가슴 핀과 귀고리와 가락지와 목거리와 여러 가지 금품을 가져 왔으되 사람마다 여호와께 금 예물을 드렸으며 무릇 청색 자색 홍색실과 가는 베실과 염소털과 붉은 물들인 수양의 가죽과 해달의 가죽이 있는 자도 가져 왔으며 무릇 은과 놋으로 예물을 삼는 자는 가져다가 여호와께 드렸으며 무릇 섬기는 일에 소용되는 조각목이 있는 자는 가져 왔으며 마음이 슬기로운 모든 여인은 손수 실을 낳고 그 낳은 청색 자색 홍색실과 가는 베실을 가져 왔으며 마음에 감동을 받아 슬기로운 모든 여인은 염소털로 실을 낳았으며 모든 족장은 호마노와 및 에봇과 흉패에 물릴 보석을 가져 왔으며 등불과 관유와 분향할 향에 소용되는 기름과 향품을 가져왔으니 마음에 원하는 이스라엘 자손 남녀마다 여호와께서 모세의 손을 빙자하여 명하신 모든 것을 만들기 위하여 물품을 가져다가 여호와께 즐거이 드림이 이러하였더라."

얼마나 아름다운 모습입니까? 이렇게 남녀노소가 자원하는 마음으로 즐거이 여호와께 드릴 수 있기 위해서는 성도들이 마음에 도전을 받고 원하는 마음이 있도록 목회자는 동기를 부여해야 합니다.

그러면 어떻게 그 마음에 동기를 부여할 수 있습니까?

첫번째는 마음에 감동을 불러 일으켜 자원하게 할 수 있습니다.
출애굽기 35장 5절, 21절, 22절, 26절, 29절 말씀은 마음에 감동을 받은 남녀노소가 자원하는 모습을 보여주고 있습니다.

두번째는 영을 움직여야 자원할 수 있습니다.
사람은 영적인 존재입니다. 사람의 생각과 마음과 감정을 지배하는 것이 영입니다. 믿는 모든 사람들에게는 하나님의 성령이 내주해 계십니다. 영이 움직이면 사람의 이성이 움직이고 감성이 움직입니다.

세번째는 높은 목적을 보여주어야 자원합니다.
사람은 고귀한 목적을 위해서는 자신을 드리고 심지어 희생까지 합니다. 에디오피아나 소말리아의 기아들이나, 심장병 어린이들을 위한 모금운동에 많은 사람들이 자원하여 헌금을 하는 것은 그 목적이 고귀하기 때문입니다.

35장 30절에서 36장 1절 말씀은 성령 충만한 기술자 브사렐과 오홀리압에 대해서 설명하고 있습니다.

"모세가 이스라엘 자손에게 이르되 볼지어다 여호와께서 유다 지파의 훌의 손자요 우리의 아들인 브사렐을 지명하여 부르시고 하나님의 신을 그에게 충만케 하여 지혜와 총명과 지식으로 여러 가지 일을 하게 하시되 공교한 일을 연구하여 금과 은과 놋으로 일하게 하시며 보석을 깎아 물리며 나무를 새기는 여러 가지 공교한 일을 하게 하셨고 또 그와 단 지파 아히사막의 아들 오홀리압을 감동시키사 가르치게 하시며 지혜로운 마음을 그들에게 충만하게 하사 여러 가지 일을 하게 하시되 조각하는 일과 공교로운 일과 청색 자색 홍색실과 가는 베실로 수 놓는 일과 짜는 일과 그 외에 여러 가지 일을 하게 하시고 공교로운 일을 연구하게 하셨나니 브살렐과 오홀리압과 및 마음이 지혜로운 사람 곧 여호와께서 지혜와 총명을 부으사 성소에 쓸 모든 일을 할 줄 알게 하심을 입은 자들은 여호와의 무릇 명하신 대로 할 것이라."

하나님은 언제나 준비된 사람을 사용하십니다. 하나님께 헌신된 사람이 하나님의 일을 이루어갑니다. 브살렐과 오홀리압도 하나님 앞에 준비된 사람이었습니다.

그런데 하나님은 하나님께 헌신되고 준비된 사람을 사용하실 때 그들에게 이루 말로 할 수 없는 지혜와 총명을 부어주시고, 하나님의 성령으로 충만하게 하십니다.

우리도 브살렐이나 오홀리압처럼 하나님 앞에 쓰임 받는 사람이 되도록 우리 자신을 준비시키고 하나님께 헌신해야 하겠습니다. 그것이 하나님이 부어주시는 충만한 성령과 지혜와 총명을 경험하며 사는 방법입니다.

36장 2절에서 7절 말씀은 하나님의 성막을 건축하는 데 자원하여 바친 예물이 풍족하여 넘치는 모습을 상세히 보여줍니다.

"모세가 브사렐과 오홀리압과 및 마음이 지혜로운 사람 곧 그 마음에 여호와께로 지혜를 얻고 와서 그 일을 하려고 마음에 원하는 모든 자를 부르매 그들이 이스라엘 자손의 성소의 모든 것을 만들기 위하여 가져온 예물을 모세에게서 받으니라 그러나 백성이 아침마다 자원하는 예물을 연하여 가져오는고로 성소의 모든 일을 하는 지혜로운 자들이 각기 하는 일을 정지하고 와서 모세에게 고하여 가로되 백성이 너무 많이 가져 오므로 여호와의 명하신 일에 쓰기에 남음이 있나이다 모세가 명을 내리매 그들이 진중에 공포하여 가로되 무론 남녀하고 성소에 드릴 예물을 다시 만들지 말라 하매 백성이 가져오기를 장지하니 있는 재료가 모든 일을 하기에 넉넉하여 남음이 있었더라."

여호와께서 명하신 일을 하는 데 필요한 것보다 훨씬 더 많은 예물을 이스라엘 자손들이 하나님께 드렸습니다. 얼마나 많았던지 모세가 따로 명령을 내려 더이상 가져오지 말라고 금해야 할 정도였습니다. 모든 것은 충분했고 실제로 필요한 것보다 더 많이 가져와서 성막을 짓기에 넉넉하여 남을 정도였습니다.

성막의 건축

36절 8절부터 40장 33절까지는 성막과 성막에 사용될 기물들을 제작하는 이야기가 나옵니다.

지금부터는 25장에서 31장까지 살펴보았던 부분들이 반복되지 않는 범위에서 우리가 눈여겨 보아야 할 점들을 살펴보도록 하겠습니다.

36장에서 40장까지의 말씀에서 우리가 가장 먼저 주목할 것은 모든 작업이 '여호와께서 명하신 대로' 이루어졌다는 부분입니다.

> "그들이 여호와께서 모세에게 명하신 대로 청색 자색 홍색 실로 성소에서 섬기기 위한 정교한 옷을 만들고 또 아론을 위한 거룩한 옷을 만들었더라"(출 39:1).

여호와의 성막을 건축하면서 모든 일은 "여호와께서 모세에게 명하신 대로" 완료되었습니다. "여호와께서 모세에게 명하신 대로"라는 말씀은 출애굽기 39장 1절, 5절, 7절, 21절, 26절, 29절, 31절, 32절, 42-43절에 반복하여 나옵니다.

그만큼 하나님의 성막을 짓는 일은 모세와 브사렐과 오홀리압과 이스라엘 온 자손이 한마음이 되어 하나님의 말씀에 전적으로 순종하였음을 말해줍니다.

출애굽 직후 하나님과 모세를 대적했던 이스라엘 자손의 모습과, 모세가 시내 산에서 십계명을 받는 동안 하나님께 불순종했던 모습에 비하면 성전을 건축하는 모습은 너무나 대조적입니다.

성막의 완성

이러한 전적 순종의 결과로 성막과 기물들의 제작이 완료되었습니다. 39장 42-43절에는 제작이 완료된 성막의 기물들을 모세가 검토해보는 모습입니다.

> "여호와께서 모세에게 명하신 대로 이스라엘 자손이 모든 역사를 필하매 모세가 그 필한 모든 것을 본즉 여호와께서 명하신 대로 되었으므로 그들에게 축복하였더라."

모세는 성막의 모든 기물들을 점검한 뒤 모든 것이 '여호와께서 명하신 대로' 이루어졌음을 확인했습니다. 그리고 모세는 그 일에 수고한 모든 사람들에게 축복을 해주었습니다.

이런 모세의 모습은 많은 지도자들이 본받아야 할 모습입니다. **모든 것을 하나님의 말씀에 비추어 점검하는 모세의 태도와, 마지막까지 모든 일을 책임지고 일일히 점검하는 태도는 교회와 나라의 지도자가 갖추어야 할 모습입니다.**

지도자들 가운데에는 모든 것을 감독하고 책임져야 할 책임은 외면하고 일의 결과에 대한 칭찬과 공로만 가로채려는 이들이 의외로 많습니다. 그들은 실제로 일하지 않고 이름을 내는 일과 사진을 찍은 일에만 열심인 사람들입니다. 그러나 정작 문제가 생겼을 때는 자신은 쏙 빠지고 다른 사람들에게만 책임을 전가합니다.

이런 모습은 특히 정치 지도자들에게서 많이 발견됩니다. 그러나 모세의 모습은 지도자는 칭찬을 받기 위한 자리가 아니라 책임을 지는 자리임을 분명히 보여줍니다.

40장 1절에서 33절까지의 말씀은 성막을 완성하고 성막 기물 설치를 완성하는 모습입니다.

여기서도 마찬가지로 모든 것이 "여호와께서 모세에게 명하신 대로" 완성이 되었습니다. 이 말씀은 40장 19절, 20절, 23절, 25절, 27절, 29절, 32절에 반복하여 나타납니다. 성막의 기물을 만들 때와 마찬가지로 성막과 기물들을 설치하는 모든 과정도 철저하게 '하나님의 말씀대로' 이루어졌습니다.

또한 하나님은 모세에게 성막을 완성하기 전에 성막과 모든 기구들에 기름을 발라 거룩하게 하라고 명령하셨습니다(출 40:9-11). 그리고 아론과 그 아들들에게도 기름을 부어 거룩하게 제사장 직분을 감당하도록 말씀하셨습니다(출 40:12-16).

충만한 하나님의 영광

모든 작업이 '하나님이 명하신 그대로' 틀림없이 이행되었을 때 하나님의 영광이 구름의 형태를 띠면서 장막에 가득 임하였습니다.

"그 후에 구름이 회막에 덮이고 여호와의 영광이 성막에 충만하매"(출 40:34).

여호와의 영광이 얼마나 충만하게 임하였는지 아무도 성막에 접근할 수 없었습니다. 심지어 모세조차 성막에 가까이 가지 못했습니다.

"모세가 회막에 들어갈 수 없었으니 이는 구름이 회막 위에 덮이고 여호와의 영광이 성막에 충만함이었으며"(출 40:35).

이제 이스라엘 백성은 하나님의 영광이 충만한 구름이 인도하는 대로 움직였습니다. 구름이 떠오르면 행진했고 구름이 서면 이스라엘 자손들도 정지했습니다. 하나님의 영광이 충만한 구름기둥은 이스라엘 민족에게는 전진과 정지의 신호가 되었습니다.

"구름이 성막 위에서 떠오를 때에는 이스라엘 자손이 그 모든 행하는 길에 앞으로 발행하였고 구름이 떠오르지 않을 때에는 떠오르는 날까지 발행하지 아니하였으며"(출 40:36,37).

하나님의 영광은 낮에는 구름으로 밤에는 불빛으로 임했습니다. 그래서 밤이나 낮이나 하나님이 이스라엘과 함께 하심을 모든 사람들이 믿고 알게 되었습니다. 이스라엘 자손은 누구나 하나님께서 이스라엘 가운데 임재하시고 인도하심을 눈으로 확인할 수 있었습니다.

"낮에는 여호와의 구름이 성막 위에 있고 밤에는 불이 그 구름 가운데 있음을 이스라엘의 온 족속이 그 모든 행하는 길에서 친히 보았더라"(출 40:38).

성막과 성전에 충만했던 하나님의 영광(쉐키나)은 그곳이 하나님의 거룩한 성전임을 의미했습니다.
오늘날에는 건물이 아니라 성도의 몸이 하나님의 성전입니다. 어디나 하나님의 성령이 임하신 곳이 바로 성전입니다. 성령님은 예수님이 승천하신 후로부터 계속 성도들의 몸 속에 내주하시기 때문입니다.

우리는 출애굽기 35장에서 40장까지를 통해 이스라엘 자손들이 어떻게 하나님의 성막을 지어가는가를 살펴보았습니다. 그들은 자원하는 마음으로 하나님께 예물을 드렸고, 모든 것을 "여호와께서 모세에게 말씀하신 대로" 지었으며, 기름을 부어 성물과 제사장을 거룩하게 하였습니다.

우리들 자신은 어떻습니까? 우리는 하나님께서 우리에게 주신 것들을 자원하는 마음으로 하나님께 돌려드리고 있습니까? 우리는 하나님의 성전인 우리 자신을 하나님이 명하신 대로 지어가고 있습니까? 우리의 몸과 마음과 생각과 말과 행동은 성령님의 기름 부음을 받아 거룩하여졌습니까?

이스라엘 자손들은 성막 위에 충만히 임하시는 하나님의 영광을 보고 그 인도하심을 따라 한 걸음 한 걸음 움직였습니다.

하나님의 성전인 우리 역시 삶을 통해 하나님을 알지 못하는 사람들이 하나님의 영광을 볼 수 있도록 살아야 할 것입니다. 그리고 우리를 인도하시는 성령님을 따라 인생의 걸음 걸음을 옮기는 삶을 살아갑시다!

출애굽의 긴 여정을 통해 이스라엘 백성들은 많은 실수에도 불구하고 하나님의 자비하심과 은혜로 말미암아 다듬어지고 성숙하게 되었습니다.

지금 이 땅의 신앙인들도 하나님의 영광을 친히 목격하고, 하나님의 인도하심대로 순종하였던 모세와 이스라엘 자손과 같은 축복받은 삶을 사시는 성도 여러분이 되시기를 기도합니다.

네 지팡이를 들라

1995년 11월 20일 초판 발행
2001년 3월 5일 초판 5쇄 발행
지은이 • 김상복
발행인 • 이형자
발행처 • 도서출판 횃불
등록일 • 1992년 6월 10일 제 21-355호
등록주소 • 서울시 서초구 양재동 55번지
　　　　　횃불선교센타
전　화 • (02)570-7233~4
팩　스 • (02)570-7239

총　판 • 생명의샘
　　　전화: (02)419-1451
　　　팩스: (02)419-1452
　　　주소: 서울시 송파구 삼전동 65번지

ⓒ도서출판 횃불

횃불이 자신있게 추천하는
김상복 목사 설교집 시리즈!

영국의 에딘바라대학교와 미국의 워싱턴신학대에서 19년간 신학교수로 재직하고 미국교회에서 9년, 한인교회에서 11년 목회한 김상복 목사의 해박한 신학과 풍성한 목회경험이 단행본으로 묶여져 도서출판 횃불을 통해 선보입니다.

이미 '확신시리즈'라는 베스트셀러를 통해 한국의 그리스도인들에게 많은 도전을 주었던 김상복 목사는 현재 아세아연합신학대학 조직신학 교수, 횃불선교센타 실행위원장, 할렐루야 담임목사 등으로 재직하면서 창세기에서부터 시작해서 요한계시록에 이르는 강해설교집과, 성령론, 영성론에서부터 시작해서 신론, 구원론 등 주제설교집 등 지금까지의 신학연구와 목회 경험을 집대성할 저작들을 준비하고 있습니다.

이제 김상복 목사의 꼼꼼하고도 치밀한 성경해석과 풍성하고도 생생한 신앙의 교훈들을, 도서출판 횃불에서 펴내는 김상복 목사의 설교집을 통해 만나보십시오.

김상복 목사 창세기 강해 시리즈

1. 잃어버린 왕좌
신학 강의와 일선 목회를 통한 생생한 예화와, 저자 특유의 꼼꼼한 분석 및 이해하기 쉬운 설명이 돋보이는, 창세기 강해 설교집 첫째권. (신국판/324쪽/6,800원)

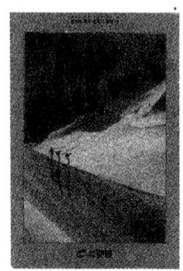

2. 모험을 두려워 말라
-김상복 목사 창세기 강해2
아브라함의 모험적인 생애 속에서 나타나는
적나라한 삶을 통해 영원한 신앙의 교훈을 살펴본
김상복 목사의 창세기 강해 둘째권
(김상복 목사 지음/424쪽/8,500원)

3. 이길 때까지 싸우라
-김상복 목사 창세기 강해3
평화의 사람 이삭과, 하나님과 겨루어
이기기까지 자신의 욕망을 추구했던 집념의
사람 야곱의 생애를 통해 우리의 모습을
돌아보게 하는 창세기 강해 셋째권
(김상복 목사 지음/312쪽/6,900원)

4. 꿈은 이루어진다
-김상복 목사 창세기 강해4
어려운 환경 속에서도 하나님이 주신 꿈을 현실로
이루어낸 요셉의 생애와 신앙을
다룬 김상복 목사의 창세기 강해 마지막권
(김상복 목사 지음/393쪽/8,500원)

*근간

5. 네 지팡이를 들라
-김상복 목사 출애굽기 강해
6. 김상복 목사 레위기 강해
7. 김상복 목사 민수기 강해
8. 김상복 목사 신명기 강해

김상복 목사 시리즈

1. 참된 영성이란 무엇인가?(영성론)
참된 영성에 대한 오해를 깨뜨리고
참된 영성이란 무엇인지, 어떻게 참된
영성을 이룰 수 있는지를 밝힌 김상복
목사의 영성론 설교집.
(신국판/130쪽/3,000원)

2. 성령님 사랑해요(성령론)
성경은 성령에 대해 어떻게
말씀하는가에 초점을 맞춰 체계
적이고 성경적으로 접한
김상복 목사의 성령론 설교집.
(신국판/154쪽/3,500원)

신학논문집

• THE SOURCES OF THE SYNOPTIC GOSPELS
공간복음서의 근원으로서 마가복음의 우선성에
대해 비판적으로 접근한 김상복 목사의
신학박사 학위 논문을 단행본으로 묶었다(영문판).
(신국판/양장본/376쪽/9,600원)

깊이있는 신학과 경건한 신앙의 조화

총신대 신학대학원 신약학 교수인 권성수 교수의 책에는 깊이있고 균형잡힌 신학이 있습니다. 경건한 신앙이 있습니다. 자칫 딱딱하고 이론적이 되기 쉬운 신학이 실제적이고 경건한 신앙 속에 부드럽게 녹아들어 있습니다.

어느 책을 들더라도 풍성한 성경적 지식과 신앙의 지혜를 배울 수 있는 책, 도서출판 횃불에서 펴낸 권성수 시리즈를 통해 깊이있는 신학과 경건한 신앙의 균형잡힌 조화를 만나보십시오.

횃불에서 펴낸 주옥같은 책, 권성수 시리즈

1.천국은 어떤 나라인가?
-예수님의 비유

예수님의 천국비유 18편을 통해 비유 해석의 원리를 깨닫게 하는 동시에 천국은 어떤 나라인가를 가르쳐주는 비유해석서.
(권성수 지음/신국판/275쪽/6,000원)

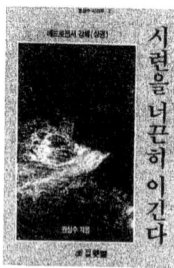

2.시련을 너끈히 이긴다
-베드로전서 강해 상권

깊이 있고 탁월한 해석을 통해 인생의 시련을 극복하는 길을 제시하는 총신대 권성수 교수의 베드로전서 강해서.
(권성수 지음/신국판/200쪽/4,600원)

3.이것이 하나님의 진짜 은혜
-베드로전서 강해 하권
예수님을 부인했던 베드로가 고난을 통해 깨달았던 고난의 신학을 평이하고도 깊이있게 풀이한 베드로전서 강해서.
(권성수 지음/신국판/176쪽/4,000원)

4.청년과 신앙 (개정증보판)
오늘을 사는 기독청년들에게 여러 가지 현실적 이슈들에 대한 성경적인 지침을 들려주는, 삶의 변혁을 위한 신앙강좌.
(권성수 지음/신국판/201쪽/4,600원)

5.로마서강해
기독교의 주요 교리와 윤리가 체계적으로 정리된 로마서를 깊이 있는 신학과 균형잡힌 신앙을 통해 생기감과 은혜감이 풍성하게 살려놓은 강해설교집.
(권성수 지음/493쪽/9,800원)

6.종말과 영성(개정증보판)
재림과 종말 대비를 위한 성령의 능력에 대한 권성수 교수의 설교와 신앙강좌를 묶은 '삶의 변혁을 위한 신앙강좌' 제2권
(권성수 지음/493쪽/9,800원)

믿음의 길을 밝혀주는 횃불의 책을 소개합니다

경건 시리즈

1. 치유자 예수님
예수 그리스도께서 우리의 정신적, 감정적, 의지적, 육체적 질병을 치유하시고 온 케 하시는 치유자이심을 밝힌 월터 카이저 박사의 명저.
- 월터 카이저 지음/김진우 옮김/188쪽/4,200원

2. 확신에 이르게 하는 설교
어거스틴, 고든 맥도날드, 위렌 위어스비 등 저명한 설교가들이 설교에 대해 설교한 글들을 묶은 확신있는 '설교를 위한 설교집'
- 해돈 로빈슨 외 11인 공저/김진우 옮김/158쪽/3,500원

3. 산상수훈의 삶을 사는 법
산상수훈의 삶을 살다가 소천한 C. F. 앤드류스의 생애와 그의 실천적인 산상수훈 강해를 묶은 책. 타골이 감동적인 서문을 썼다.
- C. F. 앤드류스 지음/지명수 옮김/176쪽/3,800원

4. 그리스도의 대사들
무디출판사가 허드슨 테일러, 빌리 그래함, 에디스 쉐퍼, 이형자 등 기독교 역사에 길이 남을 위대한 그리스도의 대사들의 생애를 엮어 발간한 신(新) 사도행전.
- 존 우드브리지 엮음/권성수 옮김/356쪽/20,000원

5. 저더러 이걸 뛰어 넘으라구요?
인생의 어려운 순간들을 통해 발견한 희생과 사랑, 그리고 주님께 드리는 삶의 태도에 대해 잔잔하게 기록한 한 폭 수채화 같은 감동이 있는 믿음의 글모음.
- 룻 센터 지음/하현옥 옮김/신국판/149쪽/3,500원

6. 성령 안에서 하나 주 안에서 하나
성령의 인격과 사역에 대한 올바른 이해를 돕고, 진정으로 성령 안에서 하나되는 길을 제시한 성령론.
- 데이비드 왓슨 지음/김진우 옮김/신국판/1121쪽/2,900원